マンションにおける共同利益背反行為への対応

区分所有法 **57条** **58条** **59条** **60条** の実務

弁護士 関口 康晴
弁護士 町田 裕紀
弁護士 小川 敦司
弁護士 田村 裕樹
弁護士 川口 洸太朗 著

日本加除出版株式会社

は し が き

　平成29年末日時点の日本国内のマンションストックの総数は644万1千戸であり，居住人口は約1533万人と言われています。マンションは，その構造上，複数の専有部分が相互に密接して建築されていることが多く，そこが区分所有者の生活の場となるため，生活習慣等の相違により区分所有者間で紛争が生じることも少なくありません。また，その紛争が，区分所有者間のみならず，マンション全体に影響を及ぼすこともあります。日本の人口の約1割がマンションに居住している現在，このような問題は今後も増えていくことが十分予想されるところです。

　マンション内の規律に関しては，建物の区分所有等に関する法律（区分所有法）が共同利益背反行為を禁じ，複数の対処法を定めています。しかし，どのような場合が共同利益背反行為に該当し，さらにはどのような対処法を活用できるかは，法律上一義的ではありません。

　そこで，本書では，日ごろからマンション内の紛争の解決に携わってきた弁護士が，具体的な裁判例を基に，共同利益背反行為の該当性について検討し，さらには各種対処法の活用について紹介しました。本書の特色は，以下のとおりです。

　第1に，本書は，マンション管理に携わる弁護士等の専門家だけではなく，日ごろから管理の最前線に立つマンション管理組合の役員や，マンション管理会社の担当者にも活用いただけるよう，具体的な紛争事例を設け，これに関する裁判例の紹介と事案の検討という形を採用しました。また，わかりやすい解説も心がけました。

　第2に，マンション管理に携わる方を広く対象としているために，専有部分と共用部分の区別というマンションの基本的な構造につい

はしがき

て解説するとともに，民事保全法や民事執行法に関する解説も加え
ました。

　第3に，紛争の具体的な解決方法として，区分所有法による解決
のみならず，裁判や強制執行の可能性についても検討しております。

　マンションにおける紛争は，当事者の個性が色濃く反映されるこ
とが多く，千差万別といっても過言ではありません。本書が，日ご
ろからマンション内の紛争に携わる方々の参考となり，解決に資す
ることとなれば，望外の幸せです。

　最後に，本書の企画に賛同し，執筆くださった先生方，そして日
本加除出版株式会社の朝比奈耕平氏及び鶴﨑清香氏に心より感謝を
申し上げます。

　平成30年10月

執筆者を代表して

関口　康晴

町田　裕紀

凡　例

（法令等）

・「建物の区分所有等に関する法律」（昭和37年法律第69号）は，本文中では「区分所有法」と略記し，括弧内では単に「法」と略記した。

・「マンション標準管理規約（単棟型）」（最終改正　平成29年8月29日　国住マ第33号）は，「標準管理規約」と略記した。

（判　例）

・判例は，以下のとおり略記した。

　最大判昭和61年6月11日民集40巻4号872頁

　　　→最高裁判所大法廷昭和61年6月11日判決・最高裁判所民事判例集40巻4号872頁

　最決平成23年10月11日判時2136号36頁

　　　→最高裁判所平成23年10月11日決定・判例時報2136号36頁

　東京地立川支判平成22年5月13日判時2082号74頁

　　　→東京地方裁判所立川支部平成22年5月13日判決・判例時報2082号74頁

・判例の出典は，以下のとおり略記した。

　民集　　　　　→　最高裁判所民事判例集

　判時　　　　　→　判例時報

　判タ　　　　　→　判例タイムズ

　金法　　　　　→　金融法務事情

　別ジュリ　　　→　別冊ジュリスト

　ウエストロー　→　ウエストロー・ジャパン

目　次

第1編　総　論

第1　はじめに〜共同利益背反行為とは何か〜 ——————— 3

第2　共同利益背反行為者に対する措置 ————————— 4

1　共同利益背反行為の主体 ……………………………………… 4
(1)　区分所有者　4
(2)　占有者等　4

2　共同利益背反行為の類型 ……………………………………… 5
(1)　専有部分又は共用部分における共同利益背反行為　5
　ア　専有部分と共用部分の区別　5
　イ　専有部分又は共用部分における共同利益背反行為　8
(2)　管理費等の滞納による共同利益背反行為　9

3　共同利益背反行為の判断基準 ………………………………… 9
(1)　管理規約による共同利益背反行為の具体化　9
(2)　共同利益背反行為該当性の判断基準　9
(3)　標準管理規約の定め　10

4　義務違反者に対する措置 ……………………………………… 10
(1)　裁判外の措置　10
(2)　裁判上の措置　12
(3)　各措置の相手方　14
　ア　区分所有者　14
　イ　占有者　14
　ウ　共同利益背反行為を行った者の相続人　14

第3　裁判上の措置 ————————————————— 15

1　裁判上の請求を行う主体 ……………………………………… 15

2　裁判上の各請求の包含関係の有無 …………………………… 15

3　行為差止（停止）請求（法57条）…………………………… 16

v

目　次

⑴　はじめに　*16*

⑵　実体的要件　*16*

⑶　手続的要件　*16*

　ア　集会の決議　*16*

　イ　管理者又は集会で指定された区分所有者の選任　*16*

　ウ　違反者に対する弁明の機会の付与　*17*

⑷　効　果　*17*

4　使用禁止請求（法58条）…………………………………………………*18*

⑴　はじめに　*18*

⑵　実体的要件　*18*

⑶　手続的要件　*19*

　ア　集会の決議　*19*

　イ　管理者又は集会で指定された区分所有者の選任　*19*

　ウ　違反者に対する弁明の機会の付与　*19*

⑷　効　果　*20*

　ア　使用禁止期間　*20*

　イ　禁止の対象　*20*

5　競売請求（法59条）………………………………………………………*20*

⑴　はじめに　*20*

⑵　実体的要件　*20*

⑶　手続的要件　*21*

　ア　集会の決議　*21*

　イ　管理者又は集会で指定された区分所有者の選任　*21*

　ウ　違反者に対する弁明の機会の付与　*22*

⑷　効　果　*22*

6　占有者に対する解除・引渡請求（法60条）……………………………*22*

⑴　はじめに　*22*

⑵　実体的要件　*22*

⑶　手続的要件　*23*

　ア　集会の決議　*23*

　イ　管理者又は集会で指定された区分所有者の選任　*23*

　ウ　請求の相手方　*23*

　エ　違反者に対する弁明の機会の付与　*24*

⑷　効　果　*24*

7　裁判上の措置と個々の区分所有者の権利との関係 ……………………*24*

目　次

| 第4　共同利益背反行為と民事保全 ——————————— 26

　1　はじめに………………………………………………………………26

　2　処分禁止の仮処分………………………………………………………27

　3　仮の地位を定める仮処分………………………………………………27

第5　共同利益背反行為と強制執行 ——————————— 28

　1　はじめに………………………………………………………………28

　2　区分所有法57条と強制執行……………………………………………29

　3　区分所有法58条と強制執行……………………………………………29

　4　区分所有法59条と強制執行……………………………………………30

　　⑴　競売の申立て　30
　　⑵　無剰余取消しがないこと　30
　　⑶　買受人　30

　5　区分所有法60条と強制執行……………………………………………31

第2編　各　論

第1　専有部分における共同利益背反行為 ————————— 35

　Q1　用法違反①（住宅部分での治療院）……………………………35

　　　　甲管理組合の管理規約においては，専有部分を専ら住宅として使用するものと定められているところ，区分所有者乙は，その専有部分をカイロプラクティック治療院として使用しています。甲管理組合は，乙に対し，何らかの措置を講ずることができますか。ただし，甲マンションには，専有部分を事務所として使用している区分所有者が多数あり，それらについては，甲管理組合は黙認しています。
　　　　また，区分所有者の中には，専有部分を風俗店として利用している者もいるようですが，このような区分所有者に対しても，何らかの措置を講ずることができますか。

　　1　規約による専有部分の用途制限　35
　　2　治療院としての使用が住宅使用に当たるか　36

vii

目　次

　　3　共同利益背反行為に当たるか　*37*
　　4　権利濫用　*38*
　　5　風俗店としての利用　*38*

Q 2　用法違反②（住宅部分での託児所・保育室） ……………………*40*

> 　管理規約において「専有部分を専ら住宅として使用すべき」と定めているマンションにおいて，専有部分で行われている託児所・保育室からの騒音がひどいのですが，使用差止めが認められますか。託児所・保育室の高い公共性が，管理組合に不利に考慮されることがありますか。

　　1　問題の所在　*40*
　　2　託児所・保育室としての使用が住宅使用に当たるか　*40*
　　3　共同利益背反行為に当たるか　*41*
　　4　権利濫用　*42*
　　5　参考裁判例　*42*
　　6　託児所・保育室の公共性について　*44*

Q 3　用法違反③（住宅部分での事務所使用） ……………………………*46*

> 　専ら住宅として使用するという管理規約のあるマンションにおいて，専有部分を会計事務所や法律事務所として使用する場合，不特定多数人が出入りする店舗等に比較して違反の程度が緩やかな気がします。この場合でも，管理組合は，管理規約違反に該当するとして，使用禁止を求めることができますか。

　　1　住宅専用規定について　*46*
　　2　区分所有者の共同の利益に反する行為　*47*
　　3　管理組合による権利行使が否定されるケース　*48*

Q 4　用法違反④（住宅部分での寄宿舎・シェアハウス） ………………*50*

> 　専有部分を改築し居室を大幅に増やした上でシェアハウスとして賃貸している場合，専ら住宅として使用するという管理規約に違反することになるのでしょうか。

　　1　シェアハウスとは　*50*
　　2　問題の所在　*50*
　　3　参考裁判例　*51*
　　4　管理規約に違反するシェアハウスへの対応　*53*

目　次

5　シェアハウスと寄宿舎　*53*

Q 5　用法違反⑤（住宅部分での民泊）………………………………*55*

専有部分で民泊を行っている場合，「専ら住宅として使用する」という規約に違反することになるのでしょうか。

1　民泊の登場と規制　*55*
2　問題の所在　*56*
3　参考裁判例　*57*
4　今後の留意点　*58*

Q 6　用法違反⑥（反社会的勢力の事務所）………………………………*60*

専有部分を暴力団事務所として使用している区分所有者がいます。この区分所有者自身も暴力団組員であり，当該マンションやその付近において当該暴力団組員を当事者とする抗争が過去に発生し，今後も再発するおそれがあり，住民が非常に不安を感じています。
この場合に，当該専用部分の使用禁止，さらには競売を求めることができますか。

1　問題の所在　*60*
2　使用禁止請求　*61*
3　競売請求　*61*
4　宗教団体施設としての使用　*65*

Q 7　用法違反⑦（専有部分への看板設置）………………………………*66*

専有部分で動物病院を経営している区分所有者が，マンションの外観変更を禁止する旨の管理規約に違反して，当該専有部分から窓を通して外部に見えるように看板を設置した場合，この看板の撤去を求めることができますか。

1　専有部分の使用方法の制限と管理規約　*66*
2　共同利益背反行為と管理規約　*67*
3　専有部分内への看板設置と外観変更禁止の管理規約　*67*

ix

目　次

Q8　用法違反⑧（専有部分への日本庭園の設置）……………………………*70*

　　専有部分に砂利，石，岩，石板を設置し日本庭園を造成している区分所有者に対して，躯体への悪影響を理由に，その撤去を求めることができますか。

1　問題の所在　*70*
2　撤去及び使用禁止の根拠　*70*
3　参考裁判例　*71*
4　関連する問題　*72*

Q9　用法違反⑨（ペットの飼育）………………………………………………*74*

　　管理規約により犬猫の飼育が禁止されているのにもかかわらず，これに違反して犬猫を飼育する区分所有者に対し，その飼育禁止を求めること，また，同禁止義務の履行状況を確認するために専有部分への立入りを求めることができますか。さらに，同禁止義務違反者である区分所有者に対し，慰謝料や弁護士費用などの損害賠償請求をすることができますか。

1　問題の所在　*74*
2　管理規約による禁止　*75*
3　共同利益背反行為　*77*
4　権利濫用　*77*
5　義務違反者に対する措置　*78*
6　標準管理規約コメント18条関係　*80*

Q10　専有部分における迷惑行為①（悪臭又はゴミ屋敷）………………*81*

　　専有部分に大量のゴミを放置している区分所有者に対して，管理組合はゴミを処分するよう求めてきましたが，一向に改善されません。夏場には，悪臭のほか害虫も大量発生します。管理組合は，この区分所有者に対して，ゴミの撤去を求めたり，専有部分の使用禁止を求めることはできますか。

1　専有部分の使用とニューサンス　*81*
2　専有部分での大量のゴミ放置と共同利益背反行為　*82*
3　専有部分の使用禁止請求　*82*
4　専有部分内にゴミが放置された場合の法的対応の留意点　*83*
5　悪臭と悪臭防止法　*85*

目　次

Q11　専有部分における迷惑行為②（騒音又は振動）··············*86*

　　　専有部分の扉を開けたまま大声で怒鳴ったり，床を踏み鳴らし，壁を叩くなどの騒音行為をやめさせることはできますか。

　1　区分所有者若しくは占有者が個人として執り得る手段　*86*
　2　管理組合として執り得る手段　*86*
　3　参考裁判例　*87*
　4　関連する問題　*89*
　5　その他の法的手段　*90*

Q12　専有部分における迷惑行為③（店舗部分での深夜営業）··········*91*

　　　マンション1階店舗部分のカラオケスタジオの騒音がひどいため，せめて深夜のカラオケをやめさせることができますか。

　1　迷惑行為禁止規定　*91*
　2　区分所有者の共同の利益に反する行為　*92*
　3　参考裁判例　*93*

Q13　区分所有者以外の者による共同利益背反行為·······················*96*

　　　区分所有者から無償にて専有部分を借り受けている者が迷惑行為を繰り返している場合，解除・引渡請求における共同利益背反行為の該当性の判断に際し，使用借主の態度を考慮することはできますか。解除・引渡請求と競売請求とで違いはありますか。

　1　問題の所在　*96*
　2　占有者に対する契約解除・引渡請求　*97*
　3　区分所有者に対する競売請求　*98*
　4　手続と効果　*101*

第2　共有部分における共同利益背反行為————————— *102*

Q14　共用部分への動産設置①（屋上への植木鉢等の設置）··············*102*

　　　区分所有者が共用部分である屋上（専用使用権はない。）に設置した植木鉢や物干し竿を撤去させることができますか。また，一旦は片付けても，また設置するおそれがあります。将来のために予防措置を講ずることはできますか。

xi

目　次

- 1　問題の所在　*102*
- 2　管理組合の執り得る手段　*103*
- 3　参考裁判例　*103*

Q15　共用部分への動産設置②（外壁への看板・クーラー室外機の設置） ·· *106*

　　区分所有者が共用部分である外壁（専用使用権はない。）に設置した看板を撤去させることができますか。また，区分所有者が共用部分である外壁に設置したクーラー室外機を撤去させることができますか。

- 1　マンションの外壁は専有部分か共用部分か　*106*
- 2　外壁の専用使用権と利用可能な範囲　*106*
- 3　本設問の検討　*107*
- 4　参考裁判例　*107*

Q16　専用使用権のある共用部分への動産設置①（バルコニーへの植木鉢等の設置） ··· *110*

　　区分所有者が共用部分であるバルコニー（専用使用権あり。）に植木鉢を勝手に置いています。撤去させることができますか。

- 1　マンションのバルコニーは専有部分か共用部分か　*110*
- 2　バルコニーの専用使用権と利用可能な範囲　*110*
- 3　本設問の検討　*111*
- 4　参考裁判例　*111*

Q17　専用使用権のある共用部分への動産設置②（バルコニーへのゴミ放置） ·· *115*

　　区分所有者が共用部分であるバルコニーに大量のゴミを放置し，ゴミが異臭を放っています。管理組合は，この撤去を求めることができますか。

- 1　共用部分の使用方法　*115*
- 2　ゴミの放置と共同利益背反行為　*116*
- 3　ゴミの放置への対応　*117*
- 4　ゴミ袋の開封調査　*117*

目　次

　　5　仮処分との関係　*118*
　　6　損害賠償請求の可否　*118*

Q18　共用部分の変更行為①（バルコニーへの容易に撤去できない
　　　造作物の築造）……………………………………………………*121*

　　　　バルコニーに区分所有者が柵や扉，花壇，サンルーム（サンルー
　　　フ），出窓など容易に撤去することのできない造作物を勝手に設置
　　　してしまいました。撤去させることができますか。

　　1　バルコニーの専用使用権と利用可能な範囲　*121*
　　2　本設問の検討　*121*
　　3　参考裁判例　*122*

Q19　共用部分の変更行為②（駐車場へのベニヤ板設置を理由とす
　　　る競売請求）………………………………………………………*125*

　　　　共用部分である屋内駐車場に，ベニヤ板で囲いを作っている区分
　　　所有者がいます。この場合，単にベニヤ板の撤去請求だけでなく，
　　　競売請求をすることまでできるのでしょうか。

　　1　問題の所在　*125*
　　2　共用部分の変更　*125*
　　3　共同利益背反行為該当性　*126*

Q20　共用部分の変更行為③（自動ドアの交換）…………………………*130*

　　　　当マンションの1階は店舗（コンビニ）として使用されており，
　　　従前からガラス製の自動ドアとガラス壁になっています。この度，
　　　テナントが変わりました。この新テナントが，同じ場所・同じ大き
　　　さですが，違う種類の自動ドアに付け替えたり，ガラス壁を新しい
　　　ものに更新するなどの工事を行いました。共用部分である自動ドア
　　　や壁を勝手に区分所有者が変更したので，これらを元に戻させるこ
　　　とができますか。

　　1　問題の所在　*130*
　　2　共同利益背反行為性　*131*
　　3　参考裁判例　*131*
　　4　考　察　*132*

xiii

目　次

Q21　共用部分の変更行為④（禁止規約成立より以前の増築）………… *134*

　　　当マンションの区分所有者が，以前から共用部分であるバルコ
　　ニーに勝手に構築物を増築しています。当マンションの管理規約に
　　も，共用部分への増築を禁止した条項がありますが，本件増築工事
　　は，この条項を含んだ管理規約が成立するより前である昭和40年代
　　に行われたものでした。この場合に，各区分所有者ではなく管理組
　　合が増築部分を撤去させることができるでしょうか。

　1　問題の所在　*134*
　2　参考裁判例　*135*

Q22　共用部分の変更行為⑤（承継人への撤去請求）……………………… *138*

　　　区分所有者Ａが共用部分であるバルコニーにサンルーフを勝手に
　　作ってしまいました。現在の区分所有者は，Ａから譲り受けたＢで
　　す。Ｂに対し，サンルーフの撤去を請求することができますか。

　1　問題の所在　*138*
　2　参考裁判例　*139*
　3　管理組合としての対応　*140*

Q23　共用部分における迷惑行為①（野鳥，猫の餌付け）……………… *141*

　　　ベランダや専用庭などの共用部分で，猫や鳩に餌やりをしている
　　区分所有者がいます。どうにかしてやめさせられないでしょうか。

　1　問題の所在　*141*
　2　共同利益背反行為性　*141*
　3　参考裁判例　*142*
　4　分　析　*145*

Q24　共用部分における迷惑行為②（違法駐車）………………………… *146*

　　　マンションの共用部分である駐車場に，勝手に自動車を駐車して
　　いる区分所有者がいます。これをやめさせることはできますか。ま
　　た，駐車場使用料相当額を請求することができますか。
　　　違反区分所有者からは，長年使用し続けてきたことを理由に，専
　　用使用権が設定されている旨の反論がされています。

　1　はじめに　*146*

xiv

目　次

 2　管理組合として執り得る手段　*147*
 3　長年放置していた場合の問題点　*148*
 4　駐車場に関する特有の問題点　*149*

第3　管理費等の滞納による共同利益背反行為 ———————— *151*

Q25　管理費等の滞納と支払の確保 ……………………………………… *151*

> 　管理規約において管理費及び修繕積立金（以下，「管理費等」と
> いいます。以下，本書籍において同様とします。）の支払が定めら
> れているにもかかわらず，管理費等の支払を拒絶している組合員が
> います。この場合，どのような措置を講じることが可能でしょうか。

 1　管理費等の支払義務　*151*
 2　管理費等の支払の確保　*152*
 3　先取特権の実行　*152*
 4　訴えの提起　*153*

Q26　管理費等の滞納と専有部分の使用禁止 …………………………… *157*

> 　管理費等の支払を拒絶している区分所有者がいる場合，これが共
> 同利益背反行為に該当することを理由に，専有部分の使用禁止を請
> 求することができますか。

 1　問題の所在　*157*
 2　管理費等滞納の共同利益背反行為該当性　*158*
 3　管理費等の滞納を理由とする専有部分使用禁止請求の可否　*159*

Q27　管理費等の滞納と競売申立て ………………………………………… *161*

> 　管理費等の支払を拒絶している区分所有者がいる場合，これが共
> 同利益背反行為に該当することを理由に，専有部分の競売を請求す
> ることができますか。

 1　問題の所在　*161*
 2　区分所有法59条による競売請求　*162*
 3　共同利益背反行為による共同生活の著しい障害　*163*
 4　補充性　*163*
 5　手　続　*164*
 6　効　果　*164*

xv

目　次

Q28　水道料金，電気料金の滞納と供給停止 ……………………………… 165

　　管理費や公共料金の支払を拒絶している区分所有者がいる場合，これが共同利益背反行為に該当することを理由に，当該区分所有者に対する給湯を停止すること，給水を停止すること，電力の供給を停止することは可能でしょうか。

　　1　問題の所在　*165*
　　2　供給停止の可否　*166*
　　3　競売請求等　*168*

Q29　管理費滞納者の氏名公表の可否 …………………………………… *169*

　　管理費の支払を拒絶している区分所有者がいる場合，管理費の支払を促すことを目的として，当該区分所有者の氏名をマンション内に掲示するなどして公表しても問題は生じないでしょうか。また，集会や理事会において当該区分所有者の氏名を公表したり，議事録に記載してもよいのでしょうか。

　　1　問題の所在　*169*
　　2　名誉毀損行為について　*170*
　　3　参考裁判例　*171*
　　4　滞納者氏名などの公表の必要性　*173*
　　5　集会での公表，議事録への記載　*173*
　　6　理事会での公表　*174*

Q30　口頭弁論終結後の区分所有権の譲受人に対する競売申立て …………………………………………………………… *175*

　　管理費等の支払を拒絶している区分所有者に対する区分所有法59条に基づく競売請求認容判決の言渡し後その確定前に，当該区分所有者がその持分の一部を第三者に譲渡しました。管理組合は，上記認容判決に基づき，当該第三者に対しても，競売申立てをすることができますか。

　　1　問題の所在　*175*
　　2　当該第三者に対する競売請求が必要となる事情　*176*
　　3　参考判例　*177*
　　4　残された問題　*178*

目　次

Q31　競売請求権を保全するための処分禁止の仮処分の可否……… *180*

　　管理費等の支払を拒絶している区分所有者がいる場合，これが共同利益背反行為に該当することを理由に，当該専有部分を対象に競売請求権を保全するための処分禁止の仮処分を申し立てることはできるでしょうか。

　　1　問題の所在　*180*
　　2　仮処分の意義　*181*
　　3　参考判例　*182*
　　4　残された問題　*182*

第4　その他の共同利益背反行為 ───────────── *184*

Q32　集会決議に従わない行為①（一括受電の拒否）……………… *184*

　　区分所有者が集会決議に従わず，電気供給契約の切替えに応じない場合，競売申立てができますか。また，管理組合に生じた損害を請求することができますか。

　　1　問題の所在　*184*
　　2　管理組合の対応　*185*
　　3　競売請求等　*185*
　　4　参考裁判例　*186*
　　5　関連する問題　*187*

Q33　集会決議に従わない行為②（共用部分の修繕拒否）……………… *189*

　　集会決議に基づく大規模修繕工事のためにバルコニーに立ち入る必要があるのですが，当該区分所有者がこれを拒否しています。どのように対応すればよいでしょうか。

　　1　問題の所在　*189*
　　2　参考裁判例　*190*
　　3　工事妨害行為の差止め　*190*
　　4　専有部分の使用の承諾　*191*
　　5　判決に従わない場合の対処法　*191*

xvii

目　次

Q34　名誉毀損 ……………………………………………………… 193

　　ある区分所有者が，理事である特定の個人を誹謗・中傷する内容
の文書を，マンション各戸に配布しています。また，それだけにと
どまらず，管理組合の取引先に対しても妨害行為をしています。
　　このような場合，共同利益背反行為に当たるとして，各迷惑行為
の停止を求めることは可能でしょうか。

　1　問題の所在　*193*
　2　個人間における名誉毀損の成立要件　*194*
　3　共同利益背反行為との関係　*195*
　4　まとめ　*196*

巻末資料

建物の区分所有等に関する法律（昭和37年法律第69号）………………… *199*

マンション標準管理規約（単棟型）……………………………………… *218*

判例索引 ………………………………………………………………………… *241*

xviii

第 1 編 総 論

第**1**

はじめに〜共同利益背反行為とは何か〜

　居住用マンションのような区分所有建物において，区分所有者である居住者がマンションで禁じられている託児所を専有部分において開設した場合，共用部分であるバルコニーに撤去が容易ではない造作，例えばサンルームを増築した場合，又は区分所有者の義務である管理費や修繕積立金の支払を何年にもわたり怠った場合，管理組合は，どのような対応を執るべきでしょうか。

　一棟の区分所有建物には複数の専有部分があり，複数人が各専有部分を区分所有することが前提となります。そのため，区分所有者や賃借人等の占有者が専有部分や共用部分を使用する場合，他の区分所有者や賃借人等の占有者の権利に対して配慮する必要があります。これは，区分所有権に内在する制約です。また，管理規約においても，専有部分を住宅のみの使用にするなど，使用方法に制限を設けている場合もあり，これは，区分所有権の外在的制約です。区分所有法6条1項は，これら制約が存することを前提に，「区分所有者は，建物の保存に有害な行為その他建物の管理又は使用に関し区分所有者の共同の利益に反する行為をしてはならない。」と定めています。

　この「共同の利益に反する行為」（以下，本書においては「共同利益背反行為」といいます。）の該当性は，当該行為の必要性の程度，これによって他の区分所有者が被る不利益の態様，程度等の諸事情を比較考量して決すべきものであるとされています（東京高判昭和53年2月27日金法875号31頁）。そして，区分所有者又は占有者が共同利益背反行為を行った場合，区分所有法57条から同法60条は，違反者に対して厳しい措置を講ずることができる旨を定めています。

　もっとも，どのような場合に区分所有者又は占有者の行為が共同利益背反行為に該当するかは，画一的に判断できるものではなく，上記基準に従い，それぞれの事例において個別的・具体的な検討を要します。

3

第2 共同利益背反行為者に対する措置

　本書においては，まず総論として，区分所有建物における共同利益背反行為の主体や行為類型，裁判外又は裁判上の措置の概略について説明した上で，区分所有法57条から同法60条までの実体法上の要件及び効果について概観します。そして，区分所有法57条から同法60条までの権利を行使する場合の手続面を整理するほか，訴え提起に先立つ民事保全の申立ての可否や，これら権利の行使が判決において認容された場合における強制執行の方法について説明します。

　次いで各論として，専有部分における共同利益背反行為，共用部分における共同利益背反行為，そして管理費等の滞納と共同利益背反行為等について，実際の裁判例を踏まえながら，どのような行為が共同利益背反行為に該当するかについて個別に検討します。

共同利益背反行為者に対する措置

1　共同利益背反行為の主体

　マンションのような区分所有建物における共同利益背反行為の主体は，区分所有法上，区分所有者と占有者が想定されています。

(1)　区分所有者

　区分所有者は，建物の保存に有害な行為その他建物の管理又は使用に関し，区分所有者の共同の利益に反する行為をしてはなりません（法6条1項）。

(2)　占有者等

　区分所有法6条1項は，区分所有者以外の専有部分の占有者に対しても準用されているほか（法6条3項），占有者は，建物又はその敷地若しくは附属施設の使用方法につき，区分所有者が規約又は集会の決議に基づいて負う義務と同一の義務を負うものとされます（法46条2項）。

2　共同利益背反行為の類型

(1)　専有部分又は共用部分における共同利益背反行為

ア　専有部分と共用部分の区別

　　マンションのような区分所有建物の場合，一戸建ての建物と異なり，複数の者が一棟の建物内にある各部屋を所有しています。区分所有法1条は，「一棟の建物に構造上区分された数個の部分で独立して住居，店舗，事務所又は倉庫その他建物としての用途に供することができるものがあるときは，その各部分は，この法律の定めるところにより，それぞれ所有権の目的とすることができる。」と定め，このうち区分所有権の対象となる部分（法4条2項に定める規約共用部分を除いた部分です。）を「専有部分」と定めています（法2条3項）。これを言い換えると，専有部分とは，建物内における「構造上区分された数個の部分」であり（構造上の独立性），かつ，「独立して住居，店舗，事務所又は倉庫その他建物としての用途に供することができるもの」（利用上の独立性）と定義することができます（最判平成5年2月12日民集47巻2号393頁）。

　　一方で，「共用部分」とは，①専有部分以外の建物の部分，②専有部分に属しない建物の附属物，及び③区分所有法4条2項の規定により共用部分とされた附属の建物（規約共用部分）の総称です（法2条4項）。

　　専有部分は，区分所有権の対象として，区分所有者の排他的独占的支配権が及ぶため，原則として管理組合[1]の管理の対象には含まれません。他方で，共用部分は，区分所有者の共有となる（法11条1項）ため，管理組合の管理の対象となります。共同利益背反行為を検討する場合，共用部分は，専有部分とは異なり，排他的独占的支配権が及ばないため，団体的拘束を受けやすく，共同利益背反行為に該当しやすくなると考えられます。

---

1)　本書では，区分所有法3条前段の「区分所有者は，全員で，建物並びにその敷地及び附属施設の管理を行うための団体を構成し」により構成される団体を「管理組合」といいます。

第2　共同利益背反行為者に対する措置

　専有部分に該当する部分と共用部分に該当する部分の例示は，【図表1】を参照ください。

【図表1】

区　分	含まれる部分
専有部分	住居空間
専用使用権[2]	1階の各部屋に面した庭 バルコニー（ルーフバルコニー） 集合郵便受け 玄関ポーチ 玄関扉 窓枠，窓ガラス 個別に契約された駐車場，トランクルーム
共用部分	建物の躯体部分，建物の外壁 配管，パイプスペース 外部階段，廊下 入水タンク エントランスホール エレベーター ゴミ置き場 駐輪場 駐車場 集会室など

　もっとも，マンションにおいて専有部分に該当する箇所と共用部分に該当する箇所は，ときに判然としない場合があります（例えば，管理人室は，専有部分に該当するか共用部分に該当するかが争われる場合があります（前掲最判平成5年2月12日）。）。そのため，多くのマンションでは管理規約（法30条）で専有部分と共用部分の範囲が定められています（例えば，標準管理規約7条，8条，別表第1及び同第2）。

---

2)「専用使用権」とは，建物の共用部分又は敷地を特定の区分所有者又は特定の第三者が排他的に使用する権利です（稲本洋之助＝鎌野邦樹編著『コンメンタールマンション区分所有法〔第3版〕』86頁（日本評論社，2015））。

6

2　共同利益背反行為の類型

【標準管理規約】

（専有部分の範囲）

第7条　対象物件のうち区分所有権の対象となる専有部分は，住戸番号を付した住戸とする。

2　前項の専有部分を他から区分する構造物の帰属については，次のとおりとする。

　　一　天井，床及び壁は，躯体部分を除く部分を専有部分とする。

　　二　玄関扉は，錠及び内部塗装部分を専有部分とする。

　　三　窓枠及び窓ガラスは，専有部分に含まれないものとする。

3　第1項又は前項の専有部分の専用に供される設備のうち共用部分内にある部分以外のものは，専有部分とする。

（共用部分の範囲）

第8条　対象物件のうち共用部分の範囲は，別表第2に掲げるとおりとする。

別表第1　対象物件の表示

物　件　名		
敷地	所　在　地	
	面　　　積	
	権　利　関　係	
建物	構　造　等	造　地上　　階　地下　　階　塔屋 　　　　　　階建共同住宅 延べ面積　　　　㎡　　建築面積　　　　㎡
	専　有　部　分	住戸戸数　　　　　戸 延べ面積　　　　　㎡
附属施設		駐車場施設，自転車置場，ごみ集積所，外灯設備，植樹等建物に附属する施設

7

第2　共同利益背反行為者に対する措置

別表第2　共用部分の範囲

1　玄関ホール，廊下，階段，エレベーターホール，エレベーター室，電気室，機械室，パイプスペース，メーターボックス（給湯器ボイラー等の設備を除く。），内外壁，界壁，床スラブ，基礎部分，バルコニー，ベランダ，屋上テラス，車庫等専有部分に属さない「建物の部分」

2　エレベーター設備，電気設備，給排水衛生設備，ガス配管設備，火災警報設備，インターネット通信設備，ケーブルテレビ設備，オートロック設備，宅配ボックス，避雷設備，塔屋，集合郵便受箱，配線配管（給水管については，本管から各住戸メーターを含む部分，雑排水管及び汚水管については，配管継手及び立て管）等専有部分に属さない「建物の附属物」

3　管理事務室，管理用倉庫，集会室及びそれらの附属物

イ　専有部分又は共用部分における共同利益背反行為

　　区分所有法6条1項は，「区分所有者は，建物の保存に有害な行為その他建物の管理又は使用に関し区分所有者の共同の利益に反する行為をしてはならない。」と定めています。

　　前述のとおり，区分所有権には内在的制約と外在的制約があります。

　　これら内在的制約又は外在的制約により，専有部分では，例えば①管理規約に違反した用法での専有部分の使用，②専有部分において騒音，振動，臭気等を発生させるといった，いわゆるニューサンス[3]，③専有部分の構造や外観に影響を及ぼす行為，④専有部分を暴力団事務所として使用する行為などが共同利益背反行為に該当する場合があります。

　　他方，共用部分では，例えば①共用部分に動産類や新たな建物を設置する行為，②共用部分を物理的に毀損する行為，③共用部分の外観に影響を及ぼす行為などが共同利益背反行為に該当する場合があります。

---

3) 他人の財産や健康にとって有害，迷惑，不快となるような生活妨害。

(2) 管理費等の滞納による共同利益背反行為

区分所有者が長期間にわたり，管理規約で定められた管理費や修繕積立金を滞納している場合があります。これは，直接的に専有部分や共用部分を侵害する行為ではありません。しかし，管理費等の滞納が長期にわたり滞納金額がかさむと，共用部分等の管理に要する費用が不足することで管理が不十分となるほか，他の区分所有者が立て替えなければならなくなるため，このような滞納は共同利益背反行為の一類型に該当します。

3　共同利益背反行為の判断基準

(1) 管理規約による共同利益背反行為の具体化

区分所有法6条1項は，共同利益背反行為を禁止していますが，内容が包括的・抽象的であるため，具体的な行為が共同利益背反行為に該当するかにつき疑義が生じる場合が少なくありません。

そこで，紛争を事前に防止するために，あらかじめ管理規約で共同利益背反行為を具体的に定めておくことが望ましいといえます。

(2) 共同利益背反行為該当性の判断基準

では，管理規約に定めた禁止行為を行えば，常に共同利益背反行為に該当するのでしょうか。

裁判例では，当該行為が共同利益背反行為に該当するかは，「当該行為の必要性の程度，これによって他の区分所有者が被る不利益の態様，程度等の諸事情を比較考量して決すべき」（東京高判昭和53年2月27日金法875号31頁）と判示されており，共同利益背反行為該当性は実質的に判断されています。具体的にどのような行為が共同利益背反行為に該当するかは，各論（第2編）で解説します。

管理規約に共同利益背反行為を具体的に定めていない場合でも，当該行為の性質上，区分所有法6条1項に該当すると判断される場合があります。例えば，東京地判平成22年10月21日（ウエストロー）では，マンションの一室を店舗型性風俗営業の用途に供していた事案に関し，「規約による具体化を待つまでもなく，当該行為が『区分所有者の共同の利益に反する行為』に該当すると認められるときは，規約の有無にかかわ

第2　共同利益背反行為者に対する措置

らず，区分所有法の規定に基づき，その使用を制限することが可能である。」と判示し，規約違反の有無について検討することなく被告に対する営業行為の差止請求を認容しました。

(3)　標準管理規約の定め

標準管理規約66条は，「区分所有者又は占有者が建物の保存に有害な行為その他建物の管理又は使用に関し区分所有者の共同の利益に反する行為をした場合又はその行為をするおそれがある場合には，区分所有法第57条から第60条までの規定に基づき必要な措置をとることができる。」と定めています。

本条は，区分所有者又は占有者による共同利益背反行為が発生した場合には管理組合が区分所有法57条ないし60条に定める法的措置を講ずることができることを確認的に記載したものですが，このような規約規定が存在することにより，区分所有者や占有者に対する共同利益背反行為の抑止効果が働くことが期待されます。

4　義務違反者に対する措置

(1)　裁判外の措置

共同利益背反行為が行われた場合又は行われるおそれがある場合，これを放置しておくことは当該行為を黙認することにつながりかねませんので，速やかに対応する必要があります。

区分所有法57条1項は，この場合に，他の区分所有者全員又は管理組合法人が，行為の停止，行為の結果の除去又は行為を予防するため必要な措置を講ずることを請求できる旨を定めています。各区分所有者も，自己の区分所有権等に基づき個別に当該行為の停止等を請求することはできますが，区分所有法57条ないし60条に定める法的措置については，個別に請求の主体になることができないとされています（本編第3・7をご参照ください。）。管理規約に権利の行使方法が定められている場合，それに従う必要があります。

標準管理規約67条は，理事長が，共同利益背反行為を行った者等に対して，理事会の決議を経て是正のために必要な勧告又は指示若しくは警告を行うことができる旨を定めています。同条は，共同利益背反行為以

4 義務違反者に対する措置

外にも，法令や管理規約，使用細則等に違反する行為について用いることができます。

以上のほか，管理費等を滞納している区分所有者に対する遅延損害金の請求や，共同利益背反行為を行った者に対する訴えの提起に際しての弁護士費用の請求を管理規約で定めることで，共同利益背反行為を抑止することも考えられるところです。標準管理規約67条4項の定めが参考になります。

管理規約の内容は，違反の態様や程度に比して相当と認められる限度である必要があり，これを逸脱すると無効となる可能性があります。

仮に管理規約にこのような規定がない場合，事前に管理規約を改定することがあります。この場合には，管理組合において総会を開催し，特別決議を経る必要があります（法31条1項）。

【標準管理規約】

（理事長の勧告及び指示等）

第67条 区分所有者若しくはその同居人又は専有部分の貸与を受けた者若しくはその同居人（以下「区分所有者等」という。）が，法令，規約又は使用細則等に違反したとき，又は対象物件内における共同生活の秩序を乱す行為を行ったときは，理事長は，理事会の決議を経てその区分所有者等に対し，その是正等のため必要な勧告又は指示若しくは警告を行うことができる。

2 区分所有者は，その同居人又はその所有する専有部分の貸与を受けた者若しくはその同居人が前項の行為を行った場合には，その是正等のため必要な措置を講じなければならない。

3 区分所有者等がこの規約若しくは使用細則等に違反したとき，又は区分所有者等若しくは区分所有者等以外の第三者が敷地及び共用部分等において不法行為を行ったときは，理事長は，理事会の決議を経て，次の措置を講ずることができる。

一 行為の差止め，排除又は原状回復のための必要な措置の請求に関し，管理組合を代表して，訴訟その他法的措置を追行すること

二 敷地及び共用部分等について生じた損害賠償金又は不当利得による返還金の請求又は受領に関し，区分所有者のために，訴訟において原告又は被告となること，その他法的措置をとること

4 前項の訴えを提起する場合，理事長は，請求の相手方に対し，違約金としての弁護士費用及び差止め等の諸費用を請求することができる。

第2　共同利益背反行為者に対する措置

　5　前項に基づき請求した弁護士費用及び差止め等の諸費用に相当する収
　　納金は，第27条に定める費用に充当する。
　6　理事長は，第3項の規定に基づき，区分所有者のために，原告又は被
　　告となったときは，遅滞なく，区分所有者にその旨を通知しなければな
　　らない。この場合には，第43条第2項及び第3項の規定を準用する。

(2)　裁判上の措置

　　区分所有法は，区分所有者及び占有者による共同利益背反行為に対す
る，裁判上の請求として，行為差止請求（法57条），使用禁止請求（法58
条），競売請求（法59条）及び解除・引渡請求（法60条）を定めています。

　　行為差止請求（法57条）は，区分所有者等による共同利益背反行為
（法6条）の停止等を請求するものです。

　　使用禁止請求（法58条）は，共同利益背反行為をした区分所有者に対
して，当該専有部分の使用禁止を請求するものです。

　　競売請求（法59条）は，共同利益背反行為をした区分所有者の区分所
有権及び敷地利用権の競売を請求するものです。

　　占有者に対する解除・引渡請求（法60条）は，区分所有者以外の専有
部分の占有者が共同利益背反行為をした場合に，その占有者に対して，
その専有部分の使用又は収益を目的とする契約を解除し，当該専有部分
の引渡しを請求するものです。

　　それでは，行為差止請求（法57条），使用禁止請求（法58条），競売請
求（法59条）は，それぞれどのような関係に立つのでしょうか。

　　一般的には，行為差止請求（法57条）によって共同生活の維持を図る
のが困難な場合に使用禁止請求（法58条）が認められ，さらに使用禁止
請求（法58条）によってすら共同生活の維持を図るのが困難な場合に競
売請求（法59条）が認められます（大阪高判平成14年5月16日判タ1109号
253頁）。

　　もっとも，同裁判例は，行為差止請求（法57条）を経ずに使用禁止請
求（法58条）以下の各請求の訴訟を提起することや，行為差止請求（法
57条）や使用禁止請求（法58条）を経ずに競売請求（法59条）を行うこと

12

を否定するものではなく，各法条の請求権が要件を満たす限り，直ちに区分所有法58条又は同法59条の請求をすることもできると解される旨を判示しています。例えば，管理費等を滞納している区分所有者に対しては，行為の差止めを請求しても実益はなく（法57条に基づき「必要な措置」とし管理費等の支払を求めることが考えられますが，これ自体は特別の規定を待つまでもなく当然のことだからです。また，法58条に基づき専有部分の使用禁止を請求しても，管理費等の滞納と専有部分の使用禁止請求との間に関連性がないためです。），他方で同法59条に基づく競売請求には実益があり，この場合，同法57条及び同法58条の請求権の行使が同法59条の請求権の行使の要件になるわけではありません。

大阪高判平成14年5月16日（判タ1109号253頁）

共同の利益に反する行為をする区分所有者に対しては，区分所有法57条による行為の差止請求，58条による専有部分の使用禁止請求，59条による区分所有権の競売請求をすることが認められているが，これらの関係は，一般的には，57条による差止請求によっては共同生活の維持を図るのが困難な場合に58条による専有部分の使用禁止請求が認められ，差止請求はもとより，使用禁止請求を考慮に入れてもなお共同生活の維持を図るために他に方法がないといえる場合に，59条による競売請求が認められるというものである。例えば，専有部分で騒音，悪臭を発散させるなど他の区分所有者に迷惑を及ぼす営業活動をしている場合，暴力団構成員が専有部分をその事務所として使用し，他の区分所有者に対し恐怖を与える等の行動をとっている場合等を考えると，区分所有法57条により，騒音，悪臭を発散させる営業行為の差止請求，あるいは暴力団事務所としての使用の差止請求が功を奏さないときに，58条による相当期間の専有部分の使用禁止請求が認められ，さらに，それが功を奏さないときに，59条による区分所有権等の競売により，その区分所有者を区分所有関係から終局的に排除することが認められるというものである（なお，裁判上の請求をするにあたり，必ずしも手続的な段階を踏む必要はなく，その要件を満たす限り，直ちに58条又は59条の請求をすることもできると解される。）。

第2　共同利益背反行為者に対する措置

(3)　各措置の相手方
ア　区分所有者
　　裁判外での行為の停止請求等，管理規約に基づく措置及び裁判上の措置の相手方は，いずれも共同利益背反行為を行っている区分所有者（家族等の同居人も含みます。）です。
イ　占有者
　　区分所有者が専有部分を賃貸に供している場合，賃借人が共同利益背反行為を行う場合があるため，賃借人等の占有者も相手方となります。

　　標準管理規約67条は，理事長が賃借人等に対し是正のために必要な勧告又は指示若しくは警告が行うことができる旨を定めるとともに（同条1項），区分所有者にも賃借人等に対し必要な措置を講じることを義務付けています（同条2項）。

　　他方，裁判上の措置としては，占有者（例えば，賃借人）に対し，解除・引渡請求（法60条）が認められるものの，使用禁止請求（法58条）や競売請求（法59条）は認められません。占有者の多くは賃借人であり，賃貸借契約を解除し専有部分の引渡しを求めれば共同利益背反行為を排除することができ，また，占有者は区分所有権を有しておらず，競売請求の前提を欠くからです。
ウ　共同利益背反行為を行った者の相続人
　　共同利益背反行為を行った者が死亡した場合，その相続人は裁判上の措置の対象となるでしょうか。この点，東京地判平成24年2月29日（ウエストロー）は，区分所有法57条1項の請求の対象となるのは，現在，すなわち口頭弁論終結時の区分所有者であることが必要である旨を判示し，区分所有権の移転に伴って相続人等に承継されるものではないことを判示しました。

　　このことは，裁判外の措置の対象及び管理規約に基づく措置の対象にも当てはまります（ただし，管理規約に基づく措置のうち，既に共同利益背反行為を行った者に遅延損害金が発生しており，その者が死亡すれば，遅延損害金の支払義務は相続人が承継することになります。)。

14

第**3**

裁判上の措置

1　裁判上の請求を行う主体

　区分所有法57条から60条に基づく請求を行う主体は，いずれも「他の区分所有者の全員又は管理組合法人」です。「他の区分所有者の全員」とは，当該共同利益背反行為者を除く区分所有者の全員を指します。

　また，「区分所有者の全員」は，「区分所有者全員の団体的又は集団的権利であることを意味している」にすぎず，必ずしも区分所有者全員の名前で請求する必要があるわけではありません（法務省民事局参事官室編『新しいマンション法』288頁（商事法務研究会，1983））。法人化されていない管理組合の場合，管理者又は集会において指名された区分所有者が，集会の決議により，訴訟を提起することができます（法57条3項，58条4項，59条2項，60条3項）。

　区分所有法57条から60条に基づく請求の判決の効力は，区分所有者全員に及ぶため，請求に当たっては集会の決議が必要となります（法57条2項，58条2項，59条2項，60条2項）。

　なお，団地においては，団地に関する区分所有法66条が同法57条から60条を準用していないため，団地管理組合が裁判上の請求を行う旨の決議をすることはできません。団地では，各棟の管理組合において決議することになります。

2　裁判上の各請求の包含関係の有無

　区分所有法59条の競売請求訴訟を提起すれば，裁判所は，同訴えに基づき同法58条に基づく使用禁止を認容する，又は同法57条に基づく行為の差止めを認容することができるのでしょうか。また，区分所有法58条の使用禁止請求訴訟を提起すれば，裁判所は，同訴えに基づき同法57条に基づく行為の差止めを認容することができるのでしょうか。

　しかし，これについては，各請求で求める内容（法律上は，訴訟物といいます。）は，すべて別個であり，包含関係にありません。したがって，

第 3　裁判上の措置

裁判所が，ある請求訴訟について，原告が主張していない別の請求を認めることはできません。

3　行為差止（停止）請求（法57条）

⑴　はじめに

区分所有者が専有部分でペットを飼育していたり，専有部分で深夜にわたってカラオケスタジオを経営するなどしており，これらが共同利益に背反する場合，違反者に対して行為の差止め等を求めることができます。

⑵　実体的要件

行為差止（停止）請求の実体的要件は，共同利益背反行為がある場合又はそのおそれがあることです（法57条1項・4項）。当該共同利益背反行為は，共用部分の通常の利用を害する行為である場合のほか，専有部分の使用方法が他の区分所有者に重大な影響を及ぼす場合も含まれます。

⑶　手続的要件

ア　集会の決議

行為差止（停止）を裁判で請求する場合，集会の決議が必要となります（法57条2項）。なぜなら，判決の効果が区分所有者全員に対して生じるからです。

集会の決議は，管理規約に別段の定めがない限り，普通決議で足ります。

区分所有法57条2項にいう「訴訟を提起」には，行為差止（停止）請求の訴訟の提起のほか，民事保全や調停を申し立てる場合も含まれます。

イ　管理者又は集会で指定された区分所有者の選任

区分所有法57条1項に基づく行為差止（停止）の請求は，管理組合法人又は違反者以外の区分所有者全員が請求の主体です。そのため，法人ではない管理組合では，違反者以外の区分所有者全員で訴えを提起する必要がありますが，現実的ではありません。そこで，区分所有法は，管理者又は集会において指定された区分所有者が，違反者以外の区分所有者全員のために訴えを提起し，訴訟を追行できる旨を定め

3　行為差止（停止）請求（法57条）

ています（法57条3項）。この集会の決議は，普通決議で足ります（法39条1項）。

　なお，区分所有法57条3項に基づく区分所有者への授権は，個々の共同利益背反行為ごとに集会で行う必要があり，管理規約等で包括的に授権することは認められていません。

ウ　違反者に対する弁明の機会の付与

　区分所有法58条に基づく使用禁止請求や同法59条に基づく競売請求，同法60条に基づく占有者に対する解除・引渡請求の場合，区分所有者又は占有者に対する弁明の機会の付与が必要である旨が各法条において定められていますが，同法57条にはそのような定めはありません。

　しかし，占有者は，会議の目的たる事項につき利害関係を有する場合，集会に出席して意見を述べることができるため（法44条），占有者が行為差止（停止）請求の相手方となる場合であっても，弁明の機会を付与しなければなりません。

(4)　効　果

　区分所有法57条の効果は①行為の停止，②行為の結果の除去，及び③行為を予防するために必要な措置を講ずることです。

【図表2】

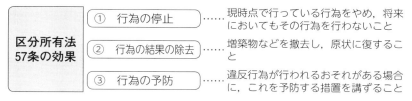

① 　行為の停止とは，現時点で行っている行為をやめ，将来においてもその行為を行わないことです。例えば，騒音や振動の原因となる行為をやめることなどです。
② 　行為の結果の除去とは，増築物などを撤去し，原状に復することです。例えば，バルコニーに建造した増築物を撤去することなどです。

第3 裁判上の措置

③ 行為を予防するために必要な措置とは，違反行為が行われるおそれがある場合に，これを予防する措置を講ずることです。例えば，共有部分である躯体に穴を開ける工事を行おうとする場合にこれを禁止するなどです。

4 使用禁止請求 （法58条）

(1) はじめに

　専有部分が暴力団事務所として利用されている場合等には，他の区分所有者の生活に重大な脅威となり，区分所有関係から離脱する者が現われないとも限りません。このような場合には，区分所有法57条の行為の差止（停止）請求を行っても，共同生活の維持を図ることにはつながりません。

　区分所有者の共同生活上の障害が著しく，区分所有法57条の行為の差止（停止）請求ではその障害を除去して共用部分の利益の確保その他区分所有者の共同生活の維持を図ることが困難である場合，区分所有法58条は，相当の期間の専有部分の使用禁止を請求することを認めています。

　なお，複数の区分所有者が共有し，違反者が専ら共有者の一人である場合には，当該違反者以外の共有者の使用は禁止されません。

(2) 実体的要件

　使用禁止請求の実体的要件は，①共同利益背反行為による区分所有者の共同生活上の障害が著しく，かつ，②区分所有法57条1項に規定する請求によってはその障害を除去して共用部分の利用の確保その他の区分所有者の共同生活の維持を図ることが困難であることです。

　このうち，①は，共同利益背反行為による影響が重大である場合に限定する趣旨であり，違反行為の違法性が大きい場合を指します。

　また，②は，行為差止（停止）請求（法57条）によって違反行為による障害を除去して共同生活を維持できる場合，使用禁止請求ができないことを示しています。共同利益背反行為を繰り返し，裁判で行為差止（停止）請求が認容されても，それが遵守される見込みがなく，他方で競売請求という区分所有権を剥奪までせずとも「共用部分の利用の確保その他の区分所有者の共同生活の維持」という目的が達成できる場合に，

使用禁止請求を行うことができます。

　②の要件のうち「共用部分の利用の確保」は例示であり，専有部分を暴力団事務所としての利用する場合などは「区分所有者の共同生活の維持を図ることが困難であるとき」に該当します。

　なお，使用禁止請求を行うに当たり，必ずしも区分所有法57条の請求を経る（前置する）必要はなく，上記①及び②の要件を満たせば同法58条による請求は可能です。

(3)　手続的要件

ア　集会の決議

　専有部分の使用禁止請求は訴えの提起の方法のみ認められており，訴え提起のためには集会の決議を要します（法58条1項）。なぜなら，判決の効果は，区分所有者全員に対して生じるからです。

　使用禁止請求は，違反区分所有者の区分所有権に対する強い制約となるため，行為差止（停止）請求とは異なり，集会の決議は，区分所有者及び議決権の各4分の3以上の多数による特別決議が求められています（同条2項）。

イ　管理者又は集会で指定された区分所有者の選任

　区分所有法58条1項に基づく使用禁止請求は，区分所有法57条1項に基づく行為差止（停止）請求同様，管理組合法人又は違反者以外の区分所有者全員が請求の主体です。また，管理者又は集会において指定された区分所有者が，違反者以外の区分所有者全員のために訴えを提起し，訴訟を追行できる点（法58条4項，57条3項）や個別の授権が必要な点も同様です。

ウ　違反者に対する弁明の機会の付与

　区分所有法58条に基づく使用禁止請求を行うに当たっては，共同利益背反行為を行っている区分所有者に対して弁明の機会を付与する必要があります（法58条3項）。弁明の機会は，集会の決議に先立ち付与しなければなりません。もっとも，機会を付与すれば足り，実際の弁明の有無は問題になりません。弁明の場所は，法律上定められていませんが，使用禁止請求が区分所有権の強い制約を課すものである以上，

第3　裁判上の措置

　集会の席で付与するのが望ましいでしょう。

(4)　効　　果

　区分所有法58条に基づく使用禁止請求の効果は，違反者に対して相当の期間その者の専有部分を自ら使用することを禁止することです。判決によって使用禁止義務が形成されます（形成権）。

　ア　使用禁止期間

　　使用が禁止される「相当の期間」とは，共同生活の維持を図るために，違反者による専有部分の使用を禁止することが必要かつ相当と客観的に認められる期間です。

　　一般的には，数か月から数年程度とされています。具体的には訴訟の請求の範囲内において判決で決められます。

　イ　禁止の対象

　　使用禁止請求により禁止されるのは，使用することであり，専有部分の区分所有権が剥奪されることはありません。また，違反区分所有者が区分所有権を第三者に譲渡したり，賃貸することも可能です。この場合，使用禁止請求の効果は，新所有者や賃借人には及びません。

5　競売請求（法59条）

(1)　はじめに

　共同利益背反行為が行われた場合又はその行為をするおそれがある場合において，区分所有者の共同生活上の障害が著しく，他の方法によってその障害を除去して共用部分の利用の確保その他の区分所有者の共同生活の維持を図ることが困難であるときは，集会の決議に基づき，訴えをもって，当該行為に係る区分所有者の区分所有権及び敷地利用権の競売を請求することができます。

(2)　実体的要件

　競売請求の実体的要件は，①共同利益背反行為又はそのおそれがある場合に，区分所有者の共同生活上の障害が著しく，かつ，②他の方法によってはその障害を除去して共用部分の利用の確保その他の区分所有者の共同生活の維持を図ることが困難であることです。

　①の要件は，違反行為による影響が重大である場合に限定する趣旨で

あり，違反行為の違法性が大きい場合を指します。

②の要件は，競売請求が行為差止（停止）請求（法57条）や一時使用禁止（法58条）と異なり，区分所有者の区分所有権を永久に剥奪するものであることから，競売請求以外の他の方法によっては障害を除去できない場合に限り認めること（補充性）を示す要件です。

この「他の方法」とは，条文上明らかではありませんが，行為差止請求（法57条）や使用禁止請求（法58条）以外にも，区分所有法７条に基づく先取特権の実行としての専有部分の競売等の民事上の方法が該当します。民事上の方法に限定され，刑事等，民事上以外の方法は含まれないと解されています（濱﨑恭生『建物区分所有法の改正』360頁（法曹会，1989））。管理費や修繕積立金の長期滞納は，本来は区分所有法７条の先取特権の行使で解決されるべきであって，同法59条を利用する場面ではないとも考えられますが，区分所有法７条によっては未収金を回収できない場合もあるため，本条の適用を認めた裁判例が多数あります。

なお，競売請求を行うに当たり，必ずしも区分所有法57条及び58条の各請求を経る（前置する）必要はなく，上記①及び②の要件を満たせば同法59条による請求は可能です。

(3) **手続的要件**

ア　集会の決議

区分所有権等の競売請求は，訴えの提起の方法にのみ認められており，訴え提起のためには集会の決議を要します（法59条１項）。なぜなら，判決の効果は，区分所有者全員に対して生じるからです。

競売請求は，違反区分所有者の区分所有権を強制的に剥奪するものである以上，行為差止（停止）請求とは異なり，集会の決議は，区分所有者及び議決権の各４分の３以上の多数による特別決議が求められています（同条２項，58条２項）。

イ　管理者又は集会で指定された区分所有者の選任

区分所有法59条１項に基づく競売請求は，区分所有法57条１項に基づく行為差止（停止）請求及び同法58条１項に基づく使用禁止請求同様，管理組合法人又は違反者以外の区分所有者全員が請求の主体です。

21

第3　裁判上の措置

　　また，管理者又は集会において指定された区分所有者が，違反者以外
　の区分所有者全員のために訴えを提起し，訴訟を追行できる点（法59
　条2項，57条3項）や個別の授権が必要な点も同様です。

ウ　違反者に対する弁明の機会の付与

　　区分所有法59条に基づく競売請求を行うに当たっては，共同利益背
　反行為を行っている区分所有者に対して弁明の機会を付与する必要が
　あります（法59条2項，58条3項）。弁明の機会は，集会の決議に先立
　ち付与しなければなりません。もっとも，機会を付与すれば足り，実
　際の弁明の有無は問題になりません。弁明の場所は，法律上定められ
　ていませんが，使用禁止請求が区分所有権の強い制約を課すものであ
　る以上，集会の席で付与するのが望ましいでしょう。

（4）　効　果

　　本条の効果は，対象となる区分所有権の競売権が形成されることです。
　本条に基づく競売請求をした原告は，この判決に基づいて強制執行とし
　ての競売申立てが可能となります（いわゆる形式的競売）。競売代金は，
　競売のための費用を控除した残額が当該区分所有者に渡されます。

　　競売の申立期間は，判決が確定した日から6か月です（法59条3項）。
　この期間を経過すると，競売の申立てができないため，注意を要します。

6　占有者に対する解除・引渡請求（法60条）

（1）　はじめに

　　賃借人等の占有者が共同利益背反行為をした場合及びその行為をする
　おそれがある場合，その行為による区分所有者の共同生活上の障害が著
　しく，他の方法によってその障害を除去して共用部分の利用の確保その
　他の区分所有者の共同生活の維持を図ることが困難であるときは，区分
　所有者の全員又は管理組合法人は，集会の決議に基づき，訴えをもって，
　当該占有者が占有する専有部分の使用又は収益を目的とする契約の解除
　及びその専有部分の引渡しを請求することができます（法60条1項）。

（2）　実体的要件

　　占有者に対する解除・引渡請求の実体的要件は，①共同利益背反行為
　又はそのおそれがある場合に，区分所有者の共同生活上の障害が著しく，

6　占有者に対する解除・引渡請求（法60条）

かつ，②他の方法によってはその障害を除去して共用部分の利用の確保
その他の区分所有者の共同生活の維持を図ることが困難であることです。

　これは，区分所有法59条の実体的要件と同様です。もっとも，要件②
の「他の方法」については，占有者に対しては区分所有法57条4項に基
づく行為差止（停止）請求しか行使し得ないため，この請求を指します
（稲本洋之助＝鎌野邦樹編著『コンメンタールマンション区分所有法〔第3
版〕』348頁（日本評論社，2015））。

　なお，上記①及び②の要件は，後述する集会の決議の時点と裁判にお
ける口頭弁論終結時のいずれにおいても存することが必要です（東京地
判平成8年5月13日判タ953号287頁）。

(3)　手続的要件

　ア　集会の決議

　　占有者に対する解除・引渡請求は，訴えの提起の方法のみ認められ
ており，訴え提起のためには集会の決議を要し（法60条1項），これは
区分所有者及び議決権の各4分の3以上の多数による特別決議です
（同条2項，58条2項）。

　イ　管理者又は集会で指定された区分所有者の選任

　　区分所有法60条1項に基づく解除・引渡請求の主体は，同法57条か
ら60条の各請求と同様，管理組合法人又は違反者以外の区分所有者全
員です。また，管理者又は集会において指定された区分所有者が，違
反者以外の区分所有者全員のために訴えを提起し，訴訟を追行できる
点（法60条2項，57条3項）や個別の授権が必要な点も同様です。

　ウ　請求の相手方

　　占有者に対する解除・引渡請求裁判の相手方は，占有権原のある占
有者の場合は，当該専有部分の占有者と区分所有者であり（共同被告），
占有者に占有権原のない場合は，占有者のみです。占有権原のある占
有者の例としては，賃貸借契約に基づき専有部分を占有している賃借
人が挙げられ，占有権原のない占有者の例としては，不法占拠者が挙
げられます。区分所有者も被告となる場合，この区分所有者は「区分
所有者の全員」から除外されます（鎌野邦樹『マンション法案内』208

第3 裁判上の措置

頁（勁草書房，2010））。占有権原のある占有の場合，区分所有者も被告となるため，契約の解除及び引渡しを求めることにつき，区分所有者の同意は不要です。

エ　違反者に対する弁明の機会の付与

　　区分所有法60条に基づく解除・引渡請求を行うに当たっては，当該占有者に対し，弁明の機会を付与する必要があります（法60条2項，58条3項）。弁明の機会は，集会の決議に先立ち付与しなければなりません。もっとも，機会を付与すれば足り，実際の弁明の有無は問題になりません。弁明の場所は，法律上定められていませんが，占有者の権利に強い制約を課すものである以上，集会の席で付与するのが望ましいでしょう。

　　なお，区分所有法60条2項は，同法58条3項を準用しているため，区分所有者に対しても弁明の機会を付与しなければならないかのようにも見受けられますが，最判昭和62年7月17日（判時1243号28頁。同最高裁判例の原審である東京高判昭和61年11月17日判時1213号31頁）は，区分所有者に弁明の機会を付与する必要はないと判示しています。

(4)　効　果

　　本条の効果は，共同利益背反行為をした占有者が占有する専有部分の使用又は収益を目的とする契約を解除し，その専有部分の引渡しを求めることです。

7　裁判上の措置と個々の区分所有者の権利との関係

　個々の区分所有者が，共同利益背反行為を行っている者を被告として，行為差止（停止）等の請求をすることができるかが問題となります。

　管理組合が法人格を取得していない場合，裁判上の措置の各請求権（法57条～60条）は，当該違反者を除く区分所有者の全員に個別的に帰属するのではなく，総有的に帰属するため，各区分所有者が個別に裁判上の措置の各請求権を行使することはできません（稲本洋之助＝鎌野邦樹編著『コンメンタールマンション区分所有法〔第3版〕』325頁（日本評論社，2015））。

　また，区分所有者が違反区分所有者を除く区分所有者の全員又は管理組合法人を代位して，裁判上の措置の各請求権を行使することができるかも

24

7　裁判上の措置と個々の区分所有者の権利との関係

【図表3】区分所有法57条から60条の要件効果

条　文	57条	58条	59条	60条
裁判外での行使の可否	○	×	×	×
請求の主体	他の区分所有者の全員又は管理組合法人（※） （※）団地の場合、各棟の管理組合			
請求の客体	共同利益背反行為を行っている区分所有者又は占有者	共同利益背反行為を行っている区分所有者		共同利益背反行為を行っている占有者
要件　実体的要件	共同利益背反行為がある場合又はそのおそれがあること	①共同利益背反行為による区分所有者の共同生活上の障害が著しいことかつ②区分所有法57条1項に規定する請求によってはその障害を除去して共用部分の利用の確保その他の区分所有者の共同生活の維持を図ることが困難であること	①共同利益背反行為又はそのおそれがある場合に、区分所有者の共同生活上の障害が著しいことかつ②他の方法によってはその障害を除去して共用部分の利用の確保その他の区分所有者の共同生活の維持を図ることが困難であること	①共同利益背反行為又はそのおそれがある場合に、区分所有者の共同生活上の障害が著しいことかつ②他の方法によってはその障害を除去して共用部分の利用の確保その他の区分所有者の共同生活の維持を図ることが困難であること
要件　手続的要件	①集会の普通決議②管理者又は集会で指定された区分所有者の選任③占有者に対する弁明の機会	①集会の特別決議②管理者又は集会で指定された区分所有者の選任③共同利益背反行為を行っている区分所有者に対する弁明の機会	①集会の特別決議②管理者又は集会で指定された区分所有者の選任③共同利益背反行為を行っている区分所有者に対する弁明の機会	①集会の特別決議②管理者又は集会で指定された区分所有者の選任③占有者に対する弁明の機会
効　果	①行為の停止②行為の結果除去③行為の予防	違反者に対して相当の期間その者の専有部分を自ら使用することを禁止すること	対象となる区分所有権の競売権が形成されること	共同利益背反行為をした占有者が占有する専有部分の使用又は収益を目的とする契約を解除し、その専有部分の引渡しを求めること

25

第4　共同利益背反行為と民事保全

問題となります。これにつき，東京地判平成27年6月25日（ウエストロー）は，「管理組合に対して共用部分等を適切に維持管理することを請求できる権利の内容は抽象的で不明確であり，そのような権利があるとする法的根拠は見当たらず，原告らに本件管理組合に対して債権者代位権の被保全債権となるような具体的な権利があるとは認められない。」として否定しています。

　一方で，各区分所有者は，自らが被害を被った場合，自らの区分所有権，共用部分に関する共有持分権又は人格権に基づき，かかる被害の除去や損害賠償を求めることができます。裁判上の措置の各請求権は，区分所有者の固有の権利に基づく権利行使までをも排斥しているわけではないからです。

　このうち，人格権の侵害を理由とする不法行為に基づく損害賠償請求を行う場合，受忍限度を超えるか否かが一つのメルクマールとされています。

第 **4**

共同利益背反行為と民事保全

1　はじめに

　区分所有者等が共同利益背反行為を行った場合又はそのおそれがある場合には，裁判上の各措置（法57条～60条）を執ることができますが，一方で，裁判上の各措置によりその権利を実現するためには，相応の時間を要することになります。その間に，権利関係に変動が生じてしまうと，せっかく勝訴判決を得たとしても，その判決内容を実現することが困難となります。そこで，本案訴訟に先立ち，暫定的に権利や地位を認めるのが民事保全制度です。

　民事保全制度には，その目的と方法によって，仮差押えと仮処分があり，また，仮処分には，係争物に関する仮処分と仮の地位を定める仮処分があります。

仮差押えは，金銭債権の支払を目的とする債権について，強制執行をすることができなくなるおそれがあるとき，又は強制執行をするのに著しい困難を生ずるおそれがあるとき，執行の目的となる債務者の財産の現状を維持し，将来の強制執行を確保する手段です（民事保全法20条）。

　係争物に関する仮処分は，債権者が債務者に対し特定物に関する給付請求権について，その現状の変更により，債権者が権利を実行することができなくなるおそれがあるとき，又は，権利を実行するのに著しい困難を生ずるおそれがあるとき，目的物の現状を維持するのに必要な暫定措置をする手段です（民事保全法23条1項）。

　仮の地位を定める仮処分とは，争いがある権利関係について，債権者に生ずる著しい損害又は急迫の危険を避けるため，暫定的な法律上の地位を定める手段です（民事保全法23条2項）。

　共同利益背反行為に対する裁判上の各措置（法57条〜60条）の前提として民事保全を行う場合には，係争物に関する仮処分（処分禁止の仮処分）及び仮の地位を定める仮処分が問題となります。

2　処分禁止の仮処分

　区分所有法59条に基づく競売請求権を保全するために当該区分所有権及び敷地利用権に対する処分禁止の仮処分を行うことが考えられます。共同利益背反行為を行う区分所有者に対する競売請求訴訟において勝訴判決を得たとしても，それまでの間に当該区分所有者が第三者に対し区分所有権及び敷地利用権を売却してしまえば，競売を実行することができなくなるからです。

　しかし，最決平成28年3月18日（民集70巻3号937頁）は，「建物の区分所有等に関する法律59条1項に規定する競売を請求する権利を被保全権利として，民事保全法53条又は55条に規定する方法により仮処分の執行を行う処分禁止の仮処分を申し立てることはできない」と判示し，処分禁止の仮処分を否定しています。

3　仮の地位を定める仮処分

　区分所有法60条に基づく解除・引渡請求権を保全するために当該占有者に対し，仮の地位を定める仮処分（いわゆる断行の仮処分）を行うことが

第5 共同利益背反行為と強制執行

考えられます。例えば，暴力団が専有部分を借り受けて暴力団事務所として使用しているようなケースで，共同利益背反行為による急迫の危険を避けるため，本案訴訟による勝訴判決前に，仮の地位を定める仮処分命令の発令を受け，解除・引渡しを仮に執行することが考えられます。

仮の地位を定める仮処分は，本案訴訟の判決が下されるよりも前に暫定的に権利関係が形成されるため，債務者の地位に大きな影響を与えます。そのため，債務者立会いによる審尋を行う必要があります（民事保全法23条4項）。

債権者である暴力団に対して解除・引渡しの仮処分命令が発令されると，同命令の執行により，暴力団が占有していた専有部分が管理組合法人等の債権者に対し，仮に引き渡されます。

第 **5**

共同利益背反行為と強制執行

1　はじめに

管理組合と区分所有者等との争いについては，同じ区分所有者同士であることから話合いで解決することが理想ですが，現実には，話合いで解決できないことも多く，訴訟になることがあります。さらには，管理組合等が訴訟により勝訴判決を得たとしても，敗訴した者（以下，「債務者」といいます。）が任意に履行せず，勝訴した管理組合等（以下，「債権者」といいます。）の権利が実現されないことがあります。この場合，裁判上の各措置を求めて勝訴判決を得た場合，債権者は，強制執行により，その権利内容を実現することができます。

強制執行の種類には，①直接強制，②代替執行，③間接強制の三つがあります。

直接強制は，金銭の支払を求める金銭債務や，物の引渡し・明渡し等を求める与える債務について，直接その債務を強制的に実現する手段です

28

（民法414条1項本文）。

　代替執行は，債務者が一定の行為をすること又はしないことを目的とする債務のうち，第三者が代わってすることが可能な債務について，債務者の費用で債務者に代わって第三者にその行為を行わせる手段です（民法414条2項本文・3項，民事執行法171条）。

　間接強制は，債務者が一定の行為をすること又はしないことを目的とする債務のうち，第三者が代わってすることができない債務について，その債務を履行しないときに一定の金額の支払を命じて債務者に心理的強制を加えることにより間接的にその債務を実現する手段です（民事執行法172条）。

　強制執行をするためには，債権者は判決等の債務名義（民事執行法22条）を取得し，執行文の付与を受けた上で（同法26条），執行裁判所に強制執行を申し立てます。

　以下においては，共同利益背反行為に関する区分所有法57条ないし60条の定める裁判上の各措置について，強制執行による実現方法について説明します。

2　区分所有法57条と強制執行

　区分所有法57条は，共同利益背反行為の停止，結果の除去，その行為を予防するための必要な措置を執ることを請求できると定めています。

　これらについての強制執行の方法は，請求の内容によります。例えば，バルコニーから造作物を撤去することを目的とする請求の場合には，代替的な作為債務ですので，代替執行の方法によります（民法414条2項本文，民事執行法171条）。

　他方で，騒音行為など特定の迷惑行為の禁止を目的とする請求の場合には，非代替的な不作為債務ですので，間接強制の方法によります（民事執行法172条）。

3　区分所有法58条と強制執行

　区分所有法58条は，相当の期間の共同利益背反行為に係る区分所有者による専有部分の使用禁止を請求できると定めています。

　この場合の違反区分所有者である債務者の債務は，専有部分の引渡債務（与える債務）ではなくて，不使用債務（不作為債務）とされています。し

第5　共同利益背反行為と強制執行

たがって，非代替的な不作為債務ですので，強制執行の方法は，間接強制
の方法によります（民事執行法172条）。

4　区分所有法59条と強制執行

区分所有法59条は，共同利益背反行為に係る区分所有者の区分所有権及
び敷地利用権の競売を請求できると定めています。

(1)　競売の申立て

競売請求の判決の確定により，競売権が形成されます（形成権）。原
告は，この確定判決に基づいて，形式的競売（民事執行法195条）を行い
ますが，判決確定の時から6か月以内に競売の申立てを行う必要があり
ます（法59条3項）。

(2)　無剰余取消しがないこと

一般に不動産競売においては，不動産の買受可能価格が差押債権者の
債権に優先する債権（例えば，抵当権の被担保債権となっている住宅ロー
ン債権で，差押債権者の差押えに優先するもの。）及び執行費用のうち共益
費用であるものの見込額の合計額に満たない場合（これを「無剰余」と
いいます。），不動産の競売手続は取り消されます（民事執行法63条。無剰
余取消し）。しかし，区分所有法59条に基づく競売請求は，債権回収が
目的ではなく，区分所有者の区分所有権の剥奪を目的とするものである
ため，仮に無剰余の場合であっても，競売手続は取り消されません（東
京高判平成16年5月20日判タ1210号170頁）。

(3)　買受人

競売請求を申し立てた場合，当該違反者である区分所有者又はその者
の計算において買い受けようとする者は，買受申出をすることができま
せん（法59条4項）。当該区分所有者の締め出しが目的であるのに，その
者が買い受けては意味がないからです。

また，判決の確定後に，違反区分所有者が区分所有権を第三者に譲渡
した場合に，当該譲受人に対しても判決の効果が及ぶかという点が問題
になりますが，このような判決確定後の譲受人に対する承継効は否定さ
れています（最決平成23年10月11日判時2136号36頁）。

5　区分所有法60条と強制執行

　区分所有法60条は，区分所有者と占有者との間の賃貸借契約等の解除，及び，当該専有部分の引渡しを請求できると定めています。

　これらの請求のうち，解除の請求については形成判決・形成条項であり，判決の主文においては「XとYとの間の本件賃貸借契約を解除する。」というように表現されます。判決の確定によって形成効を生じますので，強制執行により実現する必要はありません。

　また，専有部分の引渡請求についての強制執行は，与える債務であることから，直接強制の方法によります。

第 2 編

各 論

第1 専有部分における共同利益背反行為

1 用法違反①（住宅部分での治療院）

Q 甲管理組合の管理規約においては，専有部分を専ら住宅として使用するものと定められているところ，区分所有者乙は，その専有部分をカイロプラクティック治療院として使用しています。甲管理組合は，乙に対し，何らかの措置を講ずることができますか。ただし，甲マンションには，専有部分を事務所として使用している区分所有者が多数あり，それらについては，甲管理組合は黙認しています。

また，区分所有者の中には，専有部分を風俗店として利用している者もいるようですが，このような区分所有者に対しても，何らかの措置を講ずることができますか。

A 甲管理組合は，カイロプラクティック治療院としての使用や風俗店として使用の差止めを求めることができます。ただし，特に合理的な理由もなく，他の区分所有者による事務所としての使用を長期間放置してきたような場合には，甲管理組合の請求が権利濫用として認められないこともあります。

解　説

1 規約による専有部分の用途制限

本来，区分所有権は所有権（民法206条）である以上，区分所有者は，その専有部分を自由に使用収益することができるのが原則です。

しかし，区分所有法では，複数の区分所有者間の利害関係を調整する必

要性から，専有部分の使用等に関して一定の制限が設けられています。具体的には，区分所有法30条1項は，「建物又はその敷地若しくは附属施設の管理又は使用に関する区分所有者相互間の事項は，この法律に定めるもののほか，規約で定めることができる。」と定めており，専有部分の用法等については，規約で定めることができます。

これを受けて，標準管理規約12条1項は，「区分所有者は，その専有部分を専ら住宅として使用するものとし，他の用途に供してはならない。」と定めています。

甲マンション管理規約には，標準管理規約12条と同趣旨の規定が存在しますから，甲マンションの各区分所有者は，その専有部分を住宅として使用する義務があります。

仮に，区分所有者がその専有部分を住宅以外の用途に使用するという規約違反行為があり，これが共同利益背反行為（法6条1項）に該当すると認められた場合，管理組合は，当該行為の差止めを請求することができます（法57条1項）。

2 治療院としての使用が住宅使用に当たるか

では，「専有部分を専ら住宅として使用」しているか否かは，どのように判断されるのでしょうか。

「住宅としての使用」は，専ら居住者の生活の本拠があるか否かによって判断されます（標準管理規約コメント12条関係①）。

また，「生活の本拠」とは，区分所有者が当該専有部分に住所を有することを意味するのではなく，専有部分の利用方法について，専ら日常的な寝食のための居住用建物としての平穏さが確保されているか否かという実質的な観点から判断されます（稲本洋之助＝鎌野邦樹編著『コンメンタールマンション標準管理規約』53頁（日本評論社，2012））。

「生活の本拠」の該当性について判断した裁判例として，本設問と同様に，管理組合が，専用部分においてカイロプラクティック治療院を運営していた区分所有者に対し，共同利益背反を理由に，差止請求等をした事案が参考になります（東京地判平成17年6月23日判タ1205号207頁）。

本裁判例は，入居者が被告1名であること，設備がベッド2台であること，営業日が月曜日から土曜日であること，営業時間が午前9時から午後7時までであることなどの事実を認定の上，「治療院の使用態様は，その規模，予想される出入りの人数，営業時間，周囲の環境等を考慮すると，事業・営業等に関する事務を取り扱うところである『事務所』としての使用態様よりも，居住者の生活の平穏を損なう恐れが高いものといわざるを得ず，到底住戸使用ということはできない」と判示しています。

本裁判例によれば，本件のカイロプラクティック治療院も，住宅使用とはいえません。

3 共同利益背反行為に当たるか

住宅専用を定める管理規約に違反する行為があったとしても，これが共同利益背反行為（法6条1項）に該当するかは，別途，実質的に判断されます。

具体的には，用法違反が問題になっている区分所有者の「当該行為の必要性の程度，これによって他の区分所有者が被る不利益の態様，程度等の諸事情を比較考量して決すべき」（東京高判昭和53年2月27日金法875号31頁）とされています。

この点に関し，前掲東京地判平成17年6月23日は，営業日，営業時間，予想される出入りの人数，設備の規模，周囲の環境等の専用部分の使用実態からして，「『事務所』としての使用態様よりも，本件マンション居住者の生活の平穏を損なう恐れの高いものであ」ること，及び「住戸部分に不特定多数の患者が常に出入りしている状況は，良好な住環境であるとは言い難く，住戸部分の区分所有者の共同の利益に反することは明らかである。」と判示しています。

本設問においても，区分所有者乙が専有部分をカイロプラクティック診療所として使用することにより，住民ではない不特定多数の患者がマンションに出入りすることになります。これは，平穏な住環境を求める区分所有者に対しては著しく不利益を与えるものであり，したがって区分所有者乙による治療院としての使用は，共同利益背反行為に該当します。

第1　専有部分における共同利益背反行為

4　権利濫用

　権利の存在が認められたしても，その行使が権利の濫用に当たる場合には，権利行使は否定されます（民法1条3項）。本設問において，共同利益背反が認められたとしても，区分所有法に基づく権利行使が権利濫用に該当すると判断されてしまうと，差止請求等が否定されます。

　それでは，どのような場合に権利濫用に該当すると判断されるのでしょうか。

　この点について，前掲東京地判平成17年6月23日が参考になります。

　同裁判例は，「原告が，住戸部分を事務所として使用している大多数の用途違反を長期間放置し，かつ，現在に至るも何らの警告も発しないでおきながら，他方で，事務所と治療院とは使用態様が多少異なるとはいえ，特に合理的な理由もなく，しかも，多数の用途違反を行っている区分所有者である組合員の賛成により，被告……に対して，治療院としての使用の禁止を求める原告の行為は，クリーン・ハンズの原則に反し，権利の濫用といわざるを得ない。」と判示し，管理組合の請求を棄却しました。

　ここでは，①用法違反している他の区分所有者を長期間放置してきたことと，②用法違反をしている他の区分所有者の賛成により訴訟提起のための決議がなされたという矛盾挙動の2点が，権利濫用に該当すると判断された理由として挙げられています。

　このように，権利濫用の判断の際には，住居専用規定が日頃からどの程度遵守されていたかという点が考慮されています。同裁判例には，日頃の管理業務を適正化・厳格化させる意義があります。

5　風俗店としての利用

　では，本件のように住宅専用を定める管理規約があるマンションの専有部分において，風俗店を営んでいる場合も共同利益背反行為に該当するでしょうか。

　この点，風俗営業を行うことは風俗店利用者と同マンションの入居者が接近することや，不特定多数の人間がマンションを出入りすることになるなど，カイロプラクティック診療所を営業する場合と同様，平穏な住環境

1 用法違反①（住宅部分での治療院）

を求める区分所有者にとっては著しい不利益といえ，共同利益背反行為に
該当します。

　なお，風俗店営業を禁ずる管理規約の制定前から，専用部分を店舗型性
風俗営業のために利用していた事例において，裁判所は，「X₁ビル及びそ
の周辺においては風俗営業が許されない地域であること，X₁ビルの36戸
のうち，24戸は住居として使用され，9戸は事務所，2戸の店舗も歯科医
院及び指圧院という入居者の構成からすれば，X₁ビルにおいて，風俗店
の顧客と入居者の家族が玄関ホールやエレベーターで接近すること，オー
トロック作動後も，不特定の顧客が出入りすることは，住民に不安や不快
の念を抱かせるだけでなく，区分所有権の財産的価値の評価においても否
定的な要因となることは明らかである。」と判示し，風俗店営業が管理
「規約に反するか否かを判断するまでもなく」，共同利益背反行為に該当す
ると判示しています（東京地判平成22年10月21日ウエストロー）。

39

第1　専有部分における共同利益背反行為

2　用法違反②（住宅部分での託児所・保育室）

　管理規約において「専有部分を専ら住宅として使用すべき」と定めているマンションにおいて，専有部分で行われている託児所・保育室からの騒音がひどいのですが，使用差止めが認められますか。託児所・保育室の高い公共性が，管理組合に不利に考慮されることがありますか。

　行為の必要性の程度，これによって他の区分所有者が受ける不利益の態様，程度等の諸事情を比較考量し，騒音や振動，混雑などが受忍限度を超える場合には使用差止めは可能です。
　託児所・保育室の公共性は，住宅部分における使用差止めの判断においては必ずしも重視されません。

解　説

１　問題の所在

　多くのマンションでは，管理規約において専有部分の使用方法を定めています。マンションは住宅として使われることが想定されているため，その利用方法が「住宅」に限定されていることがよくあります。例えば，標準管理規約12条１項は，「区分所有者は，その専有部分を専ら住宅として使用するものとし，他の用途に供してはならない。」と規定しています。
　本設問では，専ら住宅として使用すべきであると規約で決められているにもかかわらず，専有部分を託児所・保育室として使用している区分所有者に対して，その使用を差し止めることができるかが問題となります。

２　託児所・保育室としての使用が住宅使用に当たるか

　まず，託児所・保育室としての使用が「専ら住宅として使用」しているといえるかが問題となります。すなわち，住宅として使用している区分所

有者の中にも子育てをしている区分所有者がいる場合があり，託児所・保育室としての使用も，住宅としての使用の一環であるとの主張がなされる可能性があるからです。

この「専有部分を専ら住宅として使用」するものか否かは，「専ら居住者の生活の本拠があるか否かによって判断」されます（標準管理規約コメント12条関係①）。また，「生活の本拠」とは，専有部分の利用方法について，専ら日常的な寝食のための居住用建物としての平穏さが確保されているか否かという実質的な観点から判断されます（稲本洋之助＝鎌野邦樹編著『コンメンタールマンション標準管理規約』53頁（日本評論社，2012））。

託児所・保育室は，有料の事業として行われており，不特定多数人が当該専有部分を入れ代わり立ち代わり継続して利用するものですし，条例等でその施設に関する規制も行われるなど，特定人の生活の本拠とは到底いえません。

したがって，託児所・保育室は，「専ら住宅として使用」しているとは認められません。

③　共同利益背反行為に当たるか

管理規約違反であるとしても，それだけで差止請求が認められるわけではありません。託児所・保育室としての使用が，「建物の管理又は使用に関し区分所有者の共同の利益に反する行為」（法6条1項）に該当するかが問題となります。

集合住宅においては各住宅部分がそれぞれ密接に連結しており，通路も共通であることなどから，住民相互になるべく迷惑を掛けないよう生活する必要があり，一方で，騒音，振動や臭気等についてはお互いに発生源となる可能性があることから，一定の受忍義務が生じます。

したがって，共同利益背反行為に該当するかは，用法違反が問題になっている区分所有者の「行為の必要性の程度，これによって他の区分所有者が被る不利益の態様，程度等の諸事情を比較考量して」（東京高判昭和53年2月27日金法875号31頁），受忍限度の範囲内か否かにより判断されます。

この点，走り回る振動や，幼児の靴による砂や泥で通路が汚損されるこ

と，保護者と離れることで生じる泣き声による騒音，利用時間が早朝や夜間に及んだり，週末も営業していることなどの他の区分所有者が受ける不利益の程度等を考慮することになります。その他にも，多数の託児所利用者が出入りすることで住民のエレベーター利用に支障が生じたり，託児所利用者が送迎のために駐車場や車回しに押し寄せて渋滞を起こすなども考慮されます。

　これらの要素を勘案すると，規約違反となる託児所・保育室としての使用は，受忍限度を超えるものとして共同利益背反行為に該当し，その使用を差し止めることは十分可能です。

4 権利濫用

　一方，専有部分を託児所・保育室として使用している区分所有者から，管理規約違反をしている区分所有者が他にいるのであるから，自分にだけ差止請求をすることは権利濫用に当たると反論されることがあります。例えば，同じマンション内に自宅でギター教室や事務所などを開いている区分所有者がいる場合です。

　しかし，それらの教室や事務所が多数の苦情が寄せられていたわけではなく，また管理組合側としてこれらの教室や事務所をやめるよう指導しているなどの事情があれば，必ずしも権利濫用には当たりません（権利濫用に関しては，Ｑ１もご参照ください。）。

5 参考裁判例

(1) 東京地判平成18年3月30日（判時1949号55頁）

　本裁判例は，本設問類似の事案ですが，結論として，差止請求を認めました。

　まず，差止めを受けるべき者（被告）は誰でしょうか。この点，当該託児所・保育室の形式的な経営者（登記上の代表者）は被告となります。

　また，当該住宅の区分所有者あるいは賃貸人についても，使用を許可している者として，これを禁止することが可能な立場にあるとして，差止請求訴訟の被告になるとしました。転貸借など専有部分の利用関係が

管理組合側には分かりにくいこともありますので，どのような賃貸借契約が締結されているか詳細が不明であっても同様です。

　併せて，託児所・保育室の実質的経営者も被告になると判断しました。本裁判例では，園長の肩書きがあり，他にも複数の託児所を包括運営している者が実質的経営者であると認定されました。

　被告は，原告が共同利益背反行為の一つとして主張した騒音について，具体的に何デシベルなのかの主張立証がないと反論しましたが，裁判所は，託児所・保育室においては母親と離れる不安で泣き叫ぶ幼児がいることが優に推測されること，検証して再現することが困難であることを理由に，迷惑になるレベルの騒音の存在を認定しました。

　さらに，本件託児所のような認可外保育施設についての都の指導監督基準は，３階以上に設置する場合，２か所２方向に非常口を設置することとしていますが，当該マンションには非常口が１か所しかなく，これを改善することは不可能であり，託児所の利用者のみならず，住民にとっても（多人数の託児所・保育室利用者が避難するため）避難が困難となって危険であると判断しています。

(2) **横浜地判平成６年９月９日**（判タ859号199頁）

　本裁判例では，同様に，マンション内における保育室としての利用が共同利益背反となるかどうかが争われました。裁判例で認定された具体的な使用行為として，バルコニー[1]部分でのビニールプールによる水遊び及びその排水で，階下のベランダに水が溢れること，保護者が子供を保育室に連れてくる際に住民の通行の障害になっていること，同様に送迎時にマンションの駐車場に保護者が駐停車することで住民の利用が阻害されていること，マンションの廊下が狭いため，通路を歩行する子供にぶつからないようにドアの開閉に注意を要することとなったこと，幼児の飲食物の包装紙などが捨てられて通路が汚損するようになったこと

---

1) バルコニーは標準管理規約でも見受けられる表現ですが，同規約では，バルコニー，ベランダ，屋上テラスと列挙され，各用語の定義も定まっていません。そのため，本書では，これらを総称して「バルコニー」と言います。なお，裁判例において「ベランダ」等の表記が用いられている場合は，裁判例の表記に従います。

第1 専有部分における共同利益背反行為

などが認定されています。

　また，保育室は病院の看護師らの福利厚生のために運営されていたものでしたが，裁判所は，仮にそうであったとしても，住民に一方的な犠牲を強いることを正当化することはできないと判示しました。

6 託児所・保育室の公共性について

　ところで，託児所・保育室は公共性の高い施設ですが，このことが，共同利益背反における受忍限度の判断に何らかの影響を与えるのでしょうか。

　前掲横浜地判平成6年9月9日は，病院の看護師らの福利厚生という公共性があるとしても，それが平穏であることが要求される住宅部分で行われることによる不利益を指摘しています。

　また，住宅部分であっても住民の子は存在します。そして，住民の子が出す騒音については，お互い様として受忍義務の範囲内であるとされています。しかしながら，前掲東京地判平成18年3月30日は，託児所・保育室は，子の人数的にも期間的（年中無休。「子育てが終わる」ということがない）にも住民の子育てとは質的に異なると判示しています。

　したがって，託児所・保育室に一定の公共性はあるとしても，その場所が住宅部分であることとの関係では，公共性がそこまで重視されていないといえます。確かに，社会が託児所・保育室を求めていることは否定できませんが，それによって，ところ構わず託児所・保育室を設置することが許容されるわけではありません。マンションの住宅部分において平穏が重視されていることを示すものとして，標準管理規約のコメントが挙げられます。すなわち，同コメント第12条関係①には，「住宅としての使用は，専ら居住者の生活の本拠があるか否かによって判断する。したがって利用方法は，生活の本拠であるために必要な平穏さを有することを要する。」と記載されています。

　他方，住宅部分でなく，事務所利用が管理規約上認められている専有部分において，託児所・保育室を開設する場合はどうでしょうか。店舗利用と比較するならば，事務所としての利用は，より人の出入りが少ない使用形態であるといえます。一方，託児所・保育室は，送迎や散歩など人の出

2　用法違反②（住宅部分での託児所・保育室）

入りは多く，より店舗に近い利用形態といえます。その点では，事務所利
用が認められていても，店舗よりは平穏が重視され，託児所・保育室を開
設することは許されないと考えられます。

第1　専有部分における共同利益背反行為

3　用法違反③（住宅部分での事務所使用）

Q　専ら住宅として使用するという管理規約のあるマンションにおいて，専有部分を会計事務所や法律事務所として使用する場合，不特定多数人が出入りする店舗等に比較して違反の程度が緩やかな気がします。この場合でも，管理組合は，管理規約違反に該当するとして，使用禁止を求めることができますか。

A　区分所有者による会計事務所又は法律事務所としての使用が「住宅専用」とはいえない態様のものであれば，区分所有者による会計事務所又は法律事務所としての利用は「住宅専用」の使用を求める管理規約に違反するとともに，区分所有法6条1項の「共同の利益に反する行為」に当たり，会計事務所又は法律事務所としての使用の禁止（法57条1項）を求めることができます。

もっとも，管理組合が区分所有者による共同利益背反行為を長年黙認していたなどの特段の事情がある場合には，当該規約条項の有効性が否定されたり，管理組合による区分所有者への権利行使が「権利濫用」に当たると評価され，否定される場合があります。

解　説

1　住宅専用規定について

マンションの区分所有者は，本来その所有権に基づいて専有部分を自由に使用・収益・処分できますが，多数の区分所有者や占有者が一つの区分建物の中で居住・生活しているという必然的な事情から，その所有権もまた一定の内在的制約に服さざるを得ないと解されています。区分所有法6条1項が，「建物の保存に有害な行為その他建物の管理又は使用に関し区分所有者の共同の利益に反する行為をしてはならない。」と規定しているのも，そうした趣旨に基づくものです。

3 用法違反③（住宅部分での事務所使用）

　ところで，こうした「共同の利益に反する行為」の具体的な内容につい
ては，区分所有法に規定がありません。そのため，管理規約において，住
宅以外の用途で使用してはならない（住宅専用）と規定する例が実務上多
く見られます。国土交通省の定める標準管理規約においても，12条が，
「区分所有者は，その専有部分を専ら住宅として使用するものとし，他の
用途に供してはならない。」と定めています。

　では，ある専有部分が専ら住宅として使用されているかどうかは，どの
ように判断されるのでしょうか。これについては，専ら居住者の「生活の
本拠」があるかどうかで判断すると解されています。そして，この「生活
の本拠」があるかどうかは，形式的に居住者の住所がそこにあるかどうか
ではなく，実質的にその使用方法につき，「専ら日常的な寝食のための居
住用建物としての平穏さが確保され」ているかどうかで判断されます（稲
本洋之助＝鎌野邦樹編著『コンメンタールマンション標準管理規約』53頁（日
本評論社，2012））。

　こうして，その使用方法につき，専ら日常的な寝食のための居住用建物
としての平穏が確保されているとは解されない専有部分については，「住
宅専用」であるということができず，管理規約違反であるといえます。

　本設問は，例えば会計事務所や法律事務所が外部にそれと分かる表札や
看板を掲げ，あるいは内部に受付，コピー機，PC，デスク，会議スペー
スの造作といったものを設置している場合は，そこで継続的に業務を行っ
ているものと考えられるため，たとえ区分所有者がそこで寝泊まりしてい
るとしても，もはや住居としての生活の本拠があるとはいえず，住宅専用
とはいえません。

2　区分所有者の共同の利益に反する行為

　もっとも，裁判例上は，居住者が「住宅専用」を定めた管理規約の規定
に違反していることをもって直ちに「区分所有者の共同の利益に反する行
為」（法6条1項）を認定するわけではなく，居住者に共同の利益に反する
行為があったか否かをより実質的に判断する傾向にあります。そして，裁
判例上，居住者のある行為が共同の利益に反する行為かどうかは，受忍限

47

第1　専有部分における共同利益背反行為

度の範囲内にあるか否かで判断されています。すなわち，受忍限度の範囲内かどうかを「当該行為の必要性の程度，これによって他の区分所有者が被る不利益の態様，程度等の諸事情を比較考量して決すべき」（東京高判昭和53年 2 月27日金法875号31頁）とされています。

　本設問では，そもそも「住居専用」とされているマンションで会計士事務所又は法律事務所を経営しなければならない必要性は，特に認められません。

　一方，住宅専用規定が設けられる意味が，マンションの住居としての十分な平穏の確保にあることを考えると，この規定の適用は，厳格になされなければなりません。会計事務所や法律事務所は，不特定多数人が出入りする場所ではありませんが，だからといって，その適用が否定される理由はありません。むしろ，このような用途での使用を管理組合側が黙認し続ければ，専有部分の住居用途以外の使用が許されるのだという誤ったメッセージを他の区分所有者に対して与えるおそれもあり，他の区分所有者による規約違反行為を誘発するおそれすらあります。そうすると，専有部分の会計事務所や法律事務所としての使用によって管理組合側が被る不利益は大きいといわなければなりません。

　したがって，本設問における会計事務所又は法律事務所としての使用は，共同の利益に反する行為に当たると解されます。

　なお，区分所有者や占有者が自宅である専有部分内にパソコンや家庭用コピー機を持ち込んで仕事をしており，表札で名前の下に小さく会社名を表示しているケースも見受けられます。まさに限界的なケースですが，従業員や訪問客など当該専有部分の住人以外の者が業務に関連して頻繁に部屋を出入りするような状況があれば，周囲の平穏を害し，共同の利益に反する行為に当たると解するべきでしょう。

③　管理組合による権利行使が否定されるケース

　そうすると，本設問のような会計事務所又は法律事務所としての使用に対して，管理組合は常に区分所有法57条 1 項に基づく使用禁止を求めることができるのでしょうか。裁判例には，別の法理により，管理組合による

48

3 用法違反③（住宅部分での事務所使用）

このような権利行使を否定したケースがあります。

東京地判平成17年6月23日（判タ1205号207頁）は，マンションの住宅専用使用が管理規約で定められた住宅部分において，被告がカイロプラクティック治療院を営んでいたケースで，被告によるカイロプラクティック治療院としての使用が共同の利益に反する行為に当たることを認める一方で，「原告が，住戸部分を事務所として使用している大多数の用途違反を長期間放置し，かつ，現在に至るも何らの警告も発しないでおきながら，他方で，事務所と治療院とは使用態様が多少異なるとはいえ，特に合理的理由もなく，しかも，多数の用途違反を行っている区分所有者である組合員の賛成により，被告……に対して，治療院としての使用の禁止を求める原告の行為は，クリーン・ハンズの原則に反し，権利の濫用といわざるを得ない。」と判示し，管理組合の請求を棄却しています（この事例については，Q1も参照ください。）。

このように，マンション内での専有部分の用途違反が多数あり，かつ，それを長期間放置してきたようなケースでは，そのうちの一部を狙い撃ちしたような場合に権利濫用が認定されてしまうことが考えられます。住居専用を定める規約が規範性を失ってしまうケースです。

一方，東京高判平成23年11月24日（判タ1375号215頁）は，管理規約で専有部分の住宅専用使用を定めたマンションにおいて，専有部分を事務所やカラオケ教室などの使用に供していたケースで，原告の管理組合法人が管理規約の写しを区分所有者らに配布するなどして住宅専用規定の周知を図り，住宅専用規定に違反する専有部分の使用があればこれを解消するように努めた結果，他の区分所有者についても順次住宅専用規定に沿った使用方法になるようにその使用方法が変化しているとして，住宅専用規定の規範性をそのまま肯定して管理組合法人の請求を認めたものです。

本設問では，当該会計事務所や法律事務所，あるいはその他の区分所有者が住居専用規定に違反し共同の利益に反する行為を既に長期間続けており，それをこれまでの管理組合が黙認してきたという事情があれば格別，そのような事情がなければ，管理組合による使用禁止請求は，権利濫用にはなりません。

第1　専有部分における共同利益背反行為

4　用法違反④（住宅部分での寄宿舎・シェアハウス）

Q 　専有部分を改築し居室を大幅に増やした上でシェアハウスとして賃貸している場合，専ら住宅として使用するという管理規約に違反することになるのでしょうか。

　例えば，家族が生活することが前提のマンションの場合，その物件における管理規約上の「住宅」とは，このような使用形態を指すため，それとは異なる使用形態であるシェアハウスは，管理規約に違反するおそれがあります。

―――――――――――――― 解　説 ――――――――――――――

1　シェアハウスとは

　シェアハウスとは，明確に定まった定義はありませんが，ここでは，「1つの賃貸物件に親族ではない複数の者が共同で生活する共同居住型賃貸住宅のことをいう」とする国土交通省が示した定義に基づき検討します（国土交通省「シェアハウスガイドブック」1頁）。

　シェアハウスは，一つの専有部分内のリビングや浴室，トイレ台所といった共用部分を他の居住者と共同利用し，居室部分を専用部分として単独利用します。共用部分の利用を通じて，入居者同士に交流やつながりが自然に生まれる点に特徴があるとされており，また現在活用されていない空き家や空き室の有効活用の一つとしても注目されています。

2　問題の所在

　家族が生活することが前提として設計されているマンションでは，区分所有者を含む居住者が家族，すなわち一つの生活共同体として継続的に同居生活を営むことが予定されています。単身者用のマンションでも，特定の居住者が継続的に生活を営むことが予定されています。そのため，この

4　用法違反④（住宅部分での寄宿舎・シェアハウス）

ようなマンションの管理規約では，専有部分を専ら住宅として使用することに限定していることが見受けられます。例えば，国土交通省が公表している標準管理規約12条1項は，「区分所有者は，その専有部分を専ら住宅として使用するものとし，他の用途に供してはならない。」と定めています。

他方，専有部分をシェアハウスとして活用する場合，見ず知らずの複数の者が当該専有部分を利用することになるため，家族を単位とする生活共同体による継続的な同居生活という前提が当てはまりません。これは，特定の利用者が単独で生活をすることを前提とする単身者用のマンションにも当てはまります。

そのため，マンションにおいて専有部分をシェアハウスとして活用する場合，そのマンションが当初予定していた形態とは異なる利用形態が生じることになり，「専ら住宅として使用する」という上記管理規約の定めに違反するかが問題となります。

とりわけ，違法貸しルーム[1] [2]として専有部分が活用される場合，その使用が建築基準法等の法令に違反するおそれがあるほか，不特定多数者がマンションに出入りし，他の区分所有者に安全性の確保の上での不安を抱かせることになるため，管理規約適合性が問題となります。

3　参考裁判例

シェアハウスとしての使用が管理規約に定める「専ら住宅としての使

---

[1]「違法貸しルーム」とは，事業者が入居者の募集を行い，自ら管理等する建築物の全部又は一部に複数の者を居住させる「貸しルーム」で，防火関係規定等の建築基準法に違反しているものをいいます。

[2]　違法貸しルームの実態について
　国土交通省は，違法貸しルームの実態について調査をしており，インターネットでその結果を公表しています。この調査は，平成28年8月31日時点のものであり，国土交通省より都道府県を通じて全国の特定行政庁に調査を依頼したものです。同調査によれば調査対象となった2004件の物件中，1421件が建築基準法関係条例の違反があることが確認されました。違反の多くは，非常用照明装置関係が大半を占めており，窓先空地関係（建築基準法関係条例），防火上主要な間仕切り壁関係と続きます。
　国土交通省プレスリリース「違法貸しルームの是正指導等の状況について」（平成28年10月17日）〈http://www.mlit.go.jp/common/001173473.pdf〉参照。

51

第1　専有部分における共同利益背反行為

用」に該当するかにつき，東京地判平成27年9月18日（ウエストロー）が判断を示しています。

　本裁判例は，マンションの専有部分内に多くの間仕切りを設置して多数の者を居住させていることが，管理規約に違反し，また，区分所有者の共同の利益に反する行為（法6条1項）に該当するとして，区分所有法57条1項に基づき，上記のような行為の禁止，間仕切りの撤去等を求めた事案です。

　裁判所は，「本件マンションの分譲時には，快適な住環境やオートドアロックシステムによる安全性の確保が本件マンションの特徴として強調されており，各専有部分の間取りも，全戸南向きのワンルーム，1DK又は2DKとして設計されていて，その構造からすれば，各戸をそれぞれ単身者又は一つの生活共同体として継続的に同居生活を営む者らが生活の本拠として使用することが想定されていることが明らかであり，本件管理規約12条にいう『住宅』とはそのような使用態様を意味するものであると解される。」と判示し，「本件建物は，玄関，便所，洗面所，浴室及び台所を除く部分が床面積各2畳程度の10区画に区切られた形に改装された上，同時並行的に締結された複数の賃貸借契約に基づき入居した者らが，それぞれ上記区画部分の一つで寝起きし，便所，洗面所，浴室及び台所を他の入居者と共同で使用している状態にある。全く見知らぬ者同士を含む最大10名の者が，多くは窓もない僅か2畳程度のスペースで寝起きするという使用態様は，本件マンションの専有部分の使用態様として想定されているところからは程遠く，本件管理規約12条にいう「住宅」には当たらないというべきである。」と判示しました。

　本裁判例は，当該事案に限ったいわゆる事例判決の側面も否定できないところですが，同裁判例類似のマンションにおける管理規約上の「住宅」の解釈に当たっては参考になります。このような「住宅」の解釈を前提とすると，仮に区画数が10区画に満たないような場合，例えば3区画程度であっても，入居者が全く見知らぬ者同士であり，それぞれの区画部分の一つで寝起きし，便所，洗面所，浴室及び台所を他の入居者と共同で使用しているにすぎないような場合には，一つの共同生活体として継続的に同居

52

生活を営んでいるとはいえず，当該マンションの専有部分の使用態様として想定されている「住宅」には該当しないことになると考えられます。

4 管理規約に違反するシェアハウスへの対応

専有部分をシェアハウスとして賃貸しており，それが当該マンションの管理規約の定めに違反する場合，理事長は，当該区分所有者に対し，勧告・指示・警告を行うことができます（標準管理規約67条1項）。

また，オートドアロックシステムによる安全性の確保が特徴のマンションで専有部分をシェアハウスとして賃貸する場合，不特定多数者がマンションを出入りすることにより，マンションの安全性の確保を損なうようなことがあれば，共同利益背反が生じる余地があります。この場合，管理組合としては，行為の差止請求（法57条），使用禁止請求（法58条），競売請求（法59条），契約の解除・引渡請求（法60条）を検討する必要があります。

5 シェアハウスと寄宿舎

国土交通省は，平成25年9月6日，事業者が入居者の募集を行い，自ら管理等する建築物に複数の者を居住させる「貸しルーム」は，従前の用途や改修の有無にかかわらず，建築基準法に定める「寄宿舎」に該当するものと通知しました（平成25年9月6日国住指第4877号技術的助言，平成25年9月6日国土動指第44号・国住指第1970号・国住マ第34号依頼）。

そのため，「貸しルーム」を行うためには，建築基準法に定める「寄宿舎」の要件を満たす必要があります。シェアハウスも「貸しルーム」の概念に含まれますので，シェアハウスを行うためには「寄宿舎」の要件を満たす必要があります。

区分所有建物でも，登記上，専有部分の用途が「寄宿舎」と定められている場合があります。このような専有部分は，建築基準法その他法令が定める「寄宿舎」に必要な設備等を具備していることもあり，区分所有者が専有部分をシェアハウス（寄宿舎）として活用することも想定されます。

もっとも，建築基準法その他の法令上「寄宿舎」として使用できるかど

53

第1　専有部分における共同利益背反行為

うかと，当該マンションにおいて「寄宿舎」としての使用ができるかどう
かは，全く別問題です。管理規約が専有部分の使用方法について定めてい
る場合がありますので，管理規約上「寄宿舎」としての使用が許されてい
るかどうかの確認は必須となります。

5 用法違反⑤（住宅部分での民泊）

専有部分で民泊を行っている場合，「専ら住宅として使用する」という規約に違反することになるのでしょうか。

専有部分で民泊を行っている場合，「専ら住宅として使用する」という規約に違反することになります。

　もっとも，住宅宿泊事業法の施行を踏まえ，国土交通省による平成29年8月29日付の標準管理規約の改正，内閣府地方創生推進事務局による平成29年10月26日付「特区民泊の改正マンション標準管理規約における取扱いについて（通知）」をはじめとする行政機関による情報発信も盛んに行われており，管理組合としては，最新の情報に留意しながら，あるべき管理規約の定め方について柔軟に対応すべきです。

解　説

1　民泊の登場と規制

　近時，我が国を訪問する外国人旅行客の増加とともに，住宅をその宿泊場所として提供するいわゆる民泊が盛んに行われるようになりました。国家戦略特別区域法に基づく旅館業法の特例，いわゆる「特区民泊」については，平成25年12月に法が制定され，平成28年1月に全国で初めて東京都大田区が取組を開始し，それ以外にも，平成30年3月20日時点において，大阪府，大阪市，北九州市が，既に特区民泊を実施し，千葉市，新潟市も，関連条例を制定するなどの動きをみせています（内閣府地方創生推進事務局「国家戦略特区　特区民泊について」（平成30年3月20日発表））。

　一方，急速に増加するいわゆる民泊について，安全面・衛生面の確保がなされていないこと，騒音やゴミ出しなどによる近隣トラブルが社会問題となっていること，観光旅客の宿泊ニーズが多様化していることなどに対応するため，一定のルールを定め，健全な民泊サービスの普及を図るもの

として，住宅宿泊事業法が，平成29年6月に成立しました（国土交通省・民泊制度ポータルサイト）。

　住宅宿泊事業法は，我が国における観光旅客の宿泊をめぐる状況に鑑み，住宅宿泊事業を営む者に係る届出制度並びに住宅宿泊管理業を営む者及び住宅宿泊仲介業を営む者に係る登録制度を設ける等の措置を講ずることにより，これらの事業を営む者の業務の適正な運営を確保しつつ，国内外からの観光旅客の宿泊に対する需要に的確に対応してこれらの者の来訪及び滞在を促進し，もって国民生活の安定向上及び国民経済の発展に寄与することを目的とするものです（住宅宿泊事業法1条）。

　さらに，住宅宿泊事業法18条は，都道府県等は，住宅宿泊事業に起因する騒音の発生その他の事象による生活環境の悪化を防止するため必要があるときは，合理的に必要と認められる限度において，政令で定める基準に従い条例で定めるところにより，区域を定めて，住宅宿泊事業を実施する期間を制限することができると定め，その結果，東京都特別区では，そのほとんどにおいて，独自の上乗せ規制が課せられることとなりました。例えば，東京都の中央区は，区内全域で事業所と住宅が共存し，多数人がマンションに居住していることを理由に，居住者以外の人が多数出入りすることで防犯機能の低下など区民の生活環境が悪化しないよう区内全域を制限区域とし，この制限区域では，通勤などで区民が不在となることが多い平日の民泊事業の実施を制限し，区内全域で土曜正午から月曜正午の宿泊のみを認めています（中央区住宅宿泊事業の適正な運営に関する条例）。

2 問題の所在

　ところで，標準管理規約12条1項は，従前より，「区分所有者は，その専有部分を専ら住宅として使用するものとし，他の用途に供してはならない」と定め，この規定を採用する管理組合は，現在においても多く存在しています。民泊としてその専有部分を使用することは，「専ら住宅として使用する」と定める管理規約に違反することになるのでしょうか。

　国土交通省は，住宅宿泊事業法の成立を受け，平成28年8月29日付にて標準管理規約を改正しました。すなわち，従前からの上記規定に第2項を

追加し，住宅宿泊事業による民泊を認める場合には，「区分所有者は，その専有部分を住宅宿泊事業法第3条第1項の届出を行って営む同法第2条第3項の住宅宿泊事業に使用することができる。」と定め，これを禁止する場合には，「区分所有者は，その専有部分を住宅宿泊事業法第3条第1項の届出を行って営む同法第2条第3項の住宅宿泊事業に使用してはならない。」と定めるよう，標準管理規約の改正を行いました。そのため，従前からの標準管理規約12条のままで，民泊を禁じることができるのかが問題となります。

3 参考裁判例

　参考になる事案として，大阪地判平成29年1月13日（ウエストロー）があります。この事案は，「区分所有者は，その専有部分を次の各号に掲げる用途に使用するものとし，他の用途に供してはならない。」，「一　住宅部分は住宅もしくは事務所として使用する」との管理規約の定めがあったところ，その後，「不特定多数の実質的な宿泊施設，会社寮等としての使用を禁じる」と規約変更したマンションにおいて，その規約変更の前後を通じて，専有部分を1～2週間程度ずつ，外国人旅行者等に有償で使用させ，民泊を行っていた事案です。こうした利用者は，インターネット上のサービスを通じて申し込んだ2人から7人の外国人グループがほとんどであり，利用期間は長くても9日程度でした。こうした利用者により，当該専有部分とマンション玄関のオートロックの解除を兼ねた鍵が使われ，鍵を持たない者が内部から招き入れられることもあり，マンションの居住区域に短期間しか滞在しない旅行者が入れ替わり立ち入る状況にありました。旅行者が多人数で利用する場合には，エレベーターが満杯になり他の居住者が利用できない，利用者がエントランスホールでたむろして他の居住者の邪魔になる，部屋を間違えてインターホンを鳴らす，共用部分において大声で話す，夜中まで騒ぐ，大勢の旅行者が大型スーツケースを引くことにより共用部分の床が早く汚れるようになり，清掃及びワックス掛けの回数が増えた，ごみを指定場所に出さずに放置する，ごみの放置により害虫が発生する，非常ボタンが押される回数が多くなっている等の問題発生も

第1　専有部分における共同利益背反行為

ありました。当該専有部分の区分所有者は，管理組合からの注意や勧告を
受けるも，営業をやめませんでした。

　裁判所は，上記の事案において，規約変更の前後を通じて管理規約に明
らかに違反すると判示しました。

　別の裁判例も，従前から，「専有部分を専ら住宅として使用する」とい
う管理規約に基づき，カイロプラクティック治療院としての使用（東京地
判平成17年6月23日判タ1205号207頁。Q1を参照ください。）や事務所として
の使用（東京高判平成23年11月24日判タ1375号215頁。Q3を参照ください。）
が当該管理規約に違反すると判示しています。これら裁判例に照らせば，
たとえ，「民泊」としての使用を禁ずるという明示がない場合であっても，
その態様が「専ら住宅」としての使用でない限りは，これが包括的に禁止
されているというべきと考えられます。そのため，民泊を明示して禁止し
ていなくとも，「専有部分を専ら住宅として使用する」という規定があれ
ば，民泊としての使用が禁止されているということができます。

　前掲大阪地判平成29年1月13日の事案では，被告である区分所有者は，
専有部分を短期間賃貸借しているだけであり，他の専有部分においても賃
貸借が行われているとか，ベッドフレームやマットレスは備え付けてある
が掛け布団やシーツなどのリネンは備え付けておらず，それらが必要な場
合は別の業者からレンタルしてもらっているとの反論をしました。しかし，
裁判例では，賃貸借の形式を採っているとしても許容されるものではない
として，被告の主張は一蹴されています。

　なお，同裁判例は，詳細な事実認定の下で，民泊が行われていたことを
認定し，不法行為に基づく弁護士費用相当額50万円の損害賠償請求を認め
ましたが，区分所有法57条1項に基づく民泊営業の停止については，被告
が既に区分所有権を第三者に売却し，区分所有権を失っていることを理由
に，その請求を退けています。

4　今後の留意点

　管理規約における民泊の規制の在り方については，上記のとおり，国土
交通省が平成29年8月29日付にて標準管理規約を改正してこれを示してい

5　用法違反⑤（住宅部分での民泊）

るほか，内閣府地方創生推進事務局も，平成29年10月26日付「特区民泊の
改正マンション標準管理規約における取扱いについて（通知）」を出し，
上記標準管理規約の改正を受けて住宅宿泊事業の可否のみを管理規約に規
定した場合には，逆に特区民泊の取扱いについて疑義を広げるおそれ（住
宅宿泊事業のみ禁止され，特区民泊が許容されていると解釈されるおそれ）も
あるとして注意を促し，規定例を通知しています。

　マンションにおける民泊が禁止されているかについて，裁判例が少ない
中，行政機関からの通知等により様々な見解も出される状況となっており，
管理組合としては，適切な管理規約の定め方について悩ましい状況下にあ
ると思われ，最新の情報に留意しつつ，柔軟な対応が望まれます。

第1　専有部分における共同利益背反行為

6　用法違反⑥（反社会的勢力の事務所）

Q　専有部分を暴力団事務所として使用している区分所有者がいます。この区分所有者自身も暴力団組員であり，当該マンションやその付近において当該暴力団組員を当事者とする抗争が過去に発生し，今後も再発するおそれがあり，住民が非常に不安を感じています。

　この場合に，当該専用部分の使用禁止，さらには競売を求めることができますか。

A　暴力団事務所としての使用は，共同利益背反行為として，相当な期間その使用を禁止することができます。

　また，当該暴力団が当事者となった抗争が過去に発生していたり，当該マンション又はその近辺が事件現場になった等，区分所有者の共同生活上の障害が著しい場合には，競売請求が認められます。

解　説

1　問題の所在

　暴力団によりマンションの一室が当該組織の事務所として使用されている場合，当該マンション住民は，抗争等に起因して生命身体の安全が脅かされることを非常に恐れます。

　近年，暴力団員による不当な行為の防止等に関する法律や，各都道府県の条例により，暴力団等の活動に対する規制が厳格化されています。

　一方，このような国や都道府県による規制の厳格化とは別に，管理組合や区分所有者において講ずることのできる措置として，民事上の救済方法も問題になります。

　そこで，当該専有部分が暴力団事務所として使用されている場合，具体的にどのような事情があれば，共同利益背反行為の要件を満たし，使用禁

止請求（法58条）や競売請求（法59条）が認められるのかが問題になります。

2 使用禁止請求

(1) 請求の主体

　　まず，違反者を除く区分所有者全員及び管理組合法人が区分所有法58条1項に基づく使用禁止の請求の主体になることは，条文上明らかです。

　　他方で，区分所有者個人は，人格権の侵害を理由として，使用禁止請求をすることができます。周辺住民のうち，暴力団事務所とは区分所有建物としての一体性がないものの，近距離に住居を構える人々の救済方法としては，人格権に基づく使用禁止請求が可能です。この点，区分所有建物の住民ではないものの，周辺住民らによる人格権の侵害を理由とする使用禁止請求が認められた裁判例として，神戸地判平成6年11月28日（判時1545号75頁）が参考になります。

(2) 使用禁止期間

　　暴力団の幹部が当該専有部分を暴力団事務所として使用しており，同居していた組員による窃盗及びマンション構内工事に対する暴力行為による妨害が行われた事案において，3年間の当該専有部分の使用禁止が認められた裁判例があります（福岡地判昭和62年5月19日判タ651号221頁）。

　　なお，禁止期間は，原告の請求の範囲内で認められるところ，原告は，訴え提起の段階から3年間の使用禁止を請求していたので，3年を超える禁止期間が肯定される余地はあったと考えられます。

3 競売請求

(1) 区分所有者の共同生活上の障害が著しいこと

ア　はじめに

　　当該要件は，区分所有者の共同生活への影響が重大である場合にのみ競売を認めるという，競売請求が認められる場合を限定する趣旨であるとされています。言い換えれば，競売請求が認められるためには，共同利益背反行為の違法性が大きいといえる必要があります（濱﨑恭生『建物区分所有法の改正』352頁（法曹会，1989））。

第1 専有部分における共同利益背反行為

イ 裁判例における考慮要素

　　暴力団事務所使用の場合において，裁判例がこの要件の判断要素として考慮しているのは，以下のような事情です。

① 当該暴力団が当事者となった抗争が過去に発生したこと

② 当該マンション又はその近辺が事件現場となったこと

③ 実質的に区分所有権を有しているのが，暴力団組員であること

④ 暴力団組員であるとして，その者の地位（組長や幹部）

⑤ 事務所使用の有無や組員の出入り等の占有状況

⑥ その他，暴力団組員によって区分所有者の平穏な生活を害するような行為が行われたこと

ウ 基準時の問題

　　共同利益背反行為による区分所有者の共同生活上の著しい障害は，口頭弁論終結時においても継続している必要があります（東京地判平成25年1月23日判タ1408号375頁）。

エ 共同生活上の著しい障害を肯定した裁判例

　　下記①②の裁判例でもそうですが，裁判例において，マンションを現場とする抗争事件が発生した場合，再発のおそれを払拭するような特別の事情がない限り，共同生活上の著しい障害が認められる傾向にあります。

① 名古屋地判昭和62年7月27日（判時1251号122頁）

　　本裁判例では，区分所有者が暴力団組長である第三者に対して，所有権移転登記手続に必要な書類を渡して預かり保管させている等，実質的に当該組長に管理処分権を与えていたという事案において，当該組長が組員を居住させていたこと，事実上事務所として使用していたこと，3回にわたる拳銃による襲撃事件があったこと等を理由として，共同生活上の著しい障害が肯定されました。

② 札幌地判昭和61年2月18日（判時1180号3頁）

　　本裁判例では，暴力団組織の最高幹部であり総長を自称している者が区分所有権を有しており，組員を常駐させ事務所として使用した事案において，当該マンション付近の道路が組員による違法駐車

でいっぱいになったこと，過去に当該マンションを現場とする抗争
　　　があり集団傷害事件に発展したこと等を理由として，共同生活上の
　　　著しい障害が肯定されました。

　オ　共同生活上の著しい障害を否定した裁判例

　　①　**東京地判平成25年1月23日**（判タ1408号375頁）

　　　　指定暴力団（暴力団員による不当な行為の防止等に関する法律3条）
　　　の下位組織の組長が区分所有権を有し，平成22年4月頃に暴力団事
　　　務所として使用していたが，平成22年11月末頃には事務所としての
　　　使用を中止したという事案において，暴力団事務所として使用して
　　　いた当該約8か月の期間の限度では，共同利益背反行為が肯定され
　　　ました。

　　　　もっとも，その後，当該専有部分は，組員の住居として利用され
　　　ており，平成23年1月末に当該組員が専有部分を退去した後，平成
　　　24年9月の口頭弁論終結時までの間，当該専有部分は空室の状態に
　　　あること，当該期間中は，暴力団関係者の出入りが認められないこ
　　　と，及び当該マンションが現場となった抗争事件の発生は認められ
　　　ないこと等を理由に，口頭弁論終結時における共同生活上の著しい
　　　障害が否定されました。

(2)　**補充性**

　ア　刑事責任の追及

　　　競売請求が認められるためには，「他の方法」によっては区分所有
　　者の共同生活の維持を図ることが困難であるという補充性が必要とな
　　ります（法59条1項）。

　　　「他の方法」とは，民事上の他の法的方法（法57条，58条の各請求及
　　び法7条に基づく先取特権の実行による競売等）に限定され，告訴や告
　　発等の刑事手続を含みません（稲本洋之助＝鎌野邦樹編著『コンメン
　　タールマンション区分所有法〔第3版〕』342頁（日本評論社，2015））。

　　　したがって，抗争等を引き起こした暴力団員の刑事責任を追及する
　　ことは，「他の方法」に含まれません。

第1　専有部分における共同利益背反行為

イ　専有部分の任意売却

　　違反者が専有部分の任意売却の意思を表明している場合にも，補充性の要件を満たすか否かが問題になります。

　　すなわち，違反者による任意売却の実現可能性が高いのであれば，管理組合としては，一定の期間，専有部分の使用禁止を求めた上で，当該使用禁止期間のうちに任意売却を実現させることで，共同生活上の障害は消滅するとも考えられます。

　　この点について，福岡地判平成24年2月9日（裁判所ウェブサイト）は，暴力団事務所としての使用禁止の仮処分命令が下されてから7か月もの間，売却に向けた行動を一切していないため売却の意思を裏付ける証拠がないことや，仮に売却の意思が存在したとしても，売却には困難を伴うことが予想されること等の事情から，使用禁止請求では，共同生活上の障害を排除できないと判断しました。

　　本裁判例では，任意売却の実現可能性が乏しいと認定されてしまいましたが，任意売却の実現可能性が，補充性を判断する上での一つの要素となり得ることを示しているといえます。

ウ　使用禁止請求との使い分けの問題

　　「他に方法がない」という補充性の要件を検討するに当たっては，競売請求までせずとも，一定期間の使用禁止請求で足りるのではないかという点を考慮する必要があります。管理組合としては，訴え提起段階において，一時的な使用禁止で足りるのかに加え，禁止期間の相当性，及び競売請求まで行う必要があるかどうかを慎重に判断しなければなりません。

　　使用禁止請求における禁止期間があまりに長期になる場合，競売請求を求めていくのが妥当です。

　　前掲福岡地判昭和62年5月19日においては，請求どおり，3年間の使用禁止が認められていますが，裁判所の認定した事実関係によれば，3年を超える使用禁止期間が認められる余地もありましたし，そうであれば，もはや一時的な使用禁止では区分所有者の共同生活の維持を図ることは困難であり，競売請求の補充性を満たすと考えられます。

6 用法違反⑥（反社会的勢力の事務所）

4 宗教団体施設としての使用

　過去に社会的に耳目を集める凶悪事件を引き起こした宗教団体が，当該専有部分を教団の施設として使用する場合には，裁判例上，過去の凶悪犯罪を引き起こした事実が，共同生活上の障害の有無を判断する上で重視されています（横浜地判平成12年9月6日判時1737号90頁，京都地判平成10年2月13日判時1661号115頁）。

第1　専有部分における共同利益背反行為

7　用法違反⑦（専有部分への看板設置）

専有部分で動物病院を経営している区分所有者が，マンションの外観変更を禁止する旨の管理規約に違反して，当該専有部分から窓を通して外部に見えるように**看板を設置した場合**，この看板の撤去を求めることができますか。

専有部分から窓を通して外部に見えるように看板を設置する行為は，看板設置の目的や大きさ，当該マンションの外観の形状等に鑑み，当該マンションの外観変更を禁止する旨の管理規約に違反し，区分所有法6条にいう共同利益背反行為に該当する場合があり，その場合は撤去を求めることができます。

――― 解　説 ―――

1　専有部分の使用方法の制限と管理規約

　マンションの区分所有者は，本来その所有権に基づいて専有部分を自由に使用・収益・処分できます。しかし，多数の区分所有者や占有者が一つの区分建物の中で居住・生活しているという必然的な事情から，区分所有者は，「区分所有者全員の有する共同の利益に反する行為をすることは，たとえ専有部分に対する区分所有者の権利の範囲内の行為と認められるものであっても許されない。」（大阪高判平成14年5月16日判タ1109号253頁）とされており，区分所有者の区分所有権は一定の内在的制約に服しています。区分所有法6条1項が，「建物の保存に有害な行為その他建物の管理又は使用に関し区分所有者の共同の利益に反する行為をしてはならない。」と規定しているのも，そうした趣旨に基づくものです。
　ところで，こうした「共同の利益に反する行為」の具体的な内容については，区分所有法に規定がありません。そのため，管理規約において，制限される行為が具体的に定められることがあります。本設問のような，マ

ンションの外観変更を禁止する旨の管理規約も、「共同の利益に反する行為」の具体例です。

2 共同利益背反行為と管理規約

管理規約に反する行為を行った場合に、区分所有法6条1項の「共同の利益に反する行為」に該当するのでしょうか。

裁判例は、管理規約に反する行為があれば直ちに共同利益背反行為に該当すると認定しているわけではなく、当該行為が受忍限度の範囲内かどうかを「当該行為の必要性の程度、これによって他の区分所有者が被る不利益の態様、程度等の諸事情を比較考量して決すべき」（東京高判昭和53年2月27日金法875号31頁）としています。

3 専有部分内への看板設置と外観変更禁止の管理規約

(1) 問題の所在

マンションの外観を変更することを禁ずる管理規約がある場合に、専有部分から窓を通して外部に見えるように看板を設置する行為は、当該管理規約に違反し、共同利益背反行為に該当するでしょうか。専有部分内に看板を設置しただけであって、窓や外壁等の共用部分に看板を設置したわけではないために問題になることがあります。

(2) 裁判例の紹介

同様の問題に関する東京地判平成28年4月21日（ウエストロー）は、「被告が看板を設置しているのは、本件専有部分内であるが、本件看板は、窓ガラスを通じて外部から見える状態である。その設置態様が、容易に取り外すことが出来るものであるとしても、看板の目的からすれば、一時的な設置ではないと思われ、被告は、同看板の設置に当たり原告の代表理事の同意は得られなかったこと、本件マンションがガラス窓を多用した特徴的な外観を有していることに照らせば、その外観保持の観点からは、被告の本件看板の設置行為は、本件マンションの外観に相応の変更ないし影響を生じるものであるといえるから、同使用細則で定められた外観変更にあたるというべきである。……このように考えると、本

第1　専有部分における共同利益背反行為

件看板の設置行為は，使用細則12条(5)に反する行為であり，また管理規約12条３項にも反するから，区分所有法６条にいう区分所有者の共同の利益に反する行為であるといえる。」と判示し，原告管理組合法人が求めた看板の撤去請求を認容しました。

(3)　裁判例の検討

　　前掲東京地判平成28年４月21日は，看板の性質（一時的に設置されたものであるか否か），当該マンションの外観上の特徴のほか，当該看板の大きさ（掲示された窓の３分の１程度の大きさ）も踏まえて判断しており，専有部分内に看板を設置した場合一般に該当するものではないことに留意する必要があります。この背景には，原則として区分所有者が自由に専有部分を使用・収益・処分できることがあると解されます。

　　また，本裁判例の管理組合法人では，大規模な模様替え，改造又は大規模な修繕（軽易な造作等の改修，及び原状回復のための修繕を除きます。）をするときや，広告・宣伝のためのチラシ配布・掲示物・垂れ幕・のぼり等を設置する場合，事前に代表理事及び管理受託者の書面による同意を得なければならないと定められていたことから，被告は，この規定に基づき代表理事に同意を求めました。原告である管理組合法人は，かかる被告の看板の掲示の求めに対して事前の同意を与えず，その上で同意がなかったことを理由に被告に看板撤去義務があると主張したため，これが信義則違反ないし権利濫用に該当するかについても検討されています。

　　本裁判例は，当該看板の大きさや上記態様による設置，さらには上記掲示請求後，管理規約に，「区分所有者及び占有者は，専有部分の窓から外部に見えるような看板等の掲示物を展示して，広告・宣伝をなさないものとする。」との条項が加えられたことに照らし，原告が事前の同意を与えなかったとしても，そこに裁量逸脱や権利濫用はなかったと判示しています。もっとも，当該マンションでは事務所としての使用が許諾されていた経緯等から，「共用部分の使用方法については，一定の配慮を要するものと思料される。」とも判示されており，共用部分における看板設置について配慮を求めている点も注目されるところです。

　　　　　　　　　　　　　　　　7　用法違反⑦（専有部分への看板設置）

　なお，本裁判例は，被告の行為が「管理規約12条3項にも反するから，
区分所有法6条にいう区分所有者の共同の利益に反する行為である」と
判示しています。前述のとおり，管理規約違反行為のうち，受忍限度範
囲を超えるものが共同利益背反行為に該当しますので，本裁判例の判旨
には論理の飛躍があるように思われますが，本裁判例は，規約違反行為
に当たるかの判断において受忍限度の範囲を超えるものかが検討されて
おり，実質的には，同じ枠組みにおいて共同利益背反行為性が判断され
ていると理解できます。

第1 専有部分における共同利益背反行為

8 用法違反⑧（専有部分への日本庭園の設置）

 専有部分に砂利，石，岩，石板を設置し日本庭園を造成している区分所有者に対して，躯体への悪影響を理由に，その撤去を求めることができますか。

 躯体への悪影響や騒音の発生等が具体的に認められる場合には，撤去や使用禁止が認められます。

――― 解　説 ―――

1 問題の所在
専有部分に砂利，石，岩，石板を設置し日本庭園を造成している区分所有者がいる場合に，管理組合としてこれを撤去させたり，使用を禁止できるでしょうか。

2 撤去及び使用禁止の根拠
(1) 区分所有法57条

区分所有法57条は，区分所有者の共同利益背反行為がある場合に，その結果の除去を求めることができると規定しています。

したがって，専有部分に砂利，石，岩，石板を設置し日本庭園を造成している行為が共同利益背反行為に当たる場合には，同法57条に基づいて，撤去を要求することができます。

例えば，砂利や庭石の設置によって当該専有部分の床面に大きな重量負荷が掛かり，躯体部分に亀裂が生じた場合などは，共同利益背反行為として撤去が認められます。

(2) 区分所有法58条

区分所有法58条は，共同利益背反行為があり，当該行為によって，区分所有者の共同生活上の障害が著しく，かつ，同法57条1項に規定する

8 用法違反⑧（専有部分への日本庭園の設置）

請求によってはその障害を除去して共用部分の利用の確保その他の区分
所有者の共同生活の維持を図ることが困難である場合には，当該違反者
に対して相当の期間その者の専有部分を自ら使用することを禁止するこ
とができます。

したがって，日本庭園を造成したことがこれに当たる場合には，その
専有部分の使用禁止を要求できます。

例えば，商業目的の日本庭園として利用し，多くの来客が訪れること
で足音や話し声による騒音，振動が生じ，それが受忍限度を超え，かつ
同法57条１項の差止請求では共同生活の維持を図ることが困難である場
合には，共同利益背反行為として使用禁止請求が認められます。

(3) 管理規約や使用細則

具体的な専有部分の使用方法は管理規約によって定められるものであ
り，多くはさらに下位規範である使用細則を定めて細かく規定すること
が多いでしょう。

こうした規約や細則の中で具体的に禁止されている使用方法に違反し
ている場合，それが受忍限度を超え共同利益背反行為といえる場合には，
その撤去等が認められる可能性があります。

３ 参考裁判例

東京地判平成24年７月25日（ウエストロー）では，専有部分の利用方法
について以下のような規定があるマンションでした。

「区分所有者は，その専有部分を専ら住居として使用するものとし，他
の用途に供してはならない。」

「居住者は，当該専有部分及び専用使用部分の使用に当たり，次の行為
をしてはならない。

二　天井，床，壁の躯体部分等共用部分に影響を及ぼす変更を行う事。

六　騒音，振動又は電波等により他の居住者に迷惑をかけること。」

この規定を前提に，管理組合は，専有部分に日本庭園を設置している区
分所有者に対して，それらの撤去及び専有部分の商用目的での使用禁止を
求めて提訴しました。

71

第1　専有部分における共同利益背反行為

　本裁判例は，クロスのはがれや水漏れ跡は上階の重量物の影響によるものではないとの建設担当者の意見を根拠として，日本庭園の設置によって具体的に躯体部分に悪影響が生じている証拠はないと判示しました。また，日本庭園が設置されている物件がほとんど利用されておらず，騒音が発生して住民が迷惑を被っているという具体的な証拠がないとしました。

　加えて，商用利用の点でも，過去数十年の間に数回程度有償での利用があった可能性はあるが，継続的ではなく現在はほぼ利用されていないとして商用利用の禁止を命じる必要性はないとしました。

　以上より，本裁判例は，管理組合による日本庭園の撤去や使用禁止請求を退けました。

4　関連する問題

(1)　共用部分への悪影響を禁止する規約の定めがない場合

　前掲東京地判平成24年7月25日では，管理規約において，専有部分においても，躯体部分等共用部分に影響を及ぼす変更が禁止されています。このような規定がない場合はどうなるでしょうか。

　具体的な規定のない標準管理規約のコメント第17条関係①においても，「区分所有者は，区分所有法第6条第1項の規定により，専有部分の増築又は建物の主要構造部に影響を及ぼす行為を実施することはできない。」とあります。

　よって，本裁判例のように管理規約に具体的な規定がなくても，区分所有法の趣旨から，躯体部分等共用部分に影響を与える工事は禁止されていると考えられます。

(2)　水を使っていた場合

　前掲東京地判平成24年7月25日では，設置された日本庭園において水は利用されていないようです。仮に，日本庭園に池があり，池の中に水を湛えている場合にはどうでしょうか。

　池には相当数量の水が使用されるのが通常であるところ，マンションの住宅や事務所，さらには店舗用との専有部分は，このような大量の水を貯めて使用することが前提となった防水の仕様になっていないものと

8 用法違反⑧（専有部分への日本庭園の設置）

考えられます。そして，一旦水漏れ事故が生じれば，下階に甚大な損害が生じる可能性が否定できません。加えて，水の重さや池の構造物の重さを前提に駆体は設計されていないと考えられますので，池を設けること自体で駆体に影響が生じるおそれがありますし，湿気も駆体に影響を及ぼしかねません。

　そのため，専有部分内に池を設けた日本庭園が設置されれば，この設置自体が，「区分所有者の共同の利益に違反する行為」（法6条1項）に該当するものとして，撤去の対象になると考えます。

第1　専有部分における共同利益背反行為

9 用法違反⑨（ペットの飼育）

　管理規約により犬猫の飼育が禁止されているのにもかかわらず，これに違反して犬猫を飼育する区分所有者に対し，その飼育禁止を求めること，また，同禁止義務の履行状況を確認するために専有部分への立入りを求めることができますか。さらに，同禁止義務違反者である区分所有者に対し，慰謝料や弁護士費用などの損害賠償請求をすることができますか。

　盲導犬等の一部の区分所有者の生活に必要不可欠と考えられる動物を除き，原則として，管理組合は当該ペットの飼育禁止を求めることができます。

　もっとも，多数のペット飼育禁止規定違反者を放置しながら，一部の者のみを狙い撃ちして飼育禁止を求める等の事情が存在する場合には，権利濫用に当たると判断され，当該請求は認められないことがあります。

　専有部分への立入りは，区分所有者の私生活上の自由を強度に侵害するものであり，認められません。

　他の区分所有者による損害賠償請求については，人格権侵害が認められる場合には認められる余地があり，管理組合による同請求についても，管理組合に対する不法行為と認められる場合には，その請求が認められる余地があります。

―――――― 解　説 ――――――

1　問題の所在

　ペット飼育は，ある区分所有者にとっては，家族同然，非常に大きな価値がある一方で，他の区分所有者にとっては，ペット飼育に起因する音や臭いなどにより平穏な生活環境に悪影響を受けます。

　こうした状況を踏まえ，他の区分所有者から，ペット飼育の禁止を目的

とする規約の改定が求められたり，ペット飼育禁止規定違反者に対する差止請求等の措置が講じられることがあります。マンション管理においては，このような利益衝突がしばしば問題になり，その解決を図る必要があります。

2 管理規約による禁止

(1) ペット飼育禁止条項の有効性

　　管理規約によりペット飼育を禁止することは，判例上認められています（最判平成10年 3 月26日別ジュリ192号（『不動産取引判例百選〔第 3 版〕』）196頁）。

　　仮に，管理規約にペット飼育禁止条項が存在しなくても，管理組合は，ペット飼育に起因してマンションに著しい汚損が発生する等の事情が存在する場合には，当該ペット飼育行為が共同利益背反行為に当たるとして，差止請求をすることができます（法57条 1 項）。

(2) 管理規約改定によるペット飼育禁止条項の創設

　　もっとも，ペット飼育禁止条項を創設することが，従前からペットの飼育を行ってきた区分所有者にとって，「特別の影響」（法31条 1 項）を与えるものである場合には，同区分所有者の承諾を得る必要があり，規約の改定が事実上困難になります。

　　そこで，ペット飼育禁止条項の創設が「特別の影響」を及ぼすものといえるかが問題になります。

　　東京高判平成 6 年 8 月 4 日（判時1509号71頁）は，「動物である以上は，その行動，生態，習性などが他の入居者に対し不快感を招くなどの影響を及ぼすおそれがあること等の事情を考慮すれば，……動物飼育の全面禁止の原則を規定しておいて，例外的措置については管理組合総会の議決により個別的に対応することは合理的な対処の方法」であるとされ，動物飼育禁止規定について，特段の事情がない限り，「特別の影響」を与えるものではないと判示しました。

　　本裁判例は，特段の事情について，「飼い主の身体的障害を補充する意味を持つ盲導犬の場合のように……その動物の存在が飼い主の日常生

第1　専有部分における共同利益背反行為

活・生存にとって不可欠な意味を有する特段の事情がある場合には，動物の飼育を禁止することは飼い主の生活・生存自体を制約することに帰するものであって，その権利に特別の影響を及ぼすものというべきであろう。」との例示をしています。

(3)　管理規約違反の判断

　管理規約によって一般的・抽象的に犬猫の飼育が禁止されている場合であっても，小型犬であり迷惑を掛けるおそれがないなどの理由により，その飼育が許容されることがあるのでしょうか。管理規約違反の判断に当たって，迷惑行為の具体性が要求されるかが問題になります。

　この点，管理規約ないしこれに基づく使用細則に基づき，マンション内における犬の飼育の差止めを求めた事案が参考になります（東京地判平成23年12月16日ウエストロー）。この事案では，「他の区分所有者に，迷惑または危害を及ぼすような動物（犬，猫，猿等）を飼育すること」を禁止する細則が存在しました。これにつき，違反区分所有者である被告からは，「飼育している犬は体長30センチないし40センチ，体重5キロないし7キロの小さなシーズー犬3匹であって人に危害を加えるおそれもないことなどから，本件マンションの使用細則で飼育が禁止されている犬には該当しない旨」の反論がなされました。

　かかる被告の反論に対して，本裁判例は，「一般的・抽象的に他の区分所有者に迷惑又は危害を及ぼす動物として犬，猫，猿を列挙しているものであり，特に猛犬などに限定している趣旨とは解されないし，実際，ある特定の犬，猫等が他の区分所有者に迷惑又は危害を及ぼすかどうかを個別具体的に判断することは困難であり，それによってマンションの住民間で紛争を生ずるおそれもあることから，上記使用細則を被告主張のように解することは相当でない」と判示して，被告の主張を排斥しました。

　以上から，管理規約違反の判断に当たり，飼育禁止を猛犬等に限定する趣旨の記載がない限り，小型犬，犬の種類，大きさ，頭数等の迷惑行為の具体性は要求されません。

9 用法違反⑨（ペットの飼育）

③ 共同利益背反行為

　管理規約違反があったからといって，原則として，それが直ちに共同利益背反行為に当たるとは限りません。共同利益背反行為に当たるかどうかは，受忍限度の範囲を超えるかどうか，すなわち，「当該行為の必要性の程度，これによって他の区分所有者が被る不利益の態様，程度等の諸事情を比較考量して決すべき」（東京高判昭和53年２月27日金法875号31頁）とされています。

　もっとも，ペット飼育禁止規定違反の場合には，管理規約違反がそのまま共同利益背反につながる傾向があります。

　裁判例においても，ペット飼育に対する考え方が異なる複数の区分所有者が存在するマンションにおいて，集会の決議によって，ペットの飼育を禁止することが多数の意思により確認されていたことが重視され，「具体的な被害の発生等がなくとも共同の利益に反する行為にあたる」と判断されています（東京地判平成19年10月４日ウエストロー）。

　また，東京地判平成８年７月５日（判時1585号43頁）においても，「具体的な実害が発生した場合に限って規制することとしたのでは，右のような不快感等の無形の影響の問題に十分対処することはできないし，実害が発生した場合にはそれが繰り返されることを防止することも容易でないことが考えられる。したがって，規約の適用に明確さ，公平さを期すことに鑑みれば，右禁止の方法として，具体的な実害の発生を待たず，類型的に前記のような有形，無形の影響を及ぼす危険，おそれの少ない小動物以外の動物の飼育を一律に禁ずることにも合理性が認められる」と判示されています。

　区分所有者によって，ペット飼育に対する考え方やペットの好き嫌いが異なることなどに鑑みると，区分所有者ら個人個人の主観によって左右される要素が多く，具体的な被害の発生等を客観的・数量的に判断することは難しいと考えられますので，この結論は妥当であると考えられます。

④ 権利濫用

　ペット飼育禁止規定が実質的に空文化している場合や，管理組合が不当

77

第1　専有部分における共同利益背反行為

な目的をもって差止請求する等，特段の事情が存在する場合には，権利濫用に当たると判断されます（東京地判平成13年10月11日ウエストロー）。

　具体的には，ペット飼育禁止規定の多数の違反者が存在し，かかる違反状態が長期間放置されてきたような場合であるにもかかわらず，特定の区分所有者が狙い撃ちにされるようなケースが想定されます。ここでもマンションにおける日頃からの適正な管理・維持が求められることになります。

　なお，実務上は，管理規約の改正によりペット飼育禁止条項を創設する場合，従来からのペット飼育者に対して，例えば，規約改定時に生存するペット一代限りにつき飼育禁止を免除する等一定の猶予期間を与えることがあります。このようなペット飼育を従前から行ってきた区分所有者への配慮などの事情も，権利濫用を否定する事情として働きます。

5　義務違反者に対する措置

(1)　差止請求

　共同利益背反行為等の条文上の要件該当性が認められれば，行為の差止請求（法57条）は，認められることになります。

(2)　専有部分への立入請求

　それでは，差止請求から一歩進んで，管理組合は，違反区分所有者によるペット飼育禁止義務の履行を確認するために，専有部分への立入りを請求することができるのでしょうか。専有部分は，外部からは観察することができません。仮に，ペット飼育の差止めを命じる判決が下されたとしても，当該義務違反の状態にある区分所有者が，ペットの飼育をやめたかを確認することは容易ではありません。そのため，管理組合としては，ペット飼育禁止義務の履行を確認するために，専有部分への立入りを請求することがあります。

　しかし，裁判例は，このような専有部分への立入請求を否定しています（東京地判平成19年10月9日ウエストロー）。すなわち，裁判所は，「原告の請求は，被告に対し，原告が被告の所有物である本件建物に特段の期限の定めなく無条件に立ち入ることを管理組合の総会決議に基づいて強制しようとするものであり，被告の私生活上の自由を強度に侵害する

9 用法違反⑨（ペットの飼育）

ものといわざるをえないからである。他方，本件建物から猫を退去させるとともに，消臭のための措置を執ることにより，被告による共同利益違反行為は当面停止，除去されることになるのであり，しかも，万一被告がその後本件建物内において新たに動物を飼育する行為に出たとしても，それは本件建物内において動物を飼育してはならないという不作為命令に違反する行為であるから，いずれにせよ強制執行により排除することが可能であると考えられるのである。これらの事情を考慮すると，被告に対し，動物の退去等の措置が履行されたことを確認するために，本件建物内への原告の立入りを受忍することを求める請求は，被告による共同利益違反行為を停止，除去ないし予防するために必要かつ十分な範囲を超えるものとして，許されないものと解するのが相当である。」であるとして，立入行為の権利侵害性が甚だしいという点と，立入りの必要性が認められないという2つの根拠により，管理組合の請求を棄却しています。

　したがって，ペットの退去に関する履行の確保については，別の手段を検討しなければなりません。例えば，間接強制の方法によりペット飼育禁止義務を履行させたり，それでも禁止請求にも従わなかった場合には次の手段として競売請求を行うこと等の方法が考えられます。

(3)　損害賠償請求

　ペット飼育行為により，その他の居住者個人との関係で，不法行為が成立するか否かも問題になります。

　この点，猫への餌やり行為等が人格権侵害に当たると判断した東京地立川支判平成22年5月13日（判時2082号74頁）が参考になります。本裁判例においては，野良猫に対する餌付けを継続したこと，一部の猫に対しては住みかまで提供し飼育の域に達していること，猫のトイレへの配慮が十分でなかったこと等が理由とされ，居住者個人との関係でも不法行為を構成するものとされました。

　また，損害額のうち，慰謝料額は，複数の原告について，それぞれ2万円から13万円までの範囲で認容されました。この算定要素としては，被告専有部分との距離，原告の居住歴，建物所有の有無が考慮されてい

第1 専有部分における共同利益背反行為

ます。

　なお、「原告管理組合及び個人原告らの再三にわたる飼育及び餌やりの中止の申入れを拒否して、猫の飼育及び餌やりを継続し、その結果、原告管理組合は、……弁護士に委任して本訴を提起せざるを得なかった」として、管理組合に対する不法行為の成立も認めています。

　なお、不法行為により訴訟提起を余儀なくされたとして、弁護士費用相当額は、別途求めることができます。

6 標準管理規約コメント18条関係

　標準管理規約コメント18条関係において、以下のとおり、ペット飼育の禁止又は許容する場合の記載例が規定されており、参考になります。

(1)　ペット飼育の禁止規定

　「第○条　区分所有者及び占有者は、専有部分、共用部分の如何を問わず、犬・猫等の動物を飼育してはならない。ただし、専ら専有部分内で、かつ、かご・水槽等内のみで飼育する小鳥・観賞用魚類（金魚・熱帯魚等）等を、使用細則に定める飼育方法により飼育する場合、及び身体障害者補助犬法に規定する身体障害者補助犬（盲導犬、介助犬及び聴導犬）を使用する場合は、この限りではない。」

(2)　ペット飼育の許可規定

　「第○条　ペット飼育を希望する区分所有者及び占有者は、使用細則及びペット飼育に関する細則を遵守しなければならない。ただし、他の区分所有者又は占有者からの苦情の申し出があり、改善勧告に従わない場合には、理事会は、飼育禁止を含む措置をとることができる。」

10 専有部分における迷惑行為①（悪臭又はゴミ屋敷）

専有部分に大量のゴミを放置している区分所有者に対して，管理組合はゴミを処分するよう求めてきましたが，一向に改善されません。夏場には，悪臭のほか害虫も大量発生します。管理組合は，この区分所有者に対して，ゴミの撤去を求めたり，専有部分の使用禁止を求めることはできますか。

ゴミの放置という共同利益背反行為に対して，ゴミの撤去が認められますが，ゴミの範囲の特定が困難であることが多く，強制執行による実現が困難な場合があります。
共同利益背反行為を理由とする使用禁止が認められる余地がありますが，ゴミ問題の根本的解決には至らないため，その使用禁止期間は数か月程度に限定される可能性があります。

―――――― 解　説 ――――――

1 専有部分の使用とニューサンス

　マンションの区分所有者は，本来，その所有権に基づいて専有部分を自由に使用・収益・処分することができます。もっとも，専有部分といえども物理的には一棟の建物の一部分にすぎず，複数の区分所有者が隣接し合いながら自己の専有部分を使用・収益・処分するため，区分所有者の権利は一定の制約を受けます（大阪高判平成14年5月16日判タ1109号253頁参照）。

　一定の権利の制約は，専有部分の不当使用を制約するという，いわば区分所有権の内在的制約に根拠を有するものと，管理規約等の定めにより制約を受けるという外在的制約に根拠を有するものとに分類されます。このうち，区分所有権の内在的制約は，共同の利益に反する行為（法6条1項）の一態様とされています。

　専有部分内にゴミを堆積する行為や悪臭を発する行為，害虫を発生させ

第1　専有部分における共同利益背反行為

る行為，騒音や振動の区分所有者の共同生活を妨害する行為は，専有部分の不当使用行為の一態様に分類され，「ニューサンス」と呼ばれています。

2　専有部分での大量のゴミ放置と共同利益背反行為

　上記のとおり，区分所有者は原則として専有部分を自由に使用・収益・処分することができるため，専有部分内にゴミを放置しても，それは直ちには共同利益背反行為には該当しません。また，そもそも「ゴミ」と呼ばれる物も，当該専有部分の区分所有者にしてみれば「ゴミ」には該当しない，価値物かつ自己の所有物と考えている場合も多く，無価値物又は無主物である「ゴミ」に該当するか否かの判断にも慎重を要するところです。

　その上で，専有部分に放置されている動産がゴミに該当する場合，この放置が共同利益背反行為に該当するか否かは，受忍限度を超えているかどうか，すなわち，「当該行為の必要性の程度，これによって他の区分所有者が被る不利益の態様，程度等の諸事情を比較考量して決すべき」（東京高判昭和53年2月27日金法875号31頁）とされています。

　専有部分に大量のゴミを放置したことにより悪臭が発生したり，ゴキブリなどの害虫の発生等があれば，マンションの公衆衛生に重大な支障を及ぼし，他の区分所有者の専有部分の使用にも影響を及ぼすことがありますので，このような場合は，「区分所有者の共同の利益に反する行為」（法6条1項）に該当する余地があります。この場合，違反者を除く区分所有者全員又は管理組合法人は，違反行為を行っている区分所有者に対して，ゴミの撤去請求（行為の結果の除去。法57条1項）を行うことができます。

3　専有部分の使用禁止請求

　違反者を除く区分所有者全員又は管理組合法人は，違反行為の結果の除去の請求によっても共同生活の維持を図ることができず，違反行為による区分所有者の共同生活への障害が著しい場合，当該違反行為を行っている区分所有者に対して，専有部分の使用禁止を請求することができます（法58条1項）。

　東京地判平成23年1月25日（ウエストロー）は，専有部分内に大量のゴ

10　専有部分における迷惑行為①（悪臭又はゴミ屋敷）

ミが放置されていた事案について，当該ゴミの放置が，「区分所有者の共同の利益に反する行為」（法6条1項）に該当し，かつこれによる区分所有者の共同生活上の障害が著しいといえる程度にまで達しているものと認定し，違反行為を行っていた区分所有者に対し，専有部分の使用禁止を認めました。

　なお，ゴミの放置が問題となり訴訟を提起する場合，ゴミの認定及びゴミの放置態様等を踏まえた請求の趣旨を検討しなければならないところ，本裁判例では，専有部分内に放置されていた物がゴミであることについては当事者間で争いはなく（前訴でゴミの撤去及びゴミの放置禁止等が争われ和解が成立したことがあったためか，被告は，ゴミの量が減ったことは主張したものの，原告が主張した「ゴミ」自体を否認したものではありませんでした。），放置場所も専有部分及び同部分のベランダと特定されていたため，ゴミの放置場所の特定も争点にはなりませんでした。そのため，請求の趣旨としては，「被告は，本判決確定の日から2年間，東京都（以下省略）所在のXマンション〇号室の専有部分を使用してはならない。」というものでした。

④　専有部分内にゴミが放置された場合の法的対応の留意点

　専有部分内に大量にゴミが放置された場合，使用禁止請求以外にも，ゴミの撤去を求める訴訟の提起も考えられるところです。

　もっとも，ゴミの放置が専有部分内という外部から確認するのが困難な空間で生じていますし，ゴミとそうでない家財道具とを区別して特定することが困難であるため，違反行為者を除く区分所有者全員又は管理組合法人では，ゴミの範囲を特定することは困難といわざるを得ません。そのため，ゴミの撤去を求める訴訟を提起して勝訴しても，ゴミの範囲を特定できないことにより強制執行が功を奏しないことが生じ得ます。前掲東京地判平成23年1月25日では，裁判上の和解に基づき強制執行（代替執行）によって専有部分内のゴミの撤去を検討したものの，ゴミの範囲が特定されていないなどの問題点が指摘されたために強制執行を断念し，改めて使用禁止請求を求めた事案です。

83

第1　専有部分における共同利益背反行為

　専有部分の使用禁止を求めても，ゴミ問題の根本的な解決にならない点にも留意する必要があります。すなわち，専有部分の使用禁止期間中，専有部分の使用が禁止され，その時点以上にゴミが増えることはないものの，これまでに堆積されたゴミはそのままの状態で放置されるため，かえって悪臭や害虫の発生原因になりかねません。この使用禁止請求によってもゴミ問題を根本的に解決することが困難なことは前掲東京地判平成23年1月25日でも指摘がなされており，このことは使用禁止期間にも影響し，同裁判例では，「相当の期間」（法58条1項）を3か月とするのが相当であると判示しています。すなわち，同裁判例では，「相当の期間」について，「本件について，同項に基づき本件居室等の使用を禁止した場合には，これ以上ゴミが増えることはないものの，現在あるゴミについては，使用禁止期間中，そのままの状態で放置されることになるのであって，かえって異臭等の被害が拡大するおそれすら懸念されること等に照らすと，同項に基づく使用禁止請求だけでは，本件居室等のゴミ問題を抜本的に解決するのは困難であり，その意味では，同項に基づく使用禁止は，本件マンションの区分所有者の共同の利益に反する行為を継続したことに対する制裁的な要素が強いものといわなければならない（なお，区分所有法58条1項において，同項に基づく請求の内容として，『専有部分の明渡し』ではなく，『専有部分の使用の禁止』との文言が用いられていること等に照らせば，使用禁止期間内に，義務者において家財道具等を運び出す必要はないものと解するのが相当である。）。そうすると，本件において，本件居室等の使用禁止期間を原告が主張するような長期のものとするのは相当でなく，同項に定める『相当の期間』は3か月とするのが相当である。」と判示して「相当の期間」を定めました。

　以上のほか，専有部分に大量にゴミを放置する行為が繰り返され，これにより区分所有者の共同生活上の障害が著しく，上記のような使用禁止を求めても一向に解決しないような場合は，使用禁止請求ではなく，区分所有権の競売請求（法59条1項）も検討することになります。

　なお，地方自治体によっては，いわゆるゴミ屋敷対策に関する条例を制定しているところがあります（例えば，足立区生活環境の保全に関する条例）。

10　専有部分における迷惑行為①（悪臭又はゴミ屋敷）

このような条例がある地域では，訴えの提起のほか，行政に相談の上で対応することも考えられるところです。

5　悪臭と悪臭防止法

　専有部分内に大量のゴミが堆積することにより，悪臭が発生する場合があります。悪臭も「ニューサンス」の一種であるため，その発生が共同利益背反に該当する場合があります。

　もっとも，臭気は人により感じ方が違うという性質があります。工場その他の事業場における事業活動に伴って発生する悪臭については悪臭防止法で規制が設けられていますが，悪臭防止法の適用がない場合であっても，同法の臭気指数の規制値を超える悪臭は特段の事情のない限り受忍限度を超えるものとされており（東京地判平成23年7月29日ウエストロー），共同利益背反行為に該当するものと考えられます（第一東京弁護士会司法研究委員会編『Q&Aマンション管理紛争解決の手引』219頁（新日本法規，2015））。

第1　専有部分における共同利益背反行為

11　専有部分における迷惑行為②（騒音又は振動）

Q 専有部分の扉を開けたまま大声で怒鳴ったり，床を踏み鳴らし，壁を叩くなどの騒音行為をやめさせることはできますか。

A 被害を受けている区分所有者が人格権ないし専有部分の所有権に基づく妨害排除請求権の効果として，騒音行為の差止めを請求することができます。また，「区分所有者の共同の利益に反する行為」であれば，管理組合は，区分所有法57条に基づき，騒音行為の差止めを請求することができます。

解　説

1　区分所有者若しくは占有者が個人として執り得る手段

　マンション内の騒音に関する紛争は，通常，騒音の発生源となる住民とそれに対して被害を訴える区分所有者若しくは賃借人などの占有者である住民との間の住民（個人）同士の問題として取り上げられます。

　裁判例は，このような事件について判断するに当たっては，受忍限度論を採用しています。受忍限度論とは，騒音が違法な権利侵害又は法益侵害に当たるかどうかは，侵害が受忍限度を超えているかどうかによって判断される，というものです。

　この騒音が受忍限度を超えるものであると判断されると，被害者である区分所有者は，騒音の発生源となる区分所有者や占有者に対し，不法行為に基づく損害賠償請求（民法709条），若しくは人格権や専有部分の所有権の内容としての妨害排除請求権に基づく差止請求が可能となります。

2　管理組合として執り得る手段

　一方，こうした騒音問題が上下階同士や隣接している住戸における住民間トラブルにとどまらず，マンション全体の騒音問題といえる場合には，

管理組合は，区分所有法57条1項に基づいて，そのような騒音発生行為の差止めを請求することができます。

区分所有法57条1項は，「区分所有者が第6条第1項に規定する行為をした場合又はその行為をするおそれがある場合には，他の区分所有者の全員又は管理組合法人は，区分所有者の共同の利益のため，その行為を停止し，その行為の結果を除去し，又はその行為を予防するため必要な措置を執ることを請求することができる。」と規定しています。また，区分所有法6条1項は，「区分所有者は，建物の保存に有害な行為その他建物の管理又は使用に関し区分所有者の共同の利益に反する行為をしてはならない。」と規定しています。

ここで，いかなる行為が共同利益背反行為に当たるかについては，前述のとおり，受忍限度を超えるかどうかにより判断され，具体的には，「当該行為の必要性の程度，これによって他の区分所有者が被る不利益の態様，程度等の諸事情を比較考量して決すべきもの」（東京高判昭和53年2月27日金法875号31頁）とされています。

③ 参考裁判例

(1) 東京地判平成28年3月23日（裁判例①・ウエストロー）

本裁判例は，区分所有建物の管理組合法人たる原告が，区分所有者である被告に対し，管理規約の規定に基づき，管理規約違反行為の差止めを請求した事案です。

本裁判例は，被告がバルコニーや廊下に出て叫んだり床を踏み鳴らしたり壁と叩くなどした騒音発生行為の存在を認め，これらの被告の行為が，騒音，振動，臭気に代表される迷惑行為を慎まなければならないと定める規約条項（以下，「本件規約条項」といいます。）に違反すると認め，原告の請求を認めました。

本裁判例では，各区分所有者が騒音，振動，臭気に代表される迷惑行為を慎まなければならないと明確に定める本件規約条項が存在していたため，原告の請求認容については，専ら本件規約条項違反の事実の有無という観点から判断されており，通常の共同利益背反行為の有無という

第1　専有部分における共同利益背反行為

判断枠組みからは外れたものとなっています。

　もっとも，これは，被告の騒音発生行為が受忍限度をはるかに超えており共同利益背反性が明らかであったから，裁判所があえて共同利益背反性を認定する必要がなかったとも考えられます。管理組合が騒音発生行為の差止めを求める事案では，形式的な規約違反行為の有無だけではなく，「加害者」の共同利益背反性の有無，すなわち，当該騒音発生行為が受忍限度を超えているかどうかについて，原告側の事前の検証がやはり欠かせません。

(2)　東京地判平成24年3月15日（裁判例②・判時2155号71頁）

　本裁判例は，分譲マンションの1室に居住する原告らが，同居室の階上の居室を所有する被告に対し，被告の居室から発生する騒音の差止め及び損害賠償を求めるなどした事案です。

　本裁判例は，原告らの居室で聞かれる衝撃音は，子供の体重に近い重量物を高さ1m程度から落下させた時の床衝撃で発生することの多い，いわゆる重量衝撃音に該当し，同衝撃音は被告の子の飛び降りや飛びはね等によるものであると推認できるところ，これが生活実感としてかなり大きく聞こえ相当にうるさい程度に達することが，相当の頻度あること等の事情に照らせば，被告がこれに配慮する義務を怠ったことは，原告らの受忍限度を超えるものとして不法行為を構成し，受忍限度を超える騒音を発生させることは，人格権ないし所有権に基づく妨害排除請求として差止めの対象となると認め，騒音測定費用を含めて損害額を認定した上，原告らの請求を一部認容しました。

　本裁判例では，個人たる下階の区分所有者X₁（とその同居人たる妻X₂）の個人が原告となっているため，共同利益背反行為や管理規約違反の有無は問題とされず，被告による騒音発生行為が受忍限度を超える違法なものかどうかが正面から問題とされました。

　その主文第1項は，「被告は，原告X₁に対し，被告所有の別紙物件目録1記載の建物から発生する騒音を，同原告が所有する同目録2記載の建物内に，午後9時から翌日午前7時までの時間帯は40dB(A)を超えて，午前7時から同日午後9時までの時間帯は53dB(A)を超えて，それぞれ到

郵便はがき

料金受取人払郵便

豊島局承認

4056

差出有効期間
平成32年1月
4日まで

１７０－８７９０

709

東京都豊島区
南長崎3―16―6

日本加除出版（株）
企画部行

ご購入ありがとうございました。お客様からのご意見はこれからの良書出版の参考と
させて頂きます。なお、当社HP（http://www.kajo.co.jp/）からもご返信いただけます。

お名前	フリガナ		性別	年齢
			男 女	歳
ご住所（お届け先）	〒　　－　　　電話　　（　　　　）			
	eメールアドレス：			
ご職業				
通信欄		※ メルマガ案内　要・不要 ※ 図書案内　　　要・不要		

ご意見欄

◇書籍名：

◇本書を何を通して知りましたか。
- □DM　□当社販売員　□展示販売　□斡旋　□書店店頭
- □インターネット書店　□知人の薦め　□当社ホームページ
- □新聞・雑誌広告（　　　　　　　　　　　　　　　）

◇本書に対するご意見・ご感想をお聞かせください。

◇今後刊行を望まれる書籍をお聞かせください。

※ご協力ありがとうございました。

書籍申込欄

　購入を希望する書籍を下欄にご記入ください。表面にご記入いただいたご住所まで、代金引換で送付いたします。

書　　　名	冊　数
	冊
	冊
	冊

280238　　　　　　　　　支払は（ 公費 ・ 私費 ）

※代引手数料及び送料は、お客様にてご負担くださいますよう、お願いいたします（ご注文が7,000円以上で送料をサービスいたします。）。
ご記入いただいた情報は、ご注文商品の発送、お支払確認等の連絡及び当社からの各種ご案内（刊行物のDM、アンケート調査等）以外の目的には利用いたしません。

達させてはならない。」となっており，被告による騒音発生行為の差止めの内容をかなり具体的に特定していることが参考になります。

4 関連する問題

(1) 当事者（原告）の選択の問題

　このように，区分所有者又は占有者が引き起こす騒音問題に対しては，これに悩む個人としての区分所有者及び管理組合（法人）のいずれもが，原告となって差止請求訴訟を提起する途が開かれているようにもみえます。

　しかし，個人である原告と被告の住戸が2階以上離れていたり，直接の隣同士ではない場合には，実際に訴訟を提起すると，裁判所が原告としての当事者適格を簡単に認めるとは限りません。管理組合（法人）が原告となった場合でも，マンション全体の問題であることに疑問を呈され，「騒音の被害者である区分所有者個人に当事者適格があるのでは」と指摘されるおそれがあります。

　このような事態に対して事前に対応する手段としては，騒音発生に悩む区分所有者と管理組合（法人）とが訴訟提起の以前からお互いに密接に連絡を取り合いつつ，訴訟提起に至るまでの経緯をきちんと記録し，区分所有者個人で対応すべき問題なのか，あるいは，管理組合として対応すべき問題なのかを整理したうえで，訴訟提起後必要に応じて，当事者適格の適格性を裁判所に説明できるように管理組合が準備しておくことが考えられます。

(2) 管理組合（法人）が原告となる場合の強制執行の問題

　前掲裁判例①は，前掲裁判例②とは異なり，判決主文が，「被告は，別紙物件目録記載の建物のベランダ及び共用廊下の添付図面の赤で示した部分又はドアを開放した状態での別紙物件目録記載の建物の○号室において，大声で怒鳴り叫んではならない。」，「被告は，別紙物件目録記載の建物の○号室において，故意に床を踏み鳴らす又は壁を叩くなどの行為により近隣に騒音を発生させてはならない。」と，差止判決の内容が具体性を欠いており，判決確定後被告が判決に従っているのか否かの

第1　専有部分における共同利益背反行為

判断が容易ではありません。これは，その後の強制執行の手続にも，当然影響を及ぼすことになります。

このように具体性を欠く主文になってしまった原因については，管理組合（法人）が原告となったことで，騒音発生の有無，程度をマンションのどの区分（部屋）で計測（判断）すべきかが訴訟提起後も曖昧なままとされた可能性や，訴訟提起時に強制執行の方法を念頭に置いていなかった可能性が考えられます。

これを避けるためには，訴訟提起前に，騒音の計測地点を明確にするとともに，許容程度を数値化し，請求の趣旨に反映させることが必要です。

５　その他の法的手段

その他区分所有者又は占有者による騒音発生行為に対して管理組合（法人）が執り得る手段としては，専有部分の一時使用禁止請求（法58条），競売請求（法59条），占有者に対する専有部分の引渡請求（法60条）なども検討に値します。

12　専有部分における迷惑行為③（店舗部分での深夜営業）

Q マンション1階店舗部分のカラオケスタジオの騒音がひどいため，せめて深夜のカラオケをやめさせることができますか。

A カラオケスタジオ部分の区分所有者又は占有者の使用態様が，カラオケスタジオ部分の区分所有者又は占有者の営業の権利と他の区分所有者らの被る迷惑とを比較して，なお受忍限度を超える態様のものであれば，区分所有者らによるカラオケスタジオとしての利用は騒音等の迷惑行為を禁止する管理規約等に違反するとともに，区分所有法6条1項の「共同の利益に反する行為」に当たり，管理組合は，カラオケスタジオとしての使用の禁止（法57条1項）を求めることができます。

もっとも，カラオケスタジオ側の営業の自由をも考量の上，カラオケスタジオとしての営業の使用禁止ではなく，一部の時間帯のカラオケ使用禁止にとどまる場合もあります。

◆解　説◆

1　迷惑行為禁止規定

専有部分におけるカラオケスタジオ店舗等の深夜営業，さらにそれに伴う振動，騒音，臭気を発生させるなどの迷惑行為は，管理規約又はそれが委任する専有部分の使用細則（以下，「管理規約等」といいます。）で禁止されている例が実務上多く見受けられます（使用細則の制定につき標準管理規約18条参照）。

もっとも，裁判例は，店舗部分の深夜営業や振動，騒音，臭気の発生行為の事実があれば直ちに管理規約等違反の事実を認定するのではなく，店舗部分の区分所有者等の行為が，「区分所有者の共同の利益に反する行為」（法6条1項）に該当するかを実質的に判断した上，区分所有法57条1項に

第1　専有部分における共同利益背反行為

基づく迷惑行為の差止請求の判断へと進むのが通例です。

2　区分所有者の共同の利益に反する行為

　区分所有法57条は，区分所有者が同法 6 条 1 項に規定する行為をした場合又はその行為をするおそれがあり，区分所有者の共同の利益に反する場合には，差止めを含むその行為の結果の除去等の請求が可能であることを定めると同時に，その請求の要件及び手続を定めています。

　そして，ここにいう区分所有者の共同の利益に反する行為には，他人の財産や健康にとって有害，迷惑，不快となるような生活妨害[1]も含むと解されます。

　区分所有者によるこのような行為によって大多数の区分所有者や占有者が迷惑を被っており，その受忍限度を超えると解される場合，区分所有者の共同の利益に反する行為と認定され，店舗部分の区分所有者又は占有者に対して区分所有法57条に基づく店舗部分における営業の差止請求などが認められます。

　もっとも，国民の営業の自由は，外在的制約に服するとはされながらも憲法上も保障された権利であると解するのが通説です。そのため，裁判例も，受忍限度を超えるかの判断に当たっては，深夜営業で迷惑を被る区分所有者らの平穏確保の権利と店舗部分区分所有者の有する営業の自由との比較考量を行うのが通例です。

　そしてこの比較考量に当たっては，後述の裁判例が指摘しているとおり，マンションの存在する地域の状況，マンションの利用状況，店舗部分の営業状況，当事者の交渉経過等が総合考慮されます。

　このような比較考量の結果として，実際に店舗部分による迷惑行為が認定されたとしても，店舗部分での営業が全面的に禁止されるとは限りません。後述する裁判例のように，一部の深夜時間帯の営業禁止を認めるにとどまるということも考えられます。

---

1) いわゆるニューサンス。具体的には，度を超えた深夜営業，騒音，臭気，振動などによって他人の生活を妨害する行為。

12　専有部分における迷惑行為③（店舗部分での深夜営業）

③　参考裁判例

（1）　東京地決平成 4 年 1 月30日（判時1415号113頁）

　　本裁判例は，国道に面した住居地域に所在する主として居住用のマンションの 1 階店舗部分でカラオケスタジオが深夜営業を繰り返し，これが区分所有者の共同の利益に反するとして，管理組合理事長が，カラオケスタジオに対し，使用差止めを求めた仮処分申立事件の保全異議決定の事例であり，夜間の一定時間帯のカラオケスタジオとしての使用禁止を認めたものです。

　　債権者は管理組合理事長（管理者），債務者はカラオケスタジオ部分を賃借している占有者ですが，債権者が債務者に対して，「区分所有者の共同の利益に反する行為」（法 6 条 1 項）の存在を主張し，区分所有法57条 1 項に基づき深夜（午前 0 時〜午前 4 時）の営業を禁ずる旨の不作為を命ずる仮の地位を定める仮処分の申立てを行い，原決定では債権者の主張が全面的に認められました。

　　これに対し，債務者が異議申立てをしたことで下されたのが，本決定です。

　　本裁判例は，債務者の本件スタジオ営業が区分所有法 6 条 1 項所定の「共同の利益に反する行為といえるか否かは，結局債務者の本件スタジオの営業により本件マンションの住人らが被っている被害の有無及び程度等によって決せられ，また，本件仮処分命令申立ては，民事保全法23条 2 項に定める仮の地位を定める仮処分命令を求めるものであって，この仮処分命令は『争いのある権利関係について，債権者に生ずる著しい損害又は急迫の危険を避けるためこれを必要とするときに発することができる』ところ，仮処分命令による債務者の本件スタジオの使用禁止は，右被害が受忍限度を超えている場合に認められるものである。そして，右共同の利益及び受忍限度を判断するに当たっては，本件マンションの存する地域の状況，本件マンションの利用状況，債務者の本件スタジオの営業状況，当事者間の交渉経過等をも総合考慮すべきであると考えられる。」と判示し，受忍限度論及び管理組合と店舗使用者らとの間の利益考量の際の具体的な判断基準を示していることが参考になります。

93

第1　専有部分における共同利益背反行為

　本決定は，こうした判断基準に従い，マンション住民らの平穏な生活
状態は最大限尊重されるべきであり，これが脅かされる場合には共同の
利益に反する行為になり，さらにそれが受忍限度を超えれば仮処分命令
によってその営業の全部又は一部が禁止されること，カラオケスタジオ
の営業には公共性が乏しく居住環境の変化，風紀及び治安状況の悪化を
もたらし，マンション住民らの平穏な生活を阻害するものであって，こ
れが無限定に行われるときには区分所有者の共同の利益に反するもので
あり，かつ，受忍限度を超えるものであること，一方で曜日問わず午前
０時〜午前４時までの営業を禁じた原決定がカラオケスタジオにとって
与える打撃が大きすぎて酷に過ぎることなどから，結局客足の増える国
民休日及び日曜日については午前１時〜午前４時のみの３時間のみ営業
を禁止しました。裁判所が受忍限度論をベースにマンション住人らと店
舗部分占有者との利益考量を試みた裁判例として参考になります。

(2)　神戸地尼崎支判平成13年６月19日（判時1781号131頁）
　本件は，マンション１階の店舗部分を区分所有者から賃借した賃借人
が，同部分で居酒屋を営業し，厨房換気ダクト，造作，看板等を設置し，
深夜まで営業していたが，管理組合が賃借人の行為が管理規約に違反し，
区分所有者の共同の利益に反するとして，区分所有者と賃借人に対して
①ダクト等の撤去請求と②深夜の営業禁止請求を行い，区分所有者に対
して①の請求を，賃借人に対して①及び②の請求を認めた裁判例です。
　賃借人は，店舗部分に厨房換気ダクトや造作・看板等を管理規約に違
反して設置するなどしたほか，居酒屋を毎日午前１時頃まで営業し，厨
房換気ダクトから毎日のように排出される油煙や臭気を上層階の住居部
分に侵入させたり，洗濯物に付着させるなどしていました。
　管理組合は，賃借人によるこれらの行為が迷惑行為の禁止や専有部分
の範囲，共用部分の専用使用権の内容を定めた管理規約に違反している
こと，及び「区分所有者の共同の利益に反する行為」（法６条１項）に当
たることなどを理由に，店舗部分の区分所有者と賃借人に対し，区分所
有法57条１項に基づき，午後11時以降の深夜営業の禁止や厨房換気ダク
ト等の撤去を求めました。

12　専有部分における迷惑行為③（店舗部分での深夜営業）

　裁判例は、ここでも「区分所有者の共同の利益に反する行為」は、「他人の財産や健康にとって有害、迷惑、不快となるような生活妨害（ニューサンス。騒音、臭気、振動など。）を含むと解される。」と判示し、マンション住人らに対する生活妨害行為が共同利益背反行為となり得ることを認めています。

　そして、ダクトの設置が管理規約に違反しているのみならず、油煙や臭気の発生などの事情から共同利益背反行為に当たること、飲食の客が店舗の前で大騒ぎをしたり店員か客と思われる者がバイクの空ぶかしをするなど夜間の騒音が気になるという住民が多数に上っている事情に鑑みれば、深夜の営業は区分所有者の共同の利益に反する行為に当たると認定しました。

　一方、管理組合からは、日曜日、祝祭日の全面的な営業禁止の請求もなされましたが、裁判所は、日曜日、祝祭日の営業が他の曜日と比較して殊更に共同の利益を侵害していると認めるに足りる主張・立証はないとしてこれを退けるなど、裁判所による利益考量の跡もうかがえます。

　なお、本裁判例は、ダクト等を設置したのが賃借人である以上、区分所有者としては賃借人に対してダクト等の撤去を請求する義務は負うとしても、区分所有者自身の判断で勝手にダクト等を撤去してしまうとそれが賃借人に対する違法行為となりかねないので、区分所有者には管理組合に対して直接の撤去義務を負わせることはできないと判示し、管理組合の区分所有者に対するダクト等の撤去請求を棄却しました。マンション内の違法造作物等の撤去請求の際の当事者適格を検討するに際し、参考となります。

95

第1　専有部分における共同利益背反行為

13　区分所有者以外の者による共同利益背反行為

　区分所有者から無償にて専有部分を借り受けている者が迷惑行為を繰り返している場合，解除・引渡請求における共同利益背反行為の該当性の判断に際し，使用借主の態度を考慮することはできますか。解除・引渡請求と競売請求とで違いはありますか。

　　　　解除・引渡請求においては，使用借主の態度が直接考慮されます。
　　競売請求においては，共同利益背反行為の該当性は，あくまで当該区分所有者の態度について判断され，使用借主の態度のみで共同利益背反行為があると認定されるわけではありません。ただし，共同利益背反行為の禁止が規約に定められている場合には，管理組合と区分所有者との間に契約類似の債権債務関係が認められ，使用借主が区分所有者の履行補助者に当たり，使用借主の態度が，直接，共同利益背反行為の該当性において考慮される余地があります。

――――――――　解　説　――――――――

1　問題の所在
　賃借人，使用借主などの占有者が騒音振動などの迷惑行為をはじめとする共同利益背反行為（法6条1項）をした場合及びそのおそれがある場合，その共同利益背反行為による区分所有者の共同生活上の障害が著しく，他の方法によってはその障害を除去して共用部分の利用の確保その他の区分所有者の共同生活の維持を図ることが困難であるときは，区分所有者の全員又は管理組合法人は，集会の決議に基づき，訴えをもって，当該行為に係る占有者が占有する専有部分の使用又は収益を目的とする契約の解除及びその専有部分の引渡しを請求することができます（法60条1項）。

13　区分所有者以外の者による共同利益背反行為

　もっとも，管理組合としては，他の区分所有者らの不安を背景に，こうしたトラブルが繰り返されることを予防するため，単にその占有者を退去させるだけではなく，さらに当該区分所有者の区分所有権及び敷地利用権の競売請求を行うことを検討することがあります（法59条1項）。

　本設問においては，占有者が共同利益背反行為を行っており，使用貸借契約の解除・引渡しが認められることは明らかです。しかし，当該区分所有権及び敷地利用権の競売請求まで認められるのでしょうか。競売請求における共同利益背反行為の該当性の判断において，占有者の態度を考慮することができるのかが問題となります。

2 占有者に対する契約解除・引渡請求

(1) 共同利益背反行為該当性において判断対象となる者

　区分所有法60条1項は，「第57条第4項に規定する場合において，第6条第3項において準用する同条第1項に規定する行為による区分所有者の共同生活上の障害が著しく，他の方法によってはその障害を除去して共用部分の利用の確保その他の区分所有者の共同生活の維持を図ることが困難であるときは，区分所有者の全員又は管理組合法人は，集会の決議に基づき，訴えをもつて，当該行為に係る占有者が占有する専有部分の使用又は収益を目的とする契約の解除及びその専有部分の引渡しを請求することができる。」と定めています。

　そして，区分所有法57条4項に規定する場合とは，「占有者が第6条第3項において準用する同条第1項に規定する行為をした場合及びその行為をするおそれがある場合」をいいます。

　したがって，占有者に対する契約解除・引渡請求（法60条1項）における共同利益背反行為の該当性は，「占有者」について判断されることになります。

(2) 参考裁判例

　東京地判平成17年9月13日（判時1937号112頁）は，マンション管理組合の管理者（理事長）が，区分所有者の一人からその専有部分を使用貸借して居住している，当該区分所有者の子である占有者に対し，占有者

97

第1 専有部分における共同利益背反行為

の異常な行動等が区分所有者の共同の利益に反する行為に当たると主張して，区分所有法60条1項に基づき，区分所有者と占有者との間の使用貸借契約の解除及び当該専有部分の引渡しを請求した事案です。裁判所は，「占有者」が当該専有部分において反復継続的に騒音，振動を発生させるなど，マンションの区分所有者の共同の利益に反する行為をしていて，その行為による区分所有者の共同生活上の障害が著しく，当該専有部分の引渡しを求めるほかにはその障害を除去して区分所有者の共同生活の維持を図ることが困難であるのかについて判断し，専ら「占有者」の共同利益背反行為を認定した上で，使用貸借契約の解除及び当該専有部分の引渡しを認容しました。

③ 区分所有者に対する競売請求

(1) 共同利益背反行為該当性において判断対象となる者

　本設問では，直接的に区分所有者の共同の利益を侵害する行為をしているのは占有者であることから，占有者に対する解除・引渡請求が認められれば，ひとまず他の区分所有者に対する共同利益背反行為は除去されることになります。そのため，これに加えて，当該区分所有者の専有部分の競売請求（法59条1項）を認める必要性があるか否かについては，なお検討を要します。

　区分所有法59条1項は，「第57条第1項に規定する場合において，第6条第1項に規定する行為による区分所有者の共同生活上の障害が著しく，他の方法によってはその障害を除去して共用部分の利用の確保その他の区分所有者の共同生活の維持を図ることが困難であるときは，他の区分所有者の全員又は管理組合法人は，集会の決議に基づき，訴えをもつて，当該行為に係る区分所有者の区分所有権及び敷地利用権の競売を請求することができる。」と定めています。そして，「第57条第1項に規定する場合」とは，「区分所有者が第6条第1項に規定する行為をした場合又はその行為をするおそれがある場合」をいいますから，結局，区分所有者に対する競売請求（法59条1項）における共同利益背反行為の該当性は，「区分所有者」について判断されることになります。

13 区分所有者以外の者による共同利益背反行為

(2) 占有者の態度の位置付け

　前掲東京地判平成17年9月13日は，占有者に対する解除・引渡しを認容した上で，さらに，当該区分所有者に対する区分所有権等の競売請求（法59条1項）について，共同利益背反行為の該当性は，あくまで区分所有者について判断し，占有者の態度は，区分所有者の共同利益背反行為の該当性を判断するに当たっての事情とするにとどめています。すなわち，本裁判例は，「このような被告A（区分所有者）の被告B（占有者）及び本件マンションの現状について把握しようとする意思，能力の欠如及び被告Bの言い分のみを真実と主張し，裁判所による引渡を命ずる判決に対してもこれに従わないことを表明するような態度，被告Bの経済力，同被告の今後の生活をめぐる家族の意識等からすると，裁判所が原告による本件専有部分等の競売を認めず，被告Bに対する引渡請求のみを認容した場合には，これが執行されたとしても，被告Aが被告Bを再度本件専有部分に居住させる事態を迎えることは容易に予想されるところであり，そうなると結局原告の本件訴訟全体が水泡に帰することとなる。本件競売請求は，被告Aの区分所有権を強制的に奪うという重大な結果を招くものであり，その要件を満たしているか否かについては慎重に判断すべきものではあるが，この点を考慮してもなお，以上のような被告Bと被告Aとの一体性，被告Aの自主的に本件の問題を解決しようとする意思及び能力の欠如からすれば，被告Aが本件専有部分等を所有し続けることは，必然的に本件マンションの区分所有者の共同の利益に反することになると認めざるを得ないし，これによって，区分所有者の共同生活上の障害が著しく，被告Aの区分所有権及び敷地利用権の競売以外の方法によってはその障害を除去して共用部分の維持を図ることが困難であると認めるのが相当である。したがって，原告の区分所有法59条1項に基づく被告Aの区分所有権及び敷地権の競売請求も理由がある。」と判示しました。

(3) 占有者が区分所有者の履行補助者である場合

　ところで，賃貸借契約の場合において，賃借人の家族・同居人や転借人は賃借人の履行補助者とされています（最判昭和30年4月19日民集9巻

第1 専有部分における共同利益背反行為

5号556頁，大判昭和4年3月30日民集8巻363頁）。このことからすると，区分所有者からの賃貸借又は使用貸借による占有者が区分所有者の履行補助者であるとして，占有者の態度を区分所有者の態度と同視し，共同利益背反行為の該当性を直接判断することができないかが問題となります。

　宮崎地判平成24年11月12日（判タ1386号344頁）は，賃借人の同居人による管理規約上の義務違反を理由に，自身には故意過失のない賃貸人である区分所有者に対し，民法415条に基づく損害賠償請求を行った事案において，管理規約上の義務について，区分所有者の賃借人の同居人は区分所有者の履行補助者に当たる旨判示しました。

　共同利益背反行為の禁止が管理規約に定められ，これが管理規約上の義務といえる場合には，管理組合と区分所有者との間における契約類似の債権債務関係を観念し，履行補助者の理論を適用する前提が認められます。

　しかし，一方で，共同利益背反行為の禁止が管理規約に定められていない場合には，区分所有法6条1項により管理組合と区分所有者との間における契約類似の債権債務関係を観念することはできず，履行補助者の理論を適用することが困難であるとする見解があります（判タ1386号344頁以下の同裁判例のコメント参照）。

　前掲東京地判平成17年9月13日の事案において，共同利益背反行為の禁止が管理規約に定められていた場合には，区分所有法59条1項の競売請求における共同利益背反行為の該当性を，直接，占有者について判断する余地もあったかと思われます。もっとも，最終的には，区分所有法60条1項による契約解除・引渡しを含めた他の方法によっても，共同利益背反行為を解消し得ないかという補充性の要件（法59条1項）を充足するかが，改めて判断されることになります。

　占有者の共同利益背反行為は，区分所有法60条1項による解除・引渡しが認められれば解消されることが多く，専有部分の競売請求まで必要な場合というのは，前掲東京地判平成17年9月13日の事案のように，迷惑行為を繰り返し行う子を区分所有法60条1項により退去させたとして

100

13　区分所有者以外の者による共同利益背反行為

も，区分所有者と占有者の人的関係により，再び入居させるおそれが高いような場合に限られるでしょう。

4　手続と効果

(1)　**競売請求**（第1編第3・5参照）

競売請求においては，①共同利益背反行為による共同生活の著しい障害，②補充性という実体的要件を満たすのみならず，集会の特別決議（区分所有者及び議決権の各4分の3以上の多数）を経た上で，訴訟を提起しなければなりません。この決議に際しては，当該区分所有者に対し，弁明の機会を与えなければなりません（法59条2項，58条3項）。

競売請求の認容判決の確定したときは，判決の確定日から6か月以内に，執行裁判所に対し競売申立てを行う必要があります（法59条3項）。

(2)　**解除・引渡請求**（第1編第3・6参照）

解除・引渡請求においても，①共同利益背反行為による共同生活の著しい障害，②補充性という実体的要件を満たすのみならず，集会の特別決議（区分所有者及び議決権の各4分の3以上の多数）を経た上で，訴訟を提起しなければなりません。この決議に際しては，当該占有者に対し，弁明の機会を与えなければなりません（法60条2項，58条3項）。一方で，貸主である区分所有者に対し，弁明の機会を与える必要はありません（最判昭和62年7月17日判時1243号28頁）。

管理者が強制執行により専有部分の引渡しを受けた場合には，専有部分の占有権原を有する者に，遅滞なく引き渡さなければなりません（法60条3項）。

101

第2 共有部分における共同利益背反行為

第2 共有部分における共同利益背反行為

14 共用部分への動産設置①（屋上への植木鉢等の設置）

　　区分所有者が共用部分である屋上（専用使用権はない。）に設置した植木鉢や物干し竿を撤去させることができますか。また、一旦は片付けても、また設置するおそれがあります。将来のために予防措置を講ずることはできますか。

　　いずれも法的に可能です。予防措置としては、違反者に対し、動産の設置・搬入等の違反行為の差止請求をすることが考えられます。

─── 解　説 ───

1　問題の所在

　マンションの屋上は共用部分とされ、防水層の保護や防災・治安といった観点からも管理規約や使用細則でその立入りが禁止されていることも珍しくありません。

　ところが、禁止されているにもかかわらず、高経年のマンションなどを中心に、屋上への立入りが容易にできてしまう建物も存在し、区分所有者や賃借人等の占有者が植木鉢や物干し竿といった動産類を設置するケースが後を絶ちません。

　また、マンションの共用廊下部分も共用部分（一部共用部分とされる場合もあります。）とされ、防火などの観点からも管理規約や使用細則で廊下部分における動産類の設置が禁止されているのが通常ですが、同じような問題が発生することがあります。

14　共用部分への動産設置①（屋上への植木鉢等の設置）

こうした区分所有者の専用使用権のない共用部分への動産類の設置を，妨害として排除し，予防するための法的根拠が問題となります。

2　管理組合の執り得る手段

マンションの屋上や廊下にはQ16におけるバルコニーなどと異なり，通常，区分所有者にその専用使用権が設定されることはなく，管理組合は，区分所有者による屋上や廊下への動産設置行為が区分所有法6条1項の共同利益背反行為に当たるとして，その撤去請求（妨害排除請求）及び妨害予防請求ができます（法57条1項）。

一方，違反者が区分所有者の同居人などの占有者である場合も，根拠条文こそ変わりますが，共同利益背反行為に当たるとしてその撤去請求（妨害排除請求）及び妨害予防請求ができます（法6条3項，57条4項）。

なお，こうした撤去請求（妨害排除請求）や妨害予防請求を訴訟で行うためには，当該請求の議案につき管理組合の集会（総会）による決議が事前に必要となります。

3　参考裁判例

(1)　東京地判平成19年4月13日（ウエストロー）

管理組合理事長の原告が，マンションの一室を共同所有する区分所有者Y1及びY2，並びにその同居人Y3を共同被告とし，同人らがマンション屋上部分に物置や物干し竿を設置した行為に対し，①当該動産の撤去請求，②妨害予防請求，③弁護士費用請求を行った事案です。

管理組合の使用細則には，区分所有者や占有者が屋上部分に立ち入ることを禁止する旨の規定があり，被告らによる使用細則違反行為及び共同利益背反行為が認定されました。

これにより，裁判所は，Yらに対し，屋上部分の明渡し（妨害排除）を命じるとともに，Yらがこれまで原告による再三の屋上部分の占有使用の是正要求に応じてこなかった事実を認定し，今後も同様の占有使用が行われるおそれがあることは明らかであるとして工作物の設置等の禁止（妨害予防）を命じました。

103

第2　共有部分における共同利益背反行為

　　また，管理組合の管理規約には，義務違反者に対する違約金として弁護士費用等を請求することができる旨の規定があり，管理組合は，当該規定に基づき，訴訟代理人弁護士と約定した報酬金145万9500円の支払を請求していました。これに対して被告らからの反論は特になかったようですが，本裁判例は，「義務違反者にとって，実際に支払われる弁護士費用等を請求することができる旨の規定……があるが，義務違反者にとって，実際に支払われる弁護士費用等を予見することは困難であることからすれば，上記規定は，弁護士費用相当額の違約金請求を認めるにとどまるものというべきである。」と判示して，違約金相当額として50万円の支払を認めました。このように弁護士費用については，相手方の反論がないからといって全額認められるわけではなく，注意が必要です。

(2)　東京地判平成22年10月28日（ウエストロー）

　　マンションの管理組合理事長である原告が，同マンション1室の区分所有者である被告Y1，Y2及び占有者である被告Y3が自室玄関前の共用部分である廊下部分に自転車，段ボール，プラスチックケース，発泡スチロール，箪笥，袋入り廃棄物その他の動産類を置いて共用部分たる同廊下部分を占有していることに対し，①設置動産類の撤去及び同共有部分の明渡し，②上記共用部分に係る本件マンション区分所有者の共同利益の侵害予防に必要な措置，③弁護士費用等の支払を求めるとともに，被告Y1，Y2に対しては，④支払期限未到来分を含む未払いマンション管理費等の支払等を求めた事案です。本裁判例は，原告の主張をほぼ認めて，その請求を一部認容しました。

　　管理組合の使用細則には，廊下等には管理組合の承認なく私物を置いてはならない旨，及び指定外の場所に駐輪してはならない旨の規定があり，本裁判例はYらによる使用細則違反及び共同利益背反行為を認定しました。

　　これにより，本裁判例は，Yらに対し，廊下からの動産類撤去（妨害排除）を命じるとともに，Yらがこれまでの管理組合からの度重なる動産類撤去請求に応じてこなかった事実を挙げて，Yらに対し，今後の廊下への動産類の設置等禁止（妨害予防）を命じました。

104

14 共用部分への動産設置①（屋上への植木鉢等の設置）

　弁護士費用については，本裁判例は管理組合が義務違反者に対して弁護士費用を請求できるという管理規約の存在を認めたものの，原告による具体的な弁護士費用の立証がなされていないと認定しました。もっとも，50万円は下らないとして，弁護士費用50万円を認定しました。

　最後に，本裁判例の特徴として，支払期限未到来の管理費等についても，原告による将来請求を認めたことが挙げられます。その背景としては，(i)本訴訟の提起までY1及びY2が管理費等の支払を3年弱の長期間にわたって怠っていたこと，(ii)これまで見たようにY1及びY2が管理組合との間で廊下の利用方法をめぐってもトラブルになっていること，(iii)Y1及びY2が管理費等を支払わない理由として管理組合がマンションの排水管の補修を行わないことなどを主張しており，今後も管理費等を支払わない蓋然性が認められること，などが挙げられます。支払期限未到来の管理費等の将来請求が認められるためには，こうした原告にとって「有利」な事情が事前に積み重なることも必要といえそうです。

105

第2　共有部分における共同利益背反行為

15 共用部分への動産設置②（外壁への看板・クーラー室外機の設置）

区分所有者が共用部分である外壁（専用使用権はない。）に設置した看板を撤去させることができますか。また、区分所有者が共用部分である外壁に設置したクーラー室外機を撤去させることができますか。

いずれも基本的には可能ですが、看板については、管理規約成立前から存在するものについては管理組合側もその存在を容認していたとされる可能性が高いでしょう。また、クーラー室外機が数十年にわたり設置されており、他に適切な設置場所がない場合には、信義則上、撤去は認められないでしょう。

―――― 解　説 ――――

1　マンションの外壁は専有部分か共用部分か

　マンションの外壁は、マンションの共用部分とされるのが一般的です。以下でも、マンションの外壁が共用部分に当たることを前提に論じます。

2　外壁の専用使用権と利用可能な範囲

　このような共用部分としての性質を持つ外壁ですが、屋外看板設置等の目的で、専有部分の区分所有者や賃借人に対して専用使用権が付与されることがあります。
　共用部分は、その用法（区分所有法上は「用方」）に従って利用することができます（法13条）。むろん、共用部分の専用使用権者といえども、無制約な利用が認められるわけではなく、当然この用法に従った利用が許されるにすぎません。
　一方、この用法に反して共用部分を利用すると、共同利益背反行為とし

て差止め請求や妨害予防請求の対象となります（法6条1項，57条1項）。

3 本設問の検討

(1) 外壁への看板設置行為

外壁へ看板を設置する行為については，壁に穴を開けるなどして建物の構造に影響を与える可能性があること，マンションの美観を損なうおそれがあることなどを考慮すると，管理規約若しくは使用細則でこれを許容する規定が存在しており，かつ，これらにのっとった看板の内容や設置方法になっていない限り，管理規約若しくは使用細則に違反する行為として，共同利益背反行為に該当するおそれが高いといえます。

(2) 外壁へのクーラー室外機設置行為

外壁へクーラーの室外機を設置する行為は，壁に穴を開けるなどして建物の構造に影響を与える可能性があること，マンションの美観を損なうおそれがあることなどを考慮すると，管理規約若しくは使用細則でこれを許容する規定が存在しており，かつ，これらにのっとった室外機の設置方法になっていない限り，管理規約若しくは使用細則に違反する行為として，共同利益背反行為に該当するおそれが高いといえます。

ただし，クーラーがマンションでの生活にとって極めて重要な機器であることを考慮すると，その設置状況の確認が外部から容易であったにもかかわらず，管理組合がこれを数十年間も黙認していた事情があり，他に設置できる適切な場所がないという場合には，信義則違反に当たるとしてクーラー室外機の撤去請求が棄却される可能性もあります。

4 参考裁判例

(1) 東京地判平成18年8月31日（判タ1256号342頁）

本裁判例は，信義則違反を理由に外壁部分のクーラー室外機の撤去等についての原状回復請求が棄却された事案です。

外壁部分へのクーラー室外機の設置については，管理組合側が外部から容易に確認できるにもかかわらず30年以上もの長期間その撤去請求を怠っていたこと，及び外壁部分2か所に直径6センチメートル程度の貫

第2 共有部分における共同利益背反行為

通孔を設けたことが外壁面の強度を弱め，本件マンション全体の安全性を低下させると認めるに足りる証拠はないことなどを理由に，信義則上その撤去請求を認められないとしました。

(2) 東京地判平成25年11月28日（ウエストロー）

　　本裁判例は，住宅棟と事務所棟という2棟からなるマンションのうち事務所棟の一区分所有者であった被告が共用部分である事務所アプローチ（ただし，被告に専用使用権あり。）に看板を設置した行為が，管理規約及び使用細則に違反しているとして，原告管理組合が，その撤去を求めるなどしたものです。

　　本裁判例は，被告が本件看板をマンション分譲業者と協議の上で設置したこと，管理規約及び使用細則の発効が本件看板の設置後であり，その発効時に原告管理組合が被告に対して本件看板の撤去を求めた事実もないこと，本件看板の設置につき本件マンションの躯体等の主要構造物に影響を与えない工法が採られたことなどの事実を認定し，被告による本件看板の設置は事務所アプローチの通常の用法として許容されるべきものであると認定し，原告管理組合の請求を棄却しました。

　　このように，看板については，管理規約成立前から存在する場合，管理組合側もその存在を容認していたものと認定される可能性が高いといえ，注意が必要です。

(3) 東京地判平成26年1月23日（ウエストロー）

　　本裁判例は，マンション専有部分でホテル業を営む区分所有者である被告がマンション敷地内に原告管理組合に無断で営業用の看板を設置していた行為に対し，原告管理組合が，その管理権及び管理規約に基づき，看板の撤去を求めた事案です。

　　本裁判例は，被告は本件看板の設置に当たって原告管理組合の総会で承諾を得るなど管理規約所定の手続を経ておらず，共有部分の土地を管理する権限を有していないから，管理規約に基づき共有部分等の管理権限を有する管理組合は本件看板の撤去を被告に対して請求する権利を有する，として原告管理組合の請求を認めました。

　　区分所有者が共用部分へ設置した看板の撤去を認めた裁判例の基本形

108

15 共用部分への動産設置②（外壁への看板・クーラー室外機の設置）

の一つとして参考となります。

(4) 東京地判平成28年7月4日（ウエストロー）

　本裁判例は，原告管理組合が，区分所有者たる被告会社Y1及びその代表者Y2に対し，管理規約に違反して共用部分に看板を設置したとして，看板の撤去及び弁護士費用等を請求した事案です。原告管理組合は，Y2が看板を設置した時に，同人が専有部分でY1の事業以外のものを行っていたなどとして，看板に対するY2独自の占有の事実も主張しました。しかし，実際には，看板を設置したのはY2から区分所有建物を賃借した賃借人Aでした。

　本裁判例は，Y1は管理規約を遵守する義務があり，当該義務の履行に当たってAはY1の履行補助者と考えることができることから，Aによる本件看板設置行為はY1によるものと同視できると判断し，原告管理組合のY1に対する本件看板の撤去請求を認めました。一方，Y2は個人として本件看板の撤去等の義務を負うことはないと判示しています。

　ところで，本裁判例は，原告管理組合による不法行為の主張に基づく弁護士費用の請求については，本件管理規約に基づく義務の具体的内容及び規約違反行為の特定，立証が殊更に困難であるとは考えられないし，弁護士に委任せずに訴訟追行することは特段困難ではないとし，原告管理組合による弁護士費用の支出はY1による規約違反行為と相当因果関係のある損害とは認められないとして，請求を認めませんでした。マンション管理組合の運営が今なお役員の方々のボランティアに近い奉仕精神に支えられている現実を考慮すると，管理組合側にとってはやや厳しい判決と感じられます。

　なお，本裁判例では管理規約に弁護士費用を請求できる旨の定めがあったかどうかは判明しませんでしたが，そのような事前の備えは最低限必要です。

109

第2　共有部分における共同利益背反行為

16 専用使用権のある共用部分への動産設置①（バルコニーへの植木鉢等の設置）

区分所有者が共用部分であるバルコニー（専用使用権あり。）に植木鉢を勝手に置いています。撤去させることができますか。

バルコニー内に設置された植木鉢は，バルコニー一面に設置して避難の具体的障害となったり，あるいは落下の可能性がない限り，撤去させることは困難です。

―――――― 解　説 ――――――

1　マンションのバルコニーは専有部分か共用部分か

　マンションのバルコニーは，マンションの共用部分とされることが一般的です。そして，共用部分であるとしても，専有部分の区分所有者のために専用使用権が設定されているのが一般的であり，特定の区分所有者がバルコニーを使用することができます。

　バルコニーは，専有部分としての要件たる構造上又は用法上の一体性を満たし得ないと考えられますし，実際上も火災などの際に避難通路となったり，美観や防水性などの確保の必要性が特に高いなどの事情があります。本書では，バルコニーが共用部分に当たることを前提に論じます。

2　バルコニーの専用使用権と利用可能な範囲

　このような共用部分としての性質を持つバルコニーですが，隣接する専有部分の区分所有者に専用使用権が与えられることが一般的です。

　このような共用部分は，その用法（区分所有法上は「用方」）に従って利用することができます（法13条）。むろん，共用部分の専用使用権者といえども無制約な利用が認められるわけではなく，当然この用法に従った利用が許されるにすぎません。

16 専用使用権のある共用部分への動産設置①（バルコニーへの植木鉢等の設置）

一方，この用法に反して共用部分を利用すると，共同利益背反行為として差止請求や妨害排除請求の対象となります（法6条1項，57条1項）。

3 本設問の検討

屋上，通路といった純粋な共用部分とは異なり，専用使用権の設定されたバルコニーへ植木鉢を設置する行為については，それ自体様々なマンションでしばしば観察されるその一般的利用方法といえること，植木鉢は移動が比較的容易と考えられること，設置物としては比較的軽量であると考えられ，建物の構造や防水，火災などの際の避難に与える影響も軽微であることを考えると，管理規約又は使用規則で明示的にこれを禁じる旨の規定がない限り，原則としてこれを共同利益背反行為であると認定することは困難でしょう。

よって，例えば植木鉢がバルコニー一面に置かれていて災害時の避難に当たり具体的に障害となる可能性がある，あるいは植木鉢がバルコニーの手すり部分から吊下げられるなどして落下の可能性があるなどの事情があれば格別，そのような事情がない限り，管理規約又は使用細則で植木鉢の設置を禁止する旨の規定があらかじめ存在しない場合には，撤去させることはできないと考えられます。

4 参考裁判例

(1) 専用使用庭に複数の建物が設置された事例（東京地判平成22年2月22日ウエストロー）

原告たる管理組合が，マンションの専用使用権の設定された専用使用庭に複数の建物を設置している被告に対し，これらの建物の設置が原告の管理規約に違反するとともに，区分所有法6条1項に定める共同利益背反行為に当たるとして，区分所有法57条等に基づきその撤去を求めたところ，これらの建物の設置は原告の管理規約に違反していること，並びに災害時等及び防犯面における住民の不安が大きくなっていること等の事情を考慮して，これらの建物の設置が共同利益背反行為に当たるなどと認定し，原告の請求が全部認容された事案です。

111

第2　共有部分における共同利益背反行為

　原告の管理規約は,「物置程度の仮設物」の設置は認めていたものの,被告が設置した建物は,プレハブ建造物で軽い基礎も有しており,電気やクーラーも設置されていました（被告が設置していたもう一つの建物もこのプレハブ建造物と一体のものと評価すべきと認定）。また,原告は,被告にだけ専用庭にこのようなプレハブ建造物の設置を認めることは他の区分所有者との間での不公平を招くこと,この被告が設置した建物によって専用庭が塞がれてしまい災害時の避難が困難になること,このプレハブ建造物の屋根伝いにマンションの2階に飛び移れることで防犯上の懸念もあることを主張しました。

　本裁判例は,被告と他の区分所有者との間での不公平,被告の設置物は「物置程度の仮設物」とは到底いえないこと,原告の主張どおり被告の設置物による防災上や防犯上の問題も生じていることを認め,被告によるプレハブ建造物の設置行為を共同利益背反行為と認定し,その撤去請求を認めました。

　なお,被告は,原告が28年間このプレハブ建造物の設置を黙認してきたことが事実の追認に当たると主張しましたが,本裁判例は,これを認めませんでした。このようなプレハブ建造物の存続を認めることで他の区分所有者らが被る不利益は極めて大きく,結論として妥当であったといえます。

(2)　ルーフバルコニーにサンルーム等が設置された事例（東京地判平成24年1月25日ウエストロー）

　マンションの管理組合たる原告が,同マンションの区分所有者たる被告に対し,被告が専用使用するルーフバルコニーにサンルーム等を設置していることが共同利益背反行為に当たるとして当該サンルーム等の撤去を請求したところ,サンルームの設置についてはルーフバルコニーの不当毀損行為ないし不当使用行為と認定し撤去請求を認めた一方,その他の設置物についてはこれに該当するものではないとして撤去請求を認めず,結局サンルームの撤去請求の限度で原告の請求を認めた事案です。

　原告は,ルーフバルコニーの専用使用権を有しており,管理規約には,共用部分を通常の用法で利用する旨の規定が,使用細則には,バルコ

16 専用使用権のある共用部分への動産設置①（バルコニーへの植木鉢等の設置）

ニーの手すり部分に植木鉢を置くことを禁止する旨の規定などがありました。被告は，ルーフバルコニー上にサンルーム，ロッカー，植木などを設置していました。

　本裁判例は，サンルームの設置については，ルーフバルコニーの床面の防水や塗装などを痛め，補修や改修の工事を困難にするほか，緊急時の避難等にも影響を与え，建物の美観にも影響するものであるとして，ルーフバルコニーの通常の用法を超えるルーフバルコニーの不当毀損行為ないし不当使用行為，すなわち共同利益背反行為と認定して，原告による撤去請求を認めました。

　一方，ロッカーの設置については，その設置を禁じる旨の使用規則が存在しないこと，その設置が床の損壊や転倒，転落の危険，緊急時の避難の妨げになるものではないとして，ルーフバルコニーの不当毀損行為ないし不当使用行為と認めませんでした。また，植木鉢の設置についても，移動が容易であること，かつ通常は比較的軽量であってこれをバルコニーに置くことで具体的な不具合が生じるとは想定できないことなどを根拠に，同様の判断を下しました。

　なお，被告は，サンルームの設置では原告に具体的な損害が生じていないと主張しましたが，これが抗弁として認められることはありませんでした。共用部分の不当毀損行為ないし不当使用行為については，その客観的事実を摘示し証明しさえすれば原告側ではそれ以上具体的な損害の立証を要しないとしたとも解され，参考になります。

(3) **専用使用庭に物置が設置された事例**（東京地判平成25年3月5日ウエストロー）

　マンションの管理組合たる原告が，同マンションの区分所有者たる被告に対し，被告がその専有部分に隣接して専用使用権を有する専用庭に物置を設置したことが管理規約等に定める禁止事項に該当すると主張して，管理規約等に基づき，物置の撤去を求めたところ，被告による物置設置行為は管理規約等に違反し共同利益背反行為に当たると認定した上で，たとえ原告の理事らが被告と同様に物置設置等の管理規約等違反行為を行っていたとしても被告による管理規約等違反行為が免責されるも

113

のではないこと，及び被告による専用庭の使用状況が他の区分所有者の非常時の避難に支障を来すことはないとしても，これをもって被告の管理規約等違反行為が免責される理由とはならないと判断し，原告の請求を認容した事案です。

　本裁判例の事案では，管理規約には共用部分を通常の用法によって使用しなければならない旨の規定が，専用庭の使用細則には物置の設置を禁止する旨の規定が存在していました。

　まず，被告は，物置の設置を禁止する旨の使用細則の制定が被告の物置設置後になされた事実を捉え，区分所有法31条1項の「特別の影響」を及ぼすべき使用細則の制定であり，被告の承諾のない使用細則の制定は無効であると訴えましたが，本裁判例は，同法31条1項が使用細則ではなく管理規約の変更に関する規定であるとして，これを退けています。

　また，被告は，原告の理事長などがやはり共用部分のバルコニーに物置を設置していることなどを主張し，原告の請求が権利の濫用であり許されないと主張しましたが，本裁判例は，「本件規約及び本件各使用細則の定めは，区分所有者がそれぞれ従うべき規範であるから，被告以外の者が同様の規則違反行為を行っていたとしても，被告の規則違反行為が免責されるものではない。」とし，このような原告側の事情で被告が免責されることはないとしました。

　もっとも，クリーン・ハンズの原則の適用が一応検討されるべき場面であるとはいえるので（権利の濫用については，Ｑ1も参照ください。），原告としては，被告のこのような抗弁を招かないよう，訴訟提起に当たっては綿密な準備こそが期待されるところです。

　最後に，被告は，専用庭の使用状況が他の区分所有者の権利を侵害することなく非常時の避難に支障を来すことはないことも主張しましたが，本裁判例は，「被告が主張するような現実の支障が存在しないことは，被告の規則行為違反行為が免責される理由とはならない」と判示し，被告の主張を採用しませんでした。具体的支障の有無や程度が検討されていない点，及び権利濫用の主張が検討されていない点からは，その判断枠組みはやや特殊であり事例判決的なものと理解すべきといえそうです。

17 専用使用権のある共用部分への動産設置②（バルコニーへのゴミ放置）

　区分所有者が共用部分であるバルコニーに大量のゴミを放置し，ゴミが異臭を放っています。管理組合は，この撤去を求めることができますか。

　バルコニーは，一般的には共用部分に該当するものであり，そこへのゴミの放置はマンションの美観を損なうだけでなく，衛生面でも問題が生じます。また，バルコニーは共用避難路としての役割を有しておりますが，ゴミの放置はこれを損ないます。そのため，大量のゴミの放置は区分所有者の共同の利益に反している可能性が高く，管理者たる理事長が原告となり，区分所有法57条に基づき，ゴミの妨害排除請求を行うことが考えられます。

解　説

1　共用部分の使用方法

　マンションのバルコニーは共用部分に該当するところ（Q16をご参照ください。），その用法については，区分所有法13条が定めています。同条は，「各共有者は，共用部分をその用方に従って使用することができる。」と定めているところ，「その用方（用法）」とは，当該部分の構造上の使用目的に従って使用することができることを意味しています（稲本洋之助＝鎌野邦樹編著『コンメンタールマンション区分所有法〔第3版〕』85頁（日本評論社，2015））。そして，管理規約において使用方法が定められている場合，その定めに従います（法30条）。

　そのため，管理規約でバルコニーにゴミを置くことを禁止する旨が定められている場合，その定めに従うことになります。また，仮に管理規約に定めがなくとも，バルコニーは共用避難路としての性格を有していること

第2　共有部分における共同利益背反行為

からすると，バルコニーという性質からもゴミを置くことは禁じられているといえます。

② ゴミの放置と共同利益背反行為

さて，バルコニーにゴミを放置することは，区分所有者の共同の利益に反する行為に該当するのでしょうか。

まず，バルコニーに放置されている「ゴミ」と呼ばれる物も，放置した区分所有者にしてみれば「ゴミ」には該当しない，価値物かつ自己の所有物と考えている場合も多く，無価値物又は無主物である「ゴミ」に該当するか否かの判断にも慎重を要するところです。

次に，放置されている物が「ゴミ」に該当するとしても，共同利益背反行為に該当するか否かは，受忍限度の範囲内か否か，すなわち，「当該行為の必要性の程度，これによって他の区分所有者が被る不利益の態様，程度等の諸事情を比較考量して決すべき」（東京高判昭和53年2月27日金法875号31頁）とされています。

ゴミを放置する行為が共用部分の不当使用行為として共同利益背反行為に該当するかは，置かれるゴミの種類や量によって異なるものと考えられます。すなわち，マンションのバルコニーは，外部に面していることが多いため，大量のゴミが置かれると当該マンションの美観を損ないます。また，ゴミが生ゴミ等の場合，ハエやゴキブリというような害虫が発生することも容易に想定され，マンション全体の衛生にも影響を与えます。そして，バルコニーが数戸共通に存在し間仕切り壁で区切られているにすぎず，共用避難路としての性質を有している場合，ゴミの放置が当該マンションの区分所有者の生命身体の安全に影響を及ぼすといえます。

このような観点から，ゴミをバルコニーに放置することによって，そのマンションの美観や衛生面又は安全面に影響を及ぼす行為は，ゴミを放置する行為に必要性がないばかりか，他の区分所有者の被る不利益が小さくないということができ，区分所有者の共同の利益に反するものと考えられます。この点，マンションの共用廊下に動産を置いていたことがマンションの美観・景観を損なうものであるとして，区分所有者の共同の利益に反

116

17 専用使用権のある共用部分への動産設置②（バルコニーへのゴミ放置）

する行為に該当することを認めた裁判例があります（東京地判平成22年6月8日ウエストロー）。

3 ゴミの放置への対応

　マンションのバルコニーにゴミが放置されている場合，管理者たる理事長（又は集会で指定された区分所有者）が原告となり，区分所有法57条1項に基づき，ゴミの妨害排除請求を行うことが考えられます。この場合，個々のゴミ（動産）全てを特定することは困難であるため，前掲東京地判平成22年6月8日では，「被告Yは，別紙物件目録5記載の共用部分から別紙動産目録5記載の動産を撤去せよ。」，「被告らは，別紙物件目録7記載の共用部分上に鍋等の炊事道具，冷凍庫，冷蔵庫，洗濯機等の動産を放置してはならない。」というように，場所を特定し放置動産を例示する方法で妨害排除を求めています（撤去すべき動産が存する範囲を図面等で特定することも検討することもできるかと考えます。）。

　以上のほか，地方自治体によっては，いわゆるゴミ屋敷対策に関する条例を制定しているところがあります（例えば，足立区生活環境の保全に関する条例）。このような条例がある地域では，訴えの提起のほか，行政に相談の上で対応することも考えられるところです。

4 ゴミ袋の開封調査

　なお，バルコニー以外の共用部分に袋詰めのゴミが放置されている場合，誰がそのゴミを放置したかが分からない場合があります。このような場合に，ゴミ袋の開封調査の可否が問題となりますが，開封調査にはプライバシー侵害の問題が伴い，不法行為（民法709条）に該当するおそれがあるため，注意を要します。ゴミ袋に入れられたゴミは，その袋が開封されることなくそのまま行政などにより廃棄処分されることが想定されており，廃棄した者は，ゴミ袋の中身のプライバシー権まで放棄したとは考えられず，そのため，ゴミ袋を開封することは，廃棄した者の合理的意思に反するおそれがあるからです。

　また，そもそも，ゴミ袋を開封してもゴミの放置者を特定するに至らな

117

い場合もあることに鑑みると，ゴミ袋の開封による調査を行うこと自体，調査手法として適当ではありません。むしろ，ゴミが放置されそうな場所にあらかじめ監視カメラを設置するなどの方法が検討されるべきではないでしょうか。

　なお，どうしても開封調査が必要であるならば，管理規約において開封調査の手続の詳細を定めるなどして，やむ得えない場合に限定し，放置されたゴミ袋を開封することを掲示板においてあらかじめ告知する等して，恣意的に行われず，かつゴミを廃棄した人物のプライバシーにも配慮した方法を採るべきと考えます。

5　仮処分との関係

　共用部分に放置されているゴミの量が甚大である等の理由によりマンションの衛生面や安全面に関して著しい損害が生じている場合，ゴミの妨害排除請求訴訟の提起に先立ち，ゴミの撤去を求める断行の仮処分（民事保全法23条2項）を申し立てることも検討すべきです。

6　損害賠償請求の可否

　以上のほか，ゴミの妨害排除を求めた理事長が，被告たる区分所有者に対して，他の区分所有者を代理して，被告たる区分所有者が共用部分にゴミを放置して共用部分を占有したことによる賃料相当損害金やゴミを撤去するまでの賃料相当損害金を裁判において請求することや，裁判に要する弁護士費用を請求することも考えられるところです（なお，言うまでもありませんが，損害の立証と因果関係の立証は原告たる管理者が負います。）。すなわち，区分所有法26条2項には，「管理者は，その職務に関し，区分所有者を代理する。第18条第4項（第21条において準用する場合を含む。）の規定による損害保険契約に基づく保険金額並びに共用部分等について生じた損害賠償金及び不当利得による返還金の請求及び受領についても，同様とする。」と定められていることから，理事長が区分所有者を代理して損害賠償請求をすることができるのではないかという問題があります。

　この問題に関し，前掲東京地判平成22年6月8日は，被告らの動産を設

118

置する行為が，「不法行為であり，他の区分所有者に対して損害を与えた
としても，同損害に係る金銭債権は，可分債権であって，他の区分所有者
各自に帰属するものである。同金銭債権につき管理者に訴訟追行権を認め
る規定が存在しない以上，原告の金銭請求に係る訴えは不適法といわざる
を得ない。」と判示するとともに，「管理者は，その職務に関し，区分所有
者全員を代理するのであって（法26条2項前段），特定の区分所有者を代
理する立場にはなく，損害賠償金の請求及び受領につき代理権を認めた法
26条後段の規定は，区分所有者以外の第三者が共用部分等につき損害を与
えた場合に，管理者が全区分所有者を代理して当該第三者に対して損害賠
償金の請求等を行うことを定めた規定と解釈するのが相当である。このこ
とは，一部の区分所有者を除く他の区分所有者全員のために訴訟追行権を
認める法57条3項が『他の区分所有者の全員のために』との文言を用いて
いることと対比しても明らかというべきである。」と判示し，管理者たる
理事長の原告適格を否定し，訴えを却下しています。

　この点，区分所有法26条2項後段は，平成14年の区分所有法の改正によ
り追加されたものですが，法務省立法担当者は，「損壊行為等の不法行為
により共用部分等に損害が生じた場合の損害賠償金や建築工事に瑕疵があ
る場合の担保責任に基づく損害賠償金（民法第570条，第566条第1項），
敷地の不法占拠者に対してその使用利益の返還を求める場合の不当利得に
基づく返還金の請求および受領については，損害賠償請求権や不当利得返
還請求権が可分債権であり，各区分所有者に分割的に帰属するものである
ことから，これまでの区分所有法では，管理者の権限には含まれないもの
とされており，管理者が各区分所有者を代理してその権利を行使すること
や自ら当事者として訴訟を追行することは認められていませんでした。し
かし，共用部分等について生じた損害賠償金等については，各区分所有者
が権利行使をした場合の請求額が少額にとどまる場合が多いこと，受領し
た損害賠償金等を損害の回復の費用に振り向けるべき場合も少なくないこ
と等から，管理者が各区分所有者を代理して一元的に請求し，または受領
することができるものとした方が，建物の円滑かつ適正な管理につながる
ものと考えられます。また，これまでの区分所有法でも，共用部分等を対

第2　共有部分における共同利益背反行為

象として締結された損害保険契約に基づく保険金の請求等や，共用部分等の不法占拠者に対する妨害排除請求については，管理者に代理権および訴訟追行権が付与されていることから，共用部分等について生じた損害賠償金等の請求等についてこれと異なる扱いをするのは均衡を失しており，必ずしも合理的ではないと考えられます。」(吉田徹編著『一問一答　改正マンション法――平成14年改正区分所有法の解説』30頁（商事法務，2003))と述べています。

　このような平成14年の法改正の趣旨からすると，区分所有者が共用部分等をゴミ等で不法に占拠した場合，第三者が不法行為等を行い管理組合に損害が生じる場合と相違はない以上，前掲東京地判平成22年6月8日が管理者の損害賠償請求の訴えに関し，管理者の原告適格を否定し，訴えを却下した結論には疑問があるところです。

18 共用部分の変更行為① (バルコニーへの容易に撤去できない造作物の築造)

バルコニーに区分所有者が柵や扉，花壇，サンルーム（サンルーフ），出窓など容易に撤去することのできない造作物を勝手に設置してしまいました。**撤去させることができますか。**

区分所有者がバルコニーにサンルーム等の容易に撤去することのできない造作物を勝手に設置した場合，撤去は可能です。

解　説

1 バルコニーの専用使用権と利用可能な範囲

　マンションのバルコニーは共用部分に該当するところ（Q16をご参照ください。），隣接する専有部分の区分所有者や賃借人に対して専用使用権が付与されることがあります。

　このような共用部分は，その用法（区分所有法上は「用方」）に従って利用することができます（法13条）。もちろん，共用部分の専用使用権者といえども無制約な利用が認められるわけではなく，当然，この用法に従った利用が許されるにすぎません。

　一方，この用法に反して共用部分を利用すると，共同利益背反行為として，差止請求や妨害排除請求の対象となります（法6条1項，57条1項）。

2 本設問の検討

　前述のように，バルコニーは共用部分であり，柵や扉，花壇，サンルーム，出窓など容易に撤去することのできない造作物を管理組合に無断で設置する行為は，専有部分の区分所有者が有する専用使用権の範囲を超えています。このようにして設置された物は，管理組合が共同利益背反行為として，妨害排除請求権に基づき，その撤去を請求することができます（法

第2　共有部分における共同利益背反行為

6条1項，57条1項）。

３　参考裁判例

(1)　東京地判平成23年8月25日（ウエストロー）

　　本裁判例は，原告管理組合が，専有部分の前区分所有者（現賃借人）でありルーフバルコニーの専用使用権を有する被告に対し，同人がルーフバルコニーの柵を撤去して扉を新たに設置したり，従来のルーフバルコニーの枠を超えて花壇を設置したなどの行為が管理規約に違反する共同利益背反行為及び不法行為に該当するとして，ルーフバルコニーの原状回復及び損害賠償請求を行った事案です。

　　本裁判例は，既に被告による原状回復が行われている部分を除き，原告の請求を認めました。

　　被告による行為は，いずれも管理規約に違反する共同利益背反行為であったといえ，ルーフバルコニーにおける共同利益背反行為に関する基本裁判例の一つとして参考になります。

(2)　東京地判平成24年4月9日（ウエストロー）

　　本裁判例は，マンション区分所有者であるY1がY2に専有部分（以下，「本件専有部分」といいます。）を賃貸したところ，Y2が本件専有部分において日本料理店として営業を開始するとともに，本件専有部分に至る玄関前共用部分（ただし，Y1に専用使用権あり。）に玄関柱1本を設置するなどしたため，原告管理組合が，Y2による玄関柱などの設置行為が管理規約に違反し共同利益背反行為に該当するとして，玄関柱の撤去及び撤去までの賃料相当額の損害金の支払を請求したものです。

　　被告は，玄関柱設置行為などが区分所有者の専用使用部分について本件管理規約の定めた用法「通常の出入口及び店舗営業用看板（電飾を含む）等設置場所……としての用法。ただし，本物件の美観を損なわないこと」に反していないことを主張しましたが，本裁判例は，被告の設置物によって火災報知機の視認が困難になっているなどの原告の主張を採用して被告の主張を退け，被告による共用部分の占有行為が無権限のものであり共同利益背反行為であると認定して原告の請求を認めました。

18　共用部分の変更行為①（バルコニーへの容易に撤去できない造作物の築造）

　　なお，被告らは，Y2による玄関柱などの設置を管理会社が黙認をして
おり，その設置には原告の許可があったこと，及び他の店舗部分区分
所有者も専用使用部分を管理規約に違反する用法で使用しており，原告
管理組合の請求は権利濫用であるなどと主張しました。こうした被告ら
の請求はいずれも退けられていますが，管理組合としては共同利益背反
行為を行っている区分所有者からのこうした反論を封じるための事前の
対応が常に求められているといえるでしょう。

(3)　東京地判平成26年1月16日（ウエストロー）

　　本裁判例は，原告団地管理組合法人が，区分所有者であり団地建物所
有者である被告が屋上共用部分（ただし，被告に専用使用権あり。）にサ
ンルーム仕様の構造物を設置する工事を行ったのに対し，区分所有法57
条1項，同条2項，並びに管理規約及び使用細則の規定に基づき，その
撤去及び原状回復を求めるとともに，民法709条及び管理規約の規定に
基づき弁護士費用等の支払を求めた事案です。

　　本裁判例は，本件工事は建物の共用部分である屋上部分の形状を変え
るものであり，本件管理規約及び本件使用細則に違反する行為であって，
本件建物の保存に有害な行為その他本件建物の管理又は使用に関し区分
所有者の共同の利益に反する行為に該当するなどとして，原告の請求を
一部認めました。

　　その争点は多岐にわたりましたが，被告の行為はルーフバルコニーへ
のサンルーム仕様の構造物の設置，排水パイプの撤去，フェンスの撤去，
別の場所へのフェンスの新設，さらには屋上部分に団地管理組合が管理
用に設置していた管理扉の鍵の交換に及ぶなど，それがマンション全体
の機能や美観に与える悪影響は極めて大きかったといえ，結論としても
妥当な裁判例といえます。

(4)　東京地判平成24年2月29日（ウエストロー）

　　本裁判例は，区分所有者であった訴外亡Aが，生前自身が専用使用権
を有していた共用部分ルーフバルコニーにサンルーム仕様の構造物（以
下，「本件構造物」といいます。）を設置し，その後当該専有部分を被告が
訴外亡Aから買い受けたのに対し，原告管理組合法人が，区分所有法57

123

第2　共有部分における共同利益背反行為

条1項に基づき，本件構造物の撤去を求めた事案です。

　本裁判例は，同条に基づく区分所有者の義務は，同条所定の要件を満たす口頭弁論終結時の区分所有者であることに基づくものであって，区分所有権の移転に伴って後の区分所有者へ承継されることはなく，被告が訴外亡Aの同法57条1項に基づいて本件構造物を撤去する義務を承継するものではないと判断し，原告管理組合法人の請求を棄却しました。

　また，原告管理組合法人は，その予備的請求において，被告が本件改造工事の行われた本件建物を所有していること自体が被告による共同利益背反行為であるとも主張しましたが，本裁判例はこれが実質的に訴外亡Aの行為を問題とするものであって被告自身の行為を独自に問題とするものでないこと，及び証拠上も本件建物の増改築部分の存在が本件マンションの基本構造を弱めている事実や他の区分所有者による共用部分の使用を妨げている事実を認めるには足りないとして，こちらも原告管理組合法人の主張を退けました。

　原告管理組合法人は，訴外亡Aによる本件改造工事が抽象的に共同利益背反行為であったことを主張するにとどまらず，本件改造工事によって生じた実際の管理上のリスクや不都合をより多く，より具体的に主張立証する必要があった事案ではないかと考えられます。

(5)　東京地判平成24年1月25日（ウエストロー）

　本裁判例は，マンションの管理組合たる原告が，同マンションの区分所有者たる被告に対し，被告が専用使用するルーフバルコニーにサンルーム等を設置していることが共同利益背反行為に当たるとして当該サンルーム等の撤去を請求したところ，サンルームの設置についてはルーフバルコニーの不当毀損行為ないし不当使用行為と認定し撤去請求を認めた一方，その他の設置物についてはこれに該当するものではないとして撤去請求を認めず，結局サンルームの撤去請求の限度で原告の請求を認めた事案です（詳細は，Q16をご参照ください。）。

124

19 共用部分の変更行為②（駐車場へのベニヤ板設置を理由とする競売請求）

 共用部分である屋内駐車場に、ベニヤ板で囲いを作っている区分所有者がいます。この場合、単にベニヤ板の撤去請求だけでなく、競売請求をすることまでできるのでしょうか。

A そのような事情のみでは、競売によらなければ共同生活上の障害を排除できないとはいえないため、競売請求の補充性の要件（法59条1項）を満たさず、認められません。この場合には、行為差止請求（法57条1項）を行うのが現実的です。

―― 解　説 ――

1 問題の所在

共用部分である屋内駐車場にベニヤ板で囲いを作る行為は、共用部分の変更（法17条1項）に当たり、管理組合の集会を経ることなく、これが実行された場合には、競売請求（法59条1項）が認められるのでしょうか。

競売請求（法59条1項）の実体的要件は、①共同利益背反性、②補充性（他の手段によっては、①の障害を除去できない場合）です。

共用部分である屋内駐車場にベニヤ板で囲いを作る行為が共用部分の変更に当たるとしても、さらに、これら①及び②の要件を満たすのかが問題となります。

2 共用部分の変更

「共用部分の変更」とは、共用部分について形状又は効用を確定的に変えることをいいます（稲本洋之助＝鎌野邦樹編著『コンメンタールマンション区分所有法〔第3版〕』106頁（日本評論社、2015））。

区分所有建物における共有物の変更は、適正なマンション管理業務の確

保の必要性から，民法上の共有物の変更の規定（民法251条)[1] よりも要件が緩和され，区分所有者及び議決権の各4分の3以上の多数による決議で決するとされ（法17条1項)，「その形状又は効用の著しい変更を伴わないもの」は，普通決議で足りるとされます（法18条1項)。

なお，共用部分の変更が，専用部分の使用に特別な影響を及ぼすときは，その専有部分の区分所有者の承諾が必要となります（法17条2項)。

また，管理所有者を定めたとしても，共用部分の変更については，集会の決議を必要とします（法20条2項)。

③ 共同利益背反行為該当性

(1) 判断枠組み

区分所有者の行為が管理組合の集会を経ない「共用部分の変更」に該当するとしても，そのことだけをもって，共同利益背反行為ということにはなりません（法6条1項)。どのような場合に，共用部分の変更が，共同利益背反行為となるのでしょうか。

この点，裁判例では，主に，共用部分としての本来の用途が妨げられるか否かという点から共同利益背反行為の該当性が判断されています。

(2) 参考裁判例

ア 競売請求が否定された事例

共用部分である駐車場にベニヤ板と鉄パイプで壁を作り，不法占拠をしたとして，競売請求の訴えが提起された事例が参考になります（東京地判平成26年3月25日ウエストロー)。

本裁判例では，工作物の形状・位置，設置の形に鑑みれば，工作物の存在により，本件駐車場の本来の用途である駐車場としての使用が妨げられ，他の区分所有者が駐車場を平穏に使用することができない状況にあったとして共同利益に背反することは認められたものの，補充性の要件（法59条1項）を満たさないとして，競売請求は棄却され

---

1)「各共有者は，他の共有者の同意を得なければ，共有物に変更を加えることができない。」

ました。

補充性が否定された理由として、駐車場部分にベニヤ板と鉄パイプで壁を作り不法占拠をしたことに関しては、競売請求によるまでもなく、個別の代替執行その他の手段によって、現存する障害を除去することは十分に可能であることが挙げられています。

つまり、競売請求ではなく、当該設置物の撤去請求及び損害賠償請求をしていくのが適切であると考えられます。

イ　複数の共同利益背反行為を補充性の考慮要素とした事例

専有部分において美容室を営業する被告が、マンション前通路部分にエントランス様の工作物を設置し、その上に美容室の看板を取り付け（上記工作物及び看板を併せて、「本件工作物」といいます。）、本件マンション通用口前に移動可能な据置型看板（以下、「本件看板」といいます。）を設置していた事案があります（東京地判平成26年3月27日ウエストロー）。

このうち、本件看板の設置については、共用部分である通用口の利用に支障が生じていることが認められないため、そもそも、共同利益背反行為ということはできないと判断されています。

他方で、本件工作物の設置に関しては、これにより、共用部分である通路が使用できない状況になっており、共同利益に反すると認められました。

もっとも、本件工作物の設置については、本件訴訟提起の直前に、初めてその撤去を求めた状況であったために、本件工作物の設置のみを理由に競売請求が認められるとはいい難い（補充性の要件を満たさない）と判断されました。

なお、本裁判例においては、本件工作物の設置という事情のみでは、競売請求は認められないものの、「他の共同利益背反行為と併せて競売請求における他の方法に関する考慮要素となる」と指摘され、他にも一方的な管理費等の不払い等を共同利益背反行為として認定し、他の事情とあいまって補充性の要件が充足されることが示されています。

さらに、本裁判例では、被告は、専有部分の内壁を撤去した状態で

第2　共有部分における共同利益背反行為

美容室を運営しており，この壁の修復義務があるにもかかわらず，それを放置した等の事情もありました。

その他には，被告の管理費の不払い等の事情も共同の利益に反する行為に当たると認定しています。

裁判所は，複数の共同利益背反行為を認定し，「特に本件マンションの保存に大きく影響する本件建物内壁の修理をしないことに関しては区分所有者の協力がなければその解消が困難なものである。そして，これらの共同利益背反行為に見られる被告の非協力的態度に鑑みれば，競売の方法によらなければその障害を除去して共用部分の利用の確保その他の区分所有者の共同生活の維持を図ることが困難であると認められる。」と，補充性の要件も満たすと判断しました。

ウ　裁判例を踏まえての管理組合の対応

以上からすると，補充性の要件を満たすためには，単に共用部分に造作をしたという事情のみでは足りず，管理組合が撤去請求の認容判決を得て強制執行することが難しいことや，他の共同利益背反行為を併せて主張する等，他に方法がないことを丁寧に主張立証しなければ，競売請求は認められにくいといえます。これが難しい場合には，当該造作の撤去請求にとどめることが現実的です。

(3)　**専用使用権**が設定されている場合の問題

造作が設置された場所が共用部分であるとしても，それについて専用使用権が認められている場合にも，撤去請求は認められるのか問題になります。

この点，管理規約により庭使用を目的とした専用使用権と定められているにもかかわらず，駐車場として利用するために，門扉を拡幅して設置した場合に，専用使用権者に対して原状回復を命じた事例があります（東京地判昭和53年2月1日判時911号134頁）。

いくら専用使用権が認められている場合であっても，かかる専用使用権の目的から逸脱した場合には，共同の利益に反すると考えられます。

(4)　**基準時の問題**

区分所有法57条の規定の施行（昭和59年1月1日）よりも以前に，総

19 共用部分の変更行為②（駐車場へのベニヤ板設置を理由とする競売請求）

会の決議を経ることなく，増築された部分に関しても，管理規約の規定
に基づき増築部分撤去請求をすることができると判断されています（東
京高判平成19年11月28日判タ1268号322頁）。

第2　共有部分における共同利益背反行為

20 共用部分の変更行為③（自動ドアの交換）

　当マンションの1階は店舗（コンビニ）として使用されており，従前からガラス製の自動ドアとガラス壁になっています。この度，テナントが変わりました。この新テナントが，同じ場所・同じ大きさですが，違う種類の自動ドアに付け替えたり，ガラス壁を新しいものに更新するなどの工事を行いました。共用部分である自動ドアや壁を勝手に区分所有者が変更したので，これらを元に戻させることができますか。

　変更した結果が，①場所，大きさ，種類が従前と全く同じ製品であったり，②大きさや場所は同一で種類も従前とほぼ同一の自動ドアやガラス壁であった場合は，これを原状回復させることは難しいでしょう。
　一方で，③場所や大きさが同じでも品質が劣る製品への変更であったり，④場所や大きさがかなり異なる場合は，取り外させ，少なくとも従前と同じ場所と大きさで，同一といえる性能の製品への変更を求めることができるでしょう。

解　説

1　問題の所在

　区分所有建物においては，低層階に店舗が存する場合があります。特に1階の場合，路面店としてその玄関扉をガラス製の自動ドアにしていることも多々見受けられます。こうした自動ドアが共用部分とされていることがあります。
　このような店舗物件においては，テナントが交替したり，経年劣化や故障などで，自動ドアの取替工事を行う必要が生じます。店舗部分の区分所有者が勝手に自動ドアを変更（更新）する工事をした場合，共用部分の変

更に当たり，「共同の利益に反する行為」（法6条1項）として設置した自動ドアの撤去や原状回復を請求する（法57条1項）ことができるでしょうか。

② 共同利益背反行為性

区分所有法6条1項は，「区分所有者は，建物の保存に有害な行為その他建物の管理又は使用に関し区分所有者の共同の利益に反する行為をしてはならない。」と規定しています。本条項は，「共同の利益に反する行為」を禁止しています。

共同利益背反行為に当たるかどうかは，受忍限度を超えるか否か，すなわち，「当該行為の必要性の程度，これによって他の区分所有者が被る不利益の態様，程度等の諸事情を比較考量して決すべき」（東京高判昭和53年2月27日金法875号31頁）とされています。

共同利益背反行為には，「建物の保存に有害な行為」にほぼ該当する不当毀損行為と，使用方法等に関する「不当使用行為」の類型があります。

不当毀損行為の例としては，区分所有者が勝手に共用部分である壁を撤去したり，共用部分である廊下を区切って居室に改造したりする行為が考えられます。

不当使用行為の例としては，区分所有者が共用部分である廊下に物を置きっ放しにしたり，騒音や悪臭を発生させる行為が考えられます。

共同利益背反行為に対しては，その行為を停止し，その行為の結果を除去し，又はその行為を予防するため必要な措置を執ることを請求できます（法57条1項）。

③ 参考裁判例

東京地判平成20年6月24日（ウエストロー）の事案では，区分所有者がコンビニの新規改装のために，正面の自動ドア（ガラス製）及びガラス壁を，同一位置・同一サイズのデザインが異なるものへと変更して設置し，裏口の引戸及び木製壁を，同一位置・同一サイズのデザインが異なる自動ドア・木製壁に変更して設置しました（以下，「本件工事」といいます。）。これに対して，管理組合が，新たに設置した自動ドアの撤去を請求しまし

第2　共有部分における共同利益背反行為

た。

　本裁判例は，本件工事が，「従前壁であった部分には壁が，ドアであった部分にはドアがそれぞれ設置されているにすぎないから，基本的な機能や用途は工事前と同じであるし，外観や構造の変更も大きなものとまではいえない。」として，共用部分の形状又は効用を著しく変更する工事とはいえないとして，まず「共用部分への改造・造作等変更工事」による規約違反の主張を退けました。

　そして，「共同の利益に反する行為」（法6条1項）に該当するかについては，「当該行為の必要性の程度，これによって他の区分所有者が被る不利益の態様，程度等の諸事情を比較考量して決すべき」との基準を示した上で，「共用部分である本件建物の……正面玄関部分及び西側出入口（裏口）部分について，外観等が一定程度変更されているものと認められる。」としたものの，「外観の変更があるといっても，従前の壁部分は依然として壁であり，ドア部分はやはりドアのまま位置等の変更はされておらず，その変更の程度は著しいものとはいえない」と指摘し，さらに「本件各設置工事は，新たな造作等を設置するものではなく，従前，通常のガラスが用いられていた部分を透明網入りガラスとし……，木造（ベニヤ板）壁であった部分をALC板として……，これらを新規の物品に更新するとともに耐火性を高めるものであって，むしろ共用部分の効用を高め，区分所有者にとって有益な結果をもたらすものということができる。」と判示し，本件工事は「共同の利益に反する行為」（法6条1項）に該当しないとしました。

4 考 察

　前掲東京地判平成20年6月24日を踏まえると，新たに設置された自動ドア等が，①全く同一である場合や，②場所や大きさが同じで性質がほぼ同一あるいはより品質の高いものであれば，共同利益背反行為とはいえず，その撤去を請求することは困難です。

　同裁判例は，材質の（耐火性等の）向上によって，むしろ有益であるとしましたが，逆に，③グレードダウンして性能が劣化した場合にどうなる

132

20　共用部分の変更行為③（自動ドアの交換）

かについては，検討の余地があります。劣化の程度など一概には言えませんが，火災の危険性を著しく上昇させるような場合には，交換工事が共同利益背反行為とされる可能性もあります。

　また，④場所や大きさが全く異なる場合には，変更の程度が著しいものとなり，当該行為の必要性の程度，これによって他の区分所有者が被る不利益の態様，程度等の諸事情を比較考量した上で，交換工事が共同利益背反行為とされる可能性があります。

第2　共有部分における共同利益背反行為

21 共用部分の変更行為④（禁止規約成立より以前の増築）

Q 当マンションの区分所有者が、以前から共用部分であるバルコニーに勝手に構築物を増築しています。当マンションの管理規約にも、共用部分への増築を禁止した条項がありますが、本件増築工事は、この条項を含んだ管理規約が成立するより前である昭和40年代に行われたものでした。この場合に、各区分所有者ではなく管理組合が増築部分を撤去させることができるでしょうか。

A 増築禁止の管理規約の成立前に行われた増築であっても、バルコニーへの構築物の増築を禁止する合意が形成されており、管理規約はその確認の趣旨にすぎない場合には、管理組合が構築物を撤去することができます。

――――――――― 解　説 ―――――――――

1 問題の所在

共用部分であるバルコニーに、壁とドアを付けて部屋（例えばサンルーム）などの構築物を設置する行為は、一般的には、管理規約によって禁止されていることがほとんどです。

標準管理規約のコメント第14条関係②においても、「専用使用権は、その対象が敷地又は共用部分等の一部であることから、それぞれの通常の用法に従って使用すべきこと、管理のために必要がある範囲内において、他の者の立入りを受けることがある等の制限を伴うものである。また、工作物設置の禁止、外観変更の禁止等は使用細則で物件ごとに言及するものとする。」とされています。

また、管理規約の定めによらずとも、区分所有者による構築物の設置工事は共用部分の変更に当たり、「共同の利益に反する行為」（法6条1項）

として，バルコニーへの構築物の撤去を請求する（法57条1項）ことができるのではないかと考えられます。

　ところが，本設問における構築物の設置工事（増築）は，昭和40年代に行われたものであって，増築を禁止する管理規約の設定前です。

　また，区分所有法57条は，昭和58年の区分所有法改正によって規定されたものであり（施行日は昭和59年1月1日），当該改正前の区分所有法（改正前法）においては同様の規定はありませんでした。昭和58年法律第51号附則（以下，「本件附則」といいます。）10条は，同法の施行前に区分所有者がした，改正前法5条1項（改正法6条1項に同じ）に違反する行為に対する措置については，なお従前の例によるとの経過措置を定めていました。

　改正前法においては，同法5条1項（現6条1項）の共同利益背反行為に対して行為の停止等を請求する条項（現57条）がなかったことから，各区分所有者が個々に違反行為者に対して差止請求権を有することが解釈上認められていました。昭和58年改正による現57条において，共同利益背反行為に対する差止請求権を管理組合が行うことが規定されました。

　本件附則10条によれば，なお従前の例によるとされていますので，本件のように昭和58年改正前の共同利益背反行為については，各区分所有者が差止請求権を有し，管理組合にはその権限がないと考えられます。

　このように，本設問では，管理規約や区分所有法の定めを形式的に見る限り，管理組合が構築物を撤去させることは，禁止規約によることも，区分所有法の規定によることもできない状況です。どのような方法が残されているのでしょうか。

2　参考裁判例

　本設問類似の事案である東京地判平成21年1月29日（判タ1334号213頁，「本裁判例」といいます。）は，複雑な経過をたどりました。

　差戻前第一審（東京地判平成19年5月1日）は，増築を禁止する規約及び法の規定がないことを理由として，管理組合の原告適格を否定し，訴えを却下しました。

第2 共有部分における共同利益背反行為

(1) 原告適格

　差戻前第一審では，現行法57条が本件附則10条によって適用されないこと，改正前法によれば各区分所有者に請求権があることを理由として，管理組合には原告適格がないとして却下しました。

　差戻前控訴審である東京高判平成19年11月28日（判タ1268号322頁）は，以下のように，区分所有法による規定ができる以前であっても，管理規約に基づけば，管理組合が提訴可能であると判断しました。

　すなわち，「管理規約は，区分所有者の団体の内部規範であるから，そこに定められた区分所有者の義務は，区分所有者が団体としての管理組合（法人格なき社団又は管理組合法人）に対して負う義務であり，これに対応する権利は，管理組合に帰属するものと解されるものである。」，「したがって，管理規約において，区分所有者の義務が法的拘束力を持つものとして具体的に規定されている場合には，管理組合は，当該規定を根拠に，当該義務の履行を求める権利を有し，履行されない場合は訴訟を提起できるのである」と判断し，本件を東京地裁に差し戻しました。

　この判断によれば，管理組合が提訴可能かどうかは，管理規約に定めがあるかどうかによることになります。

(2) 撤去請求の可否

　差戻後第一審である本裁判例は，管理規約設定よりも以前に増築工事が行われたと認定しつつも，以下のように，増築を禁止する旨の合意が形成されており，禁止規約はその確認にすぎないとして，管理規約が成立する以前の増築に対しても，管理規約に基づいて管理組合による撤去請求が可能であると判断しました。

　すなわち，「ほとんどの区分所有者間に上記のような合意が形成されていた状況において，本件管理組合が設立されて旧規約が制定された経緯からすれば，バルコニー上に構築物を築造することを禁じる旧規約第9条の規定は，同規約において創設されたものではなく，従来から形成されていた上記合意を確認する趣旨であり，旧規約の発効前に築造された構築物についても適用するものとして規定されたものというべきである。したがって，本件マンションの各区分所有者は，旧規約第9条に基

づき，本件管理組合に対して，バルコニー上に構築物を設置してはならない義務を負っており，本件管理組合は，同条を根拠に，上記義務の履行を求める権利を有し，履行されない場合は訴訟を提起できることとなる。」と判断しました。

この判断によれば，増築工事以前から，区分所有者間で増築禁止が合意形成されている場合には，各区分所有者は増築禁止の義務を負い，これに違反した場合，合意を明確化した管理規約に基づいて撤去請求が可能となります。

(3)　区分所有者間の合意形成を認定する基礎となった事実

本裁判例が，区分所有者間でバルコニーへの増築禁止の合意が形成されていたと認定する基礎となった事実は，以下のとおりです。

① 昭和46年のマンション販売時に，バルコニーは共用部分であり自由にはできないと説明を受け，購入者である区分所有者らはこれを認識していたこと

② パンフレットや売買契約書には，増築部分の面積は専有部分の面積として含まれていなかったこと

③ 昭和47年には，区分所有者らはバルコニー増築部分の撤去を管理会社に要請し，その後も区分所有者らから撤去の要望が出ていたこと

なお，本件の増築は，マンションの販売業者が売れ残った区画を売るためにサービスとして提供した側面が強く，本裁判例はこの点も指摘しています。

第2　共有部分における共同利益背反行為

22　共用部分の変更行為⑤（承継人への撤去請求）

Q 　区分所有者Ａが共用部分であるバルコニーにサンルーフを勝手に作ってしまいました。現在の区分所有者は，Ａから譲り受けたＢです。Ｂに対し，サンルーフの撤去を請求することができますか。

A 　区分所有者Ａによる工事が共同利益背反行為に該当し，Ａに対してサンルーフの撤去させることができたとしても，区分所有法57条１項の義務は属人的に判断されるため，同義務は区分所有者Ｂに承継されません。Ｂに対し，サンルーフの撤去が認められるためには，Ｂによる行為それ自体が共同利益背反行為に該当する等，区分所有法57条１項所定の要件を満たす必要があります。

解　説

1　問題の所在

　区分所有法57条１項は，共同の利益に反する行為をした場合又はその行為をするおそれがある場合に，他の区分所有者全員又は管理組合法人は，違反者に対し，区分所有者の共同の利益のため，行為を停止し，その行為の結果を除去し，又はその行為を予防するため必要な措置を執ることを請求することができると定めています。

　区分所有者Ａは，共用部分であるバルコニーにサンルーフを勝手に作ってしまったのですから，これが「共同の利益に反する行為」に該当し，区分所有者Ａに対し，区分所有者の共同の利益のため，サンルーフの撤去請求と原状回復請求が認められることについては争いがないように思われます。

　しかし，区分所有者Ｂは，違反行為をした張本人ではなく，区分所有者Ａから当該専有部分を譲り受けた者にすぎないため，区分所有者Ｂに対し

ても，区分所有法57条１項に基づき，サンルーフの撤去請求と原状回復請求が認められるのでしょうか。区分所有法57条１項に基づく義務が，区分所有者Aから区分所有者Bに承継されるのかが問題となります。

2 参考裁判例

類似の事案として，東京地判平成24年２月29日（ウエストロー）の事案があります。本裁判例は，区分所有者Aが法定共用部分又は規約共用部分であるルーフバルコニー上の竣工時の間仕切り位置に存した壁，窓枠及び窓ガラスの全部を無断で撤去した上で別の位置に新たに窓枠及び窓ガラスを設置し，従来屋外であったルーフバルコニーの大部分が室内となるように改造工事を行った後，区分所有者Aが死亡しその相続人らから強制競売により当該区分所有権を取得した者からさらに売買により当該区分所有権を取得した区分所有者Bに対し，管理組合法人が，区分所有法57条１項に基づき，区分所有者Aが上記改造工事により建築した構造物の撤去と原状回復を求めたという事案です。

本裁判例は，区分所有法57条１項の請求権に対応する当該区分所有者の義務は，所定の要件を満たす口頭弁論終結時の区分所有者であることに基づくものであって，区分所有権の移転に伴って承継されるものではなく，区分所有者Bが，区分所有者Aの区分所有法57条１項に基づく行為の結果を除去すべき義務を承継することはないと判示しました。

本裁判例は，その理由について，「（区分所有）法57条１項は，特定の区分所有者が法６条１項の共同の利益に反する行為をし，又はその行為をするおそれがあるという現在の状態を理由として……認めるものであるから」と判示しています。すなわち，区分所有法57条１項による行為の差止め又は結果の除去等を認めるかどうかは，当該区分所有者について属人的に判断すべきと判示しています。

したがって，区分所有者Aに対する請求が区分所有法57条１項所定の要件を満たしていたとしても，区分所有者Bが区分所有者Aから当該区分所有権を譲り受けたことのみをもって，区分所有者Bに対し，同法57条１項の請求をすることはできないことになります。

第2　共有部分における共同利益背反行為

3　管理組合としての対応

　それでは，管理組合としては，区分所有者に対し，サンルーフの撤去を求めることはできないのでしょうか。共用部分であるバルコニーにおける違反状態を解消することができないとすれば，それはあまりに不合理です。

　しかし，区分所有法57条1項所定の要件を満たしているかどうかは属人的に判断されるのですから，管理組合としては，区分所有者Bの属人的な具体的事実を主張し，区分所有者Bが共同の利益に反する行為をしていること又はその行為をするおそれがあることを主張すれば，区分所有者の共同の利益のため，行為を停止し，その行為の結果を除去することを請求することができます。

　前掲東京地判平成24年2月29日においても，区分所有者Bが違反状態にある当該専有部分を所有することが共同利益背反行為に該当するかどうかが争われ，現所有者である区分所有者Bの行為を独自に問題にする余地を示唆していますが，結論としては，証拠上，区分所有者Bが当該専有部分を所有することが共同利益背反行為に該当するとは認められないとしています。

　以上を踏まえると，管理組合としては，単に，区分所有者Aが所有していた当時における共同利益背反行為を主張するだけでは足りません。区分所有者Bについて，B自身に共同利益背反行為があることを，現在の事実関係を基礎として主張すれば，区分所有者Bに対し，サンルーフの撤去が認められることになります。

　なお，同裁判例の事実関係の下，管理組合法人は，前所有者A（本件ではAが死亡しているためその相続人）に対し，サンルーフの撤去を求めることができなかったのでしょうか。これについては，管理組合法人は，既に区分所有者でなくなってしまったA又はその相続人に対し，区分所有法57条1項に基づき請求することはできませんし，また，A又はその相続人がサンルーフの所有者であるとしてその妨害排除を請求することもできないと考えられます。なぜなら，Aの相続人からBに対しては，競売により区分所有権及び敷地権が移転していますが，この競売により，サンルーフの所有権も従物としてBに移転してしまっていると考えられるからです（民法87条）。

140

23 共用部分における迷惑行為①（野鳥，猫の餌付け）

ベランダや専用庭などの共用部分で，猫や鳩に餌やりをしている区分所有者がいます。どうにかしてやめさせられないでしょうか。

飼育の態様や悪臭などの悪影響の程度，違反者の交渉態度等を考慮し，受忍限度を超えていると判断される場合には，共同の利益に反する行為として，餌やりの差止請求が認められます。

―――― 解　説 ――――

1　問題の所在

マンションにおいても，ペットの飼育については問題が生じやすく，特別の規定を設ける場合も多いでしょう。

また，ペットとしての飼育でなく，野良猫や野鳥への餌やりも，糞尿による悪臭や鳴き声などで周囲の住民に迷惑が掛かることがあり，しばしばトラブルになります。

区分所有者の一人が，ベランダや庭，通路などの共用部分で野良猫や野鳥への餌やりを行い，多数の猫や鳥が集まることで，糞尿による悪臭や鳴き声による騒音で他の区分所有者に迷惑が掛かっている場合に，この餌やり行為をやめさせることはできるでしょうか。

2　共同利益背反行為性

区分所有法6条1項は，「区分所有者は，建物の保存に有害な行為その他建物の管理又は使用に関し区分所有者の共同の利益に反する行為をしてはならない。」と規定し，「共同の利益に反する行為」を禁止しています。

共同利益背反行為に当たるかどうかは，受忍限度の範囲を超えるかどうか，すなわち，「当該行為の必要性の程度，これによって他の区分所有者

第2　共有部分における共同利益背反行為

が被る不利益の態様，程度等の諸事情を比較考量して決すべき」（東京高
判昭和53年2月27日金法875号31頁）とされています。

　共同利益背反行為には，「建物の保存に有害な行為」にほぼ該当する
「不当毀損行為」と，使用方法等に関する「不当使用行為」の類型があり
ます。

　このうち，本設問で問題となり得る不当使用行為については，廊下を私
物で塞ぐ行為など，文字通りの不当使用の他，生活上の共同の利益に反す
るような行為も含まれます。例えば，深夜のカラオケ機器利用による騒音
などが該当します。

　共同利益背反行為に対しては，その行為を停止し，その行為の結果を除
去し，又はその行為を予防するため必要な措置を執ることを請求できます
（法57条1項）。

3　参考裁判例

　では，本設問のような野良猫や野鳥への餌やりが，区分所有法57条の共
同利益背反行為に当たるとして，餌やり行為の差止めを請求することがで
きるでしょうか。

(1)　東京地判平成19年10月9日（ウエストロー）

　本裁判例は，本設問類似の裁判例として，建物内でペットとして猫を
複数飼っていたところ，その糞尿の臭気が問題となった事例です。

　本裁判例は，共用部分における野良猫への餌やりではなく，専有部分
における飼い猫の飼育であり，本設問とはその点で違いがあります。一
方，糞尿から悪臭が生じている動物への餌やり行為が共同利益背反行為
に当たるかが判断されている点は共通であるといえ，参考になる裁判例
です。

　なお，本裁判例のマンションでは，後にかごや水槽で飼育する小鳥や
観賞用魚類以外の動物（犬猫等）を飼育することを禁止する管理規約が
制定されていますが，当初は，犬猫等を飼育することが一律に禁止され
てはいませんでした。

　本裁判例は，これまで臭気について是正するよう再三要請を受けてい

142

23 共用部分における迷惑行為①（野鳥，猫の餌付け）

たにもかかわらず事態が改善されなかったこと，マンションの居住者の90％が猫の糞尿の臭気に対して遺憾を表していること，悪臭に関して具体的な意見が多数寄せられていることなどから，「被告は本件建物内において複数の猫を飼育し，その結果猫の糞尿等による悪臭を発生させて，本件マンションの多数の居住者の生活に支障を生じさせているものと認めることができるから，このような被告の行為は本件マンションにおける区分所有者の共同の利益に反することが明らかである」と判示し，専有部分における飼育禁止や猫の退去，消臭措置を命じました。

　一方で，本裁判例では，予防措置としての被告専有部分への立入りの受忍については否定されました。その理由として，「被告に対し，原告が被告の所有物である本件建物に特段の期限の定めなく無条件に立ち入ることを管理組合の総会決議に基づいて強制しようとするものであり，被告の私生活上の自由を強度に侵害するものといわざるをえないからである。他方，本件建物から猫を退去させるとともに，消臭のための措置を執ることにより，被告による共同利益違反行為は当面停止，除去されることになるのであり，しかも，万一被告がその後本件建物内において新たに動物を飼育する行為に出たとしても，それは本件建物内において動物を飼育してはならないという不作為命令に違反する行為であるから，いずれにせよ強制執行により排除することが可能であると考えられる」と判示しました（なお，専有部分への立入りについてはＱ９もご参照ください。）。

　以上より，専有部分におけるペットの飼育であっても，受忍限度の範囲を超えるものであれば共同利益背反行為となることが判示されました。そして，共用部分における野良猫等への餌やり行為は，団体的拘束を受けやすいという共用部分の性質上，より一層共同利益背反行為であるとの推定が強くなるといえましょう。

(2)　東京地判平成７年11月21日（判時1571号88頁）

　本裁判例は，専有部分であるベランダや室内で野鳥の餌付けを行っていた居住者（区分所有者から使用貸借していた親族）に対し，共同利益背反を理由として，区分所有法60条１項に基づき，使用貸借契約の解除と

143

第2　共有部分における共同利益背反行為

マンションの引渡しを認めた事案です。

本裁判例でも，複数回の餌付け禁止や餌箱撤去の請求や警告がなされたにもかかわらず，居住者は態度を変えませんでした。餌付けによって飛来する鳩の数は常時50羽以上，多いときは100羽以上となり，羽や糞尿がまき散らされ，臭気や騒音の他，洗濯などにも支障が出ていました。

裁判所は，「これらの事実からすると，被告Aの本件専有部分の占有を利用して行う本件餌付け等は，本件マンションの区分所有者の共同の利益に反する行為であり，その行為による区分所有者の共同生活上の障害が著しく，他の方法によってはその障害を除去して共用部分の利用の確保その他の区分所有者の共同生活の維持を図ることが困難な場合に当たるものといわざるを得ない。」と判示し，占有者の契約解除と引渡請求を認めました（法60条1項）。

(3)　東京地立川支判平成22年5月13日（判時2082号74頁）

本裁判例は，専有部分及び共用部分である専用使用庭における野良猫への餌やりについて，ペット飼育禁止又は迷惑行為禁止の規約違反に基づく差止請求を認めた事案ですが，動物愛護法との関係を判示しています。

動物愛護法（動物の愛護及び管理に関する法律）44条2項は，愛護動物に対し，みだりに給餌又は給水をやめること等を行った者は，100万円以下の罰金に処する旨を規定しています。また，同条4項では，「愛護動物」として「牛，馬，豚，めん羊，山羊，犬，猫，いえうさぎ，鶏，いえばと及びあひる」（1号），及び「前号に掲げるものを除くほか，人が占有している動物で哺乳類，鳥類又は爬（は）虫類に属するもの」（2号）を規定しています。

本裁判例は，「野良猫に対しての餌やり行為を中止しても，この条項に違反することはない。ただし，当該猫が飼い猫の程度に至った場合には，この条項に違反することになる。」と判示しました。

その上で，本裁判例は，続けて，仮に飼い猫の程度に至っていたとしても，そもそも当該マンションでの餌やりが禁止されるにすぎず，他の場所で餌やりする行為を禁止するわけではないから，やはり同条項には

違反しない旨を判示しました。

　したがって，マンションでの野良猫への餌やりを禁止しても動物愛護法44条2項には違反しません。

4　分　析

　以上の裁判例から分析すると，本設問でも，餌やりの事実があることのみで共同利益背反行為であると認定されるわけではなく，複数回に及ぶ交渉が行われており，それが主として被告の態度を原因として不調に終わったこと，餌やり行為による被害が極めて大きくかつ具体的であることなどの諸事情を比較考量の上，受忍限度の範囲を超えている場合には，餌やり行為の差止請求が認められます。

第2　共有部分における共同利益背反行為

24　共用部分における迷惑行為②（違法駐車）

マンションの共用部分である駐車場に，勝手に自動車を駐車している区分所有者がいます。これをやめさせることはできますか。また，駐車場使用料相当額を請求することができますか。
違反区分所有者からは，長年使用し続けてきたことを理由に，専用使用権が設定されている旨の反論がされています。

自動車を勝手に共用部分に駐車することは，共同利益背反行為であることは明らかですので，管理組合は，原則として，その明渡しを求めることができます。この場合には，駐車場使用料相当額を損害賠償請求することもできます。

もっとも，管理組合が不法占有状態を知りつつ長年放置する等の特別の事情がある場合には，専用使用権が黙示的に設定されていると認定されることがあり，その場合，上記請求は認められません。

管理組合には，日常的なマンションの適正な維持・管理が求められます。

解　説

1　はじめに
(1)　共用部分に関する区分所有法上の規定

区分所有法では，共用部分の使用方法に関して，民法と異なり[1]「その用方に従って使用」するものと規定されています（法13条）。その理由は，マンション等の区分所有建物に関して，共有持分に応じて使用頻度等に差異を設けることは妥当でないからです。

なお，敷地そのものは，共用部分ではないものの，各区分所有者の共有

---
1)「各共有者は，共有物の全部について，その持分に応じた使用をすることができる。」（民法249条）

に属する場合には，共用部分に関する規定が適用されます（法21条，11条）。

(2)　共同利益背反行為

　　通常の用法に従わない場合には，共同利益背反行為（法6条）となります。共用部分や敷地に，何ら権原なく特定の区分所有者の自動車が駐車されている場合には，「用方に従った使用」とはいえません。そこで，このような場合には，管理組合は，共同利益背反行為に当たるとして，当該共用部分の明渡しや，車両の撤去等を請求することができます。

2　管理組合として執り得る手段

(1)　自力救済の禁止

　　裁判手続を介することなく，自ら業者を手配して自動車の撤去を実現することは，自力救済に当たり禁止されています。

　　仮に，これを行った場合，民事上の不法行為責任にとどまらず，器物損壊罪等の刑事責任を問われる可能性もあります。

(2)　行為差止請求

　　裁判上の請求としてまず考えられるのが，共用部分への駐車の禁止を請求する方法です（「行為を停止」法57条1項）。

　　もっとも，判決において命じられるのは，あくまで，共用部分に自動車を駐車してはならないという不代替的債務であり，かかる判決を基に自動車の強制的な撤去を行うことはできません。この場合には，「撤去しないならば，一日当たり金○円支払え」との間接強制の方法によります。

　　この方法は，将来にわたっての妨害予防には有効ですが，直接的に自動車の撤去が実現されるわけではないので，現に駐車している自動車を強制的に撤去したい場合には迂遠です。

(3)　撤去請求

　　そこで，次に考えられるのが，自動車の撤去を請求する方法です（「行為の結果を除去」法57条1項）。

　　管理組合は，判決等の債務名義を取得し，これに基づいて，強制執行をすることになります。この場合には，執行官が当該自動車の撤去を行うことになり，自動車の撤去を直接的に実現することができます。

147

第2　共有部分における共同利益背反行為

(4)　競売請求

　　通常，違反駐車されている車を撤去して明け渡すことにより，当該障害を排除することができますので，補充性の要件（法59条1項）を満たさないものと考えられます。したがって，原則として，競売請求は認められないと考えられます。

　　もっとも，撤去を命じる判決を得た後も違法駐車が断続的に行われており，前記(3)の撤去請求の強制執行が功を奏さない場合も考えられます。この場合には，補充性の要件を満たすものとして競売を求めることも考えられます。

(5)　損害賠償請求（駐車場使用料相当額）

　　管理組合は，不法行為に基づく損害賠償請求として，駐車場使用料相当額を違反区分所有者に請求することが考えられます。

　　なお，当該自動車が，ローン付きで，信販会社に所有権留保されており，期限の利益が喪失して残債務の弁済期が到来している場合には，当該信販会社に対して，駐車場の使用料相当損害金の支払を求めることができます（最判平成21年3月10日民集63巻3号385頁）。信販会社は，車両放置の事実を知った時から，不法行為責任を負うことになります。

　　また，このような不法占有は，継続的不法行為であり，順次3年の消滅時効が進行していくことになります（民法724条）。

　　したがって，不法占有の事実を知ったときから，3年を経過した部分を除き，賠償請求をすることができます（大判昭和15年12月14日民集19巻2325頁）。

③　長年放置していた場合の問題点

　　違反者に対して専用使用権が与えられている場合には，自動車の駐車をすること自体は共同利益背反行為には当たらないと考えられます。そこで，専用使用権の有無が問題になるケースもあります。

　　駐車場使用料相当額の不当利得の返還が請求された事案ではありますが，駐車場が共用部分ないし敷地の一部に当たるとした上で，区分所有者は，駐車場使用に関して使用貸借上の権利が与えられており，かかる使用貸借

上の権利に基づく無償の専用使用権を有していたとして、駐車場使用相当
額を求める不当利得返還請求が棄却された裁判例があります（東京地判平
成26年4月14日ウエストロー）。

　この事案では、もともと専有部分（敷地も含む。）の全部を所有していた
前所有者が、被告に対して、駐車場の使用を無償で認めていました。その
後、被告は、前所有者から同一室の専有部分の所有権を譲り受けました。

　それまで一度も管理組合の集会が開かれたことがない状況で、当該前所
有者が本件建物の管理を行ってきたこと等から、区分所有法36条により招
集手続の省略がなされ、同法25条1項、37条3項に基づき、集会の決議が
され、当該前所有者が管理者に選任されたものと判断されました。

　その上で、当該管理者は、その後も、区分所有者による使用継続を黙認
してきたことから、被告には、当該管理者から共用部分ないし敷地の管理
権に基づき、無償の専用使用権が与えられたものと判断されました。

　このように、駐車を長年黙認してきたという事実から、専用使用権が認
められたケースがありますので、管理組合としては、日常的なマンション
の適正な維持・管理を心掛ける必要があります。

４　駐車場に関する特有の問題点

(1)　問題点

　　本設問とはかけ離れますが、そもそも、駐車場が共用部分又は専有部
分のいずれに該当するのかという点が、問題になることもあります。

(2)　判断枠組み

　　この点、「専有部分」とは、「区分所有権の目的たる建物の部分をい
う」（法2条3項）とされ、「共用部分」とは、「専有部分以外の建物の部
分、専有部分に属しない建物の附属物及び第4条第2項の規定により共
用部分とされた附属の建物をいう」（法2条4項）とされます。また、
「建物の敷地」とは、「建物が所在する土地及び第5条第1項の規定によ
り建物の敷地とされた土地をいう」とされます（法2条5項）。

　ア　建物屋内又は地下駐車場

　　　駐車場が、建物の屋内や地下駐車場のように建物と一体化している

第2　共有部分における共同利益背反行為

場合には，「建物」の一部ですので，専有部分又は共用部分のいずれに当たるのかが問題になります。

専有部分該当性については，「構造上区分された数個の部分」（構造上の独立性）と「独立して住居，店舗，事務所又は倉庫その他建物としての用途に供すること」（利用上の独立性）の二つの要件により判断されます（法1条）。

なお，不動産登記上は，シャッター等によって仕切りが設けられていれば，構造上の独立性が認められていることが参考になります（昭和40年3月1日民事三発第307号民事局第三課長回答，昭和41年12月7日民事甲第3317号民事局長回答）。

この要件が肯定されれば，当該駐車場は，専有部分として扱われ，否定されれば，共用部分ということになります。

イ　屋外駐車場

他方で，駐車場が，敷地には存在するが，建物とは独立し，又は屋外にある場合には，「建物の敷地」の一部に当たります。

建物の敷地が区分所有者の共有に属する場合には，共用部分の規定が準用されます（法21条）。

(3)　参考裁判例

駐車場の専有部分該当性が肯定された事例としては，駐車場内の分電盤やマンホールなどの共用設備部分は，本件駐車場のうちのごく僅かな部分を占めるにすぎず，その余の部分は排他的使用に供されているとして，専有部分に当たると判断された事例（東京地判平成5年9月30日判タ874号202頁），構造上の独立性に加え，地下駐車場を第三者に賃貸して賃料収入を得ていたとして利用上の独立性が肯定され，専有部分であると判断された事例（東京地判平成14年7月11日ウエストロー）があります。

専有部分該当性が否定され，共用部分に該当するとされた事例として，マンションの1階ピロティ部分に設けられた屋内駐車場について，その外側にある屋外駐車場と構造上も利用上も一体となっているとして，専有部分該当性が否定された事例があります（東京地判平成19年5月9日ウエストロー）。

150

25 管理費等の滞納と支払の確保

第3 管理費等の滞納による共同利益背反行為

25 管理費等の滞納と支払の確保

Q 管理規約において管理費及び修繕積立金(以下,「管理費等」といいます。以下,本書籍において同様とします。)の支払が定められているにもかかわらず,管理費等の支払を拒絶している組合員がいます。この場合,どのような措置を講じることが可能でしょうか。

A 区分所有者が管理費等を滞納している場合,管理組合は先取特権の実行や,管理費等の支払を求める訴えを提起することができます。管理組合が勝訴判決を得て同判決が確定した場合(又は確定前でも勝訴判決に仮執行宣言が付された場合),被告である区分所有者の財産に対し,強制執行をすることができます。

―― 解　説 ――

1　管理費等の支払義務

マンションの共用部分や敷地を維持管理していくためには,保守費用や水道光熱費,管理会社に支払う委託料等の管理経費,いわゆる管理費等の支払が必要となります。このような管理費等の支払について,区分所有法19条は,「各共有者は,規約に別段の定めがない限りその持分に応じて,共用部分の負担に任じ,共用部分から生ずる利益を収取する。」と定めています。この「共用部分の負担」は,管理費等の負担のことをいうとされており(稲本洋之助＝鎌野邦樹編著『コンメンタールマンション区分所有法〔第3版〕』118頁(日本評論社,2015)),東京地判平成19年11月14日(判タ

151

第 3　管理費等の滞納による共同利益背反行為

1288号286頁）でも「マンション等の共同住宅において，区分所有者の共有
に属する共用部分を維持管理していくために，所定の管理費や修繕積立金
等を区分所有者が負担することは当然であり，これは区分所有者の最低限
の義務である」と判示しています。

2　管理費等の支払の確保

　管理費等の支払が滞ることは，マンションの共用部分や敷地の維持管理
に支障が生じることになります。そのため，管理費等の支払を滞納してい
る区分所有者に対し，その支払を求めていくことになります。

　管理費等の支払確保のための手段としては，①先取特権の実行，②裁判
の提起，③専有部分の使用禁止請求や競売請求，④水道や電気の供給停止，
さらには⑤滞納者の氏名の公表が考えられます。以下では，①の先取特権
の実行と②の裁判の提起について検討します。③から⑤については，それ
ぞれ各項目の解説（Q26～29）を参照してください。

3　先取特権の実行

　区分所有法7条は，「区分所有者は，共用部分，建物の敷地若しくは共
用部分以外の建物の附属施設につき他の区分所有者に対して有する債権又
は規約若しくは集会の決議に基づき他の区分所有者に対して有する債権に
ついて，債務者の区分所有権（共用部分に関する権利及び敷地利用権を含
む。）及び建物に備え付けた動産の上に先取特権を有する。管理者又は管
理組合法人がその職務又は業務を行うにつき区分所有者に対して有する債
権についても，同様とする。」と定めています。未払管理費等は，「規約若
しくは集会の決議に基づき他の区分所有者に対して有する債権」に該当し
ます。

　そこで，管理組合は，同条に基づき，未払管理費等について，滞納区分
所有者の区分所有権及び建物に備え付けた動産から，他の債権者に優先し
て弁済を受けることができます。

　法文上，先取特権の主体は「区分所有者」と定められていますが，法人
でない管理組合においては，規約若しくは集会の決議に基づく債権は，区

分所有者全員に総有的に帰属するため，同条による先取特権の実行としての競売申立ては，管理者（法26条4項）又は管理組合が行うことになり（民事訴訟法29条），各区分所有者がこれを行使することはできません（前掲『コンメンタールマンション区分所有法』61頁）。

　もっとも，専有部分に抵当権が設定されている場合等，先取特権に優先する権利がある場合，先取特権の行使によっては未払いの管理費等を回収できないことがあります。

4　訴えの提起

　以上のほか，管理組合は，管理費等の支払を滞納している区分所有者に対して未払管理費等の支払を求める裁判を提起することができます。前述のとおり，先取特権に優先する権利があり先取特権の行使によっては未払管理費等の回収が見込めない場合や，管理組合がいきなり先取特権行使という強制手段を執ることを避け，訴訟上の和解等による自主的な履行を促したい場合等には，訴訟提起をすることが検討されます。

　ひとくちに「裁判を提起」と言っても，いくつかの種類があります。

(1)　民事訴訟の提起

　民事訴訟は，管理組合が裁判所に対して訴状を提出し，裁判所の判断を求める手続です。管理費等の滞納に関する裁判は，金銭の支払を求める裁判であるため，原則として被告住所地が管轄となります（民事訴訟法4条1項）が，管理規約において裁判管轄が定められている場合，その定めに従うこととなります（同法11条1項）。請求する金額及び請求の回数に制限はありません。

(2)　支払督促の申立て

　管理費等の支払を求める場合，支払督促（民事訴訟法382条）を利用することもできます。支払督促は，金銭の給付を目的とする請求について，裁判所書記官が債権者（管理組合）の申立てに基づき，支払督促を発します（同法382条）。そして，支払督促が発せられ，債務者（滞納区分所有者）に支払督促の送達があってから2週間が経過したときは，債権者は仮執行宣言の申立てをすることができます（民事訴訟法391条）。債務者

第3　管理費等の滞納による共同利益背反行為

が仮執行宣言を付した支払督促の送達を受けた日から2週間が経過すれば，債権者は支払督促を債務名義として（民事執行法22条4号），強制執行を申し立てることができます。

　支払督促は，滞納区分所有者の審尋を行うことなく，管理組合の申立てに基づき裁判所書記官により発せられるため，容易に未払管理費の支払を求めることができます。他方で，滞納区分所有者が支払督促に異議を申し立てたり，仮執行宣言が付された支払督促に異議を申し立てた場合，督促異議に係る請求は訴訟手続に移行し，通常の民事訴訟において審理されることになります。

　そのため，あらかじめ滞納区分所有者から異議が申し立てられるおそれがない場合に利用することが想定される手続となります。

(3)　少額訴訟

　少額訴訟は，未払管理費等の金額が60万円以下の場合に利用することができる裁判手続です（民事訴訟法368条1項）。原告（管理組合）が少額訴訟による審理及び裁判を希望する場合，その旨を訴状に記載する方法で申述します（同条2項）。被告（滞納区分所有者）が異議を述べなければ，少額訴訟を利用することができます。

　少額訴訟では，当事者に特別の事情がある場合を除き，第1回口頭弁論期日において審理を完了しなければなりません（民事訴訟法370条1項）。そして，判決の言渡しも相当でないと認める場合以外は，口頭弁論の終了後直ちに行うものとされています（同法374条1項）。以上のほか，裁判所は，請求の全部又は一部を認容する判決において，被告の資力その他事情を考慮して，特に必要がある場合には，判決の言渡しの日から3年を超えない範囲内で，支払猶予又は分割払いの定めをすることができます（同法375条1項）。

　このように，少額訴訟が利用できる場合，審理及び裁判が迅速に進むことになります。また，被告の資力等に鑑みて，分割払いの定めがされることもあり，柔軟な解決が期待できます。

　もっとも，少額訴訟は利用できる回数に上限があり，同一の簡易裁判所において，同一年に10回を超えて少額訴訟を選択することはできませ

154

ん（民事訴訟法368条１項，民事訴訟規則223条）。また，滞納区分所有者が
少額訴訟の利用に異議を述べると，通常の民事訴訟において審理される
ことになります。

　そのため，あらかじめ異議が述べられることが見込まれる場合，少額
訴訟の利用ではなく，通常の民事訴訟の利用を検討することになります。

(4) 強制執行について

　管理組合が未払管理費の支払について訴えを提起し，勝訴判決を得て
同判決が確定した場合（又は確定前でも勝訴判決に仮執行宣言が付された
場合），被告である区分所有者の財産に対し，強制執行をすることがで
きます。この場合，まずは，専有部分について不動産の強制競売を行う
ことを検討するのが一般的かと思われます。

　もっとも，区分所有者の専有部分には，住宅ローン債権を被担保債権
とする抵当権が設定されている場合が少なくありません。このように，
不動産の強制競売前に専有部分に抵当権が設定されている場合，強制競
売の開始決定に基づく差押え（民事執行法48条１項）よりも抵当権が優
先されるため，抵当権者も配当を受ける資格のある債権者に含まれます
（同法87条１項４号）。そして，強制競売の申立てによる売却代金（同法86
条）の配当は，執行裁判所が作成する配当表（同法85条１項）に基づき
実施されます（同法84条１項）。配当の順位及び額を定める場合，民法，
商法その他法律の定めるところに寄らなければならないところ（同法85
条２項），まずは共益費用となる執行費用が最優先で償還され（東京地方
裁判所民事執行センター実務研究会編著『民事執行の実務　不動産執行編
（下）〔第３版〕』187頁（一般社団法人金融財政事情研究会，2012）），次いで
抵当権者等，強制競売の申立債権者に優先する債権者に配当が実施され，
残額があったときに限り，未払管理費等の回収を目的に強制競売を申し
立てた債権者に対して配当が実施されます。

　なお，そもそも専有部分の買受可能価額が未払管理費に優先する債権
（例えば住宅ローン債権。以下，「優先債権」といいます。）及び強制執行費
用のうちの共益費用（以下，「手続費用」といいます。）の合計額に満たな
い場合，管理組合は優先債権及び手続費用の合計額以上の額をあらかじ

第3 管理費等の滞納による共同利益背反行為

め提供しなければならず，提供がない場合，裁判所は強制競売の手続を
取り消すことになります（民事執行法62条2項）。

　そのため，未払管理費の支払のために区分所有者の専有部分に対して
不動産競売の強制執行を申し立てる場合，当該不動産の価格及び未払管
理費に優先する債権の額に留意して検討する必要があります。

26 管理費等の滞納と専有部分の使用禁止

管理費等の支払を拒絶している区分所有者がいる場合，これが共同利益背反行為に該当することを理由に，専有部分の使用禁止を請求することができますか。

管理費等の滞納が長期にわたり滞納額が多額になる場合，管理費等の滞納が共同利益背反行為に該当することがありますが，専有部分の使用を禁止することで管理費を支払うようになるという関係にはないため，専有部分の使用禁止を求めることはできません。

解　説

1　問題の所在

　区分所有法6条1項は，「区分所有者は，建物の保存に有害な行為その他建物の管理又は使用に関し区分所有者の共同の利益に反する行為をしてはならない。」と規定し，この規定に違反する行為を行う区分所有者に対し，区分所有法は，違反行為の停止請求（法57条1項），専有部分の使用禁止請求（法58条1項），競売請求（法59条1項）という三つの段階的な排除手段を規定しています。なお，それぞれの排除手段は，条文を追うごとに排除手段としては強力なものとなっていきます。

　このうち専有部分の使用禁止請求（法58条1項）は，①ある区分所有者による区分所有法6条1項の共同利益背反行為が存在し，②それに起因する区分所有者の共同生活上の障害が著しく，③同法57条1項に定める共同利益背反行為の停止請求によってはその障害を除去して共用部分の利用の確保その他の区分所有者の共同生活の維持を図ることが困難であるときは，(i)集会の決議に基づき，(ii)訴えをもって相当期間当該区分所有者による専有部分の使用を禁止することを請求できるとされています。

　既に管理費等を長期間滞納している区分所有者は，ただそのまま請求を

第3　管理費等の滞納による共同利益背反行為

続けても管理費等の支払に応じないことが往々にしてあり，その専有部分の使用を一定期間禁止することで管理費等を滞納している区分所有者に精神的プレッシャーを与え，管理費等の支払を心理的に促進することができるのではないか，このような見通しから，管理費等の支払を拒絶している区分所有者に対し，専有部分の使用禁止を請求することができないかが問題となります。

　論点は，①管理費等の滞納が区分所有法6条1項に定める「区分所有者の共同の利益に反する行為」（共同利益背反行為）に該当するか，②共同利益背反行為に該当するとして，その事実に基づいて専有部分の使用禁止請求（法58条1項）までなし得るか，の2点となります。

2　管理費等滞納の共同利益背反行為該当性

　共同利益背反行為とはどのような行為を指すのかについて，区分所有法6条1項は「建物の保存に有害な行為」，「その他建物の管理又は使用に関し区分所有者の共同の利益に反する行為」と規定しています。

　ここに前者の「建物の保存に有害な行為」とは，例えば建物の一部を取り壊して建物全体の安定度を弱めるような行為など，建物自体に物的侵害を加える行為をいいますから（稲本洋之助＝鎌野邦樹編著『コンメンタールマンション区分所有法〔第3版〕』46頁（日本評論社，2015），本設問で問題になるのは，後者の「その他建物の管理又は使用に関し区分所有者の共同の利益に反する行為」への該当性となります。

　一方，後者の「その他建物の管理又は使用に関し区分所有者の共同の利益に反する行為」には，建物の保存に侵害を及ぼさないような場合でも，区分所有者の生活上の利益を含む建物の管理・使用全般にわたる共同の利益に反する行為であれば，ここでの共同利益背反行為に該当します。例えば，区分所有者の一人が，他の区分所有者の迷惑となる動物を飼育したり，共用部分を独占的に使用して他の区分所有者の正当な使用を妨げたり，騒音・悪臭を発したりするような行為がこれに当たります（前掲『コンメンタールマンション区分所有法』46頁）。

　これを管理費等の不払いについてみると，区分所有者が管理費等を支払

わないことにより，共用部分の管理や大規模修繕の資金が不足し，マンションの管理が不十分となることが容易に想定されることから，その滞納期間及び金額が著しい場合は，上記共同利益背反行為に該当すると解されます。一般には，滞納期間において数年間，滞納額において数百万円にも上っていれば，共同利益背反行為と認定し得ると考えられます。

③ 管理費等の滞納を理由とする専有部分使用禁止請求の可否

　この問題は，さらに①管理費等を滞納している区分所有者に対しては区分所有法59条に基づく競売請求が認められるのだから，その前段階としての同法58条に基づく使用禁止請求も当然に認められるのではないか，②区分所有法58条による相当期間の専有部分使用禁止請求は滞納金を解消するための手段となり得るか，という2つの論点からなります。

(1)　区分所有法59条と区分所有法58条との関係

　　管理費等の長期滞納者に対しては，一般に区分所有法59条に基づく専有部分の競売請求も最終的な手段として実務上行われています。

　　前述のとおり，それぞれの排除手段は，条文を追うごとに排除手段としては強力なものとなっていきます。そのため，実務上も一般に，行為の停止請求（法57条）が功を奏しない場合には専有部分の使用禁止請求（法58条）が行われ，さらに，専有部分の使用禁止請求（法58条）が奏功しない場合に競売請求（法59条）が行われています。このような実務を前提とすると，管理費等を滞納している区分所有者に対して競売請求（法59条）が認められる以上，より緩やかな手段である専有部分の使用禁止請求（法58条）も認められるといえるのでしょうか。

　　しかし，区分所有法57条から59条が段階的な構造を成しているとはいえ，その要件と効果は各条文によって異なり，必ずしも手続上，同法57条から59条までの手続を順々に進めていかなければならないとする法律上の根拠もありません。それぞれの条文が定める要件を満たす限りでそれぞれの請求が認められます。

　　したがって，管理費等の不払いの区分所有者に対して区分所有法59条の競売請求が認められるからといって，同法58条の専有部分使用禁止請

159

第3 管理費等の滞納による共同利益背反行為

求が認められるという論理的関係は成り立ちません。

(2) 専有部分の使用禁止により管理費等の滞納の解消を見込めるか

区分所有法58条の趣旨は，一定期間区分所有者による専有部分の使用を禁止することにより，当該区分所有者による共同利益背反行為の解消を目指すというものです。そうすると，管理費等不払いの区分所有者に対して同法58条の請求が認められるためには，一定期間区分所有者による専有部分の使用を禁止することにより，当該区分所有者による管理費不払いの解消，すなわち滞納管理費の支払が合理的に期待できることが必要です。

一見，専有部分の使用を一時禁止することは滞納区分所有者に対して精神的なプレッシャーとなり滞納管理費等の支払を心理的に促進するとも思えます。

しかし，管理費の滞納のような消極的な共同利益背反行為については，やはり専有部分の使用を一時的に禁止して共同生活関係から排除することで直ちに解消が見込めるものと期待することは因果関係の飛躍であり早計といわざるを得ません。滞納管理費等を支払うかどうかはあくまで区分所有者に意思にかかっているため，相当期間の専有部分の使用禁止請求と管理費等の滞納の解消との間に直接的な関係性を認めることはできません。裁判例もまた，相当期間の専有部分の使用禁止請求と管理費等の滞納の解消との間にこのような直接的な関連性の存在を認めず，結論として区分所有法58条に基づく管理組合の使用禁止請求を認めませんでした（シルバービル北堀江事件・大阪高判平成14年5月16日判タ1109号253頁）。

加えて，そもそも区分所有法58条は，その構造上，積極的な共同利益背反行為（例えば専有部分での騒音，悪臭，暴力団による使用など）を想定したものであり，管理費等を滞納する区分所有者のような消極的な共同利益背反行為を行う者に対してはその適用が想定されていないものと解されます。

(3) 結 論

以上のとおり，区分所有法58条の規定する専有部分使用禁止請求は，管理費等を滞納する区分所有者に対しては認められません。

27 管理費等の滞納と競売申立て

管理費等の支払を拒絶している区分所有者がいる場合，これが共同利益背反行為に該当することを理由に，専有部分の競売を請求することができますか。

共同利益背反行為を理由とする競売請求（法59条１項）が認められるためには，①共同利益背反行為による共同生活の著しい障害，②他に方法がないという補充性を満たす必要があります。

区分所有者が管理費等を多額かつ長期にわたり滞納することは，①共同利益背反行為に該当するため，さらに，②区分所有法７条による先取特権の行使や被告の財産に対する強制執行などによってもその回収ができない事情があれば，専有部分の競売請求が認められます。

解　説

1　問題の所在

区分所有者がマンションの管理費等の支払を拒絶している場合，管理組合としては，裁判手続により滞納管理費等を回収する必要があります。

管理組合が滞納管理費等を裁判手続により回収する方法としては，確定判決等の債務名義を取得した上で区分所有者の財産に対し強制執行する方法，あるいは，区分所有法７条１項に基づき，区分所有権（敷地利用権を含みます。）及び建物に備え付けた動産に対し，先取特権を行使する方法があります（Ｑ25をご参照ください。）。

一般的には，滞納管理費等の回収は，確定判決書や和解調書といった債務名義を取得した上で，なお支払がない場合に強制執行を行う場合が多いように思われます。いきなり先取特権行使による競売請求を行うことは穏便ではなく，管理組合の希望として，訴訟を提起した上で分割払い等の和

第3　管理費等の滞納による共同利益背反行為

解により円満解決を望むことが多いですし，仮にいきなり競売請求を行ったとしても，区分所有権及び敷地権には住宅ローンなどの抵当権設定登記がなされている場合が多く，無剰余として競売手続が取り消され（民事執行法188条，63条），回収がかなわないことが多いからです。

　しかし，管理費等を多額に滞納する区分所有者に，当該区分所有権及び敷地権の他にめぼしい財産がなく，しかも，当該区分所有権及び敷地権には住宅ローンを被担保債権とする抵当権が設定されオーバーローン状態になっている場合，管理組合は，前記の債権回収方法によっては，滞納管理費等を回収できないばかりか，これを放置すれば，滞納管理費等がますます増大し，しかも，5年の消滅時効にかかっていくことになります。

　そこで，管理組合としては，こうした多額かつ長期の滞納行為が共同利益背反行為に当たることを理由に，無剰余取消しを定めた民事執行法63条の適用がない（東京高判平成16年5月20日判タ1210号170頁），区分所有法59条1項に基づく競売を請求できないかが問題となります。この競売請求が認められれば，管理費等の債務は，新所有者に承継され（法8条，7条1項），滞納管理費等を新所有者から回収できることになります。

②　区分所有法59条による競売請求

　区分所有法59条1項は，区分所有者が，「建物の保存に有害な行為その他建物の管理又は使用に関し区分所有者の共同の利益に反する行為」をした場合又はその行為をするおそれがある場合（法57条1項が規定する場合）において，同法6条1項に規定する行為による区分所有者の共同生活上の障害が著しく，他の方法によってはその障害を除去して共用部分の利用の確保その他の区分所有者の共同生活の維持を図ることが困難であるときは，他の区分所有者の全員又は管理組合法人は，集会の決議に基づき，訴えをもって，当該行為に係る区分所有者の区分所有権及び敷地利用権の競売を請求することができると定めています。

　すなわち，区分所有法59条1項による競売請求が認められるためには，実体法上の要件として，①共同利益背反行為による共同生活の著しい障害，②補充性を満たす必要があります。

162

27 管理費等の滞納と競売申立て

③ 共同利益背反行為による共同生活の著しい障害

　管理費等の多額かつ長期の滞納が「共同利益背反行為による共同生活の著しい障害」に当たることについては，争いがありません。

　東京地判平成18年6月27日（判時1961号65頁）は，区分所有法6条1項にいう「共同の利益に反する行為」は，マンション等の共同住宅全体の維持管理が困難となるようなものをいい，長期かつ多額の管理費等の滞納はこれに該当する旨判示しているのをはじめ，多くの裁判例において認められているところです。

④ 補充性

　もっとも，補充性の要件を満たすかについては，多くの裁判例において争いになっており，競売請求を認容した事案もある一方，競売請求を棄却した事例もあります。

　前掲東京地判平成18年6月27日は，補充性の要件について，区分所有法7条による先取特権の行使や被告の財産に対する強制執行などによってもその回収ができない場合をいうのであり，被告が訴訟における準備書面で管理費用等の分割払いによる和解を希望しているような場合には，まだ同法59条1項による競売申立以外に管理費の回収をする方法がないということが明らかであるとはいえない旨判示しました。

　その他多くの裁判例において補充性の判断が示されていますので，参考までに列記します。

【補充性についての判断】

裁判例	結果	補充性についての判断
東京地判 H 19.11.14 判タ1288-286	認容	被告の財産には資産価値を上回る優先債権が存在
東京地判 H 20.8.29 ウエストロー	認容	区分所有者が破産宣告を受けるなどしている事情を考慮
東京地判 H 22.5.21 ウエストロー	棄却	管理組合が滞納管理費等の弁済受領を拒絶

第3 管理費等の滞納による共同利益背反行為

東京地判H24. 9.18 ウエストロー	認容	当該目的物に優先順位の担保権が複数設定されていること
東京地判H25.10.15 ウエストロー	認容	管理組合は，強制競売開始決定を申し立てるなど採り得る手段を講じているが，無剰余を理由に強制競売の手続が取り消され，その目的を達していないこと
東京地判H26.10.27 ウエストロー	認容	区分所有権等には仮差押登記及び抵当権設定仮登記等がなされており，仮に先取特権に基づく競売申立てをしても無剰余取消しとなる可能性が高いこと
東京地判H27. 2.20 ウエストロー	認容	区分所有者である会社の代表者が死亡したものの清算手続が行われる見込みもなく，今後も滞納が継続することが想定される上，区分所有権等にはその価格を超える極度額の根抵当権が設定されており，既に得ている債務名義により強制競売を申し立てても無剰余取消しになる可能性が高いこと

5 手 続

区分所有法59条に基づく競売請求は，訴えをもって行う必要があります。訴えを提起するためには，集会において区分所有者及び議決権の各4分の3以上の多数による特別決議が必要となります（法59条2項，58条2項）。同決議をするためには，あらかじめ，当該区分所有者に対し，弁明する機会を与えなければなりません（法59条2項，58条3項）。

6 効 果

競売請求を認容する判決を得た場合，その判決に基づく競売の申立ては，その判決が確定した日から6か月を経過したときは，することができません（法59条3項）。

競売においては，競売を申し立てられた区分所有者又はその者の計算において買い受けようとする者は，買受けの申出をすることができません。

28 水道料金，電気料金の滞納と供給停止

Q 管理費や公共料金の支払を拒絶している区分所有者がいる場合，これが共同利益背反行為に該当することを理由に，当該区分所有者に対する給湯を停止すること，給水を停止すること，電力の供給を停止することは可能でしょうか。

A 管理費や水道料金や電気料金の滞納を理由にして，管理組合が水道や電気の供給を止めることは，違法となるおそれが高いといえます。ただし，こうした滞納が共同利益背反行為といえ，他に方法がない場合には，当該滞納区分所有者に対して競売請求をすることができます。

解 説

1 問題の所在

水道や電気について，管理組合が一括して供給を受けて各区分所有者に配分し，一方で管理組合がその料金を各区分所有者から徴収することがあります。かつては一つの建物に水道メーターを一つにするのが主流であったことや，受電設備がキュービクル式であるなどの要因で，上記のような徴収形態となり，現在に至っている事例があります。

この場合に，使用した分の料金を払わない区分所有者がいた場合，管理組合が立替払いをすることと同じ結果となります。同様に，管理費の滞納でも管理組合に金銭的な損失が生じます。

このような事態に対して，管理組合は，まずは交渉によって支払を求めることとなりますが，簡単には払ってくれないことがあります。このような場合，管理組合は，管理費や公共料金滞納を理由として水道や電気の供給を停止できるでしょうか。

第3　管理費等の滞納による共同利益背反行為

2　供給停止の可否

(1)　水道法等に基づく供給停止の可否

　水道事業者は水道法15条3項により，電気供給事業者は電気供給約款の定めにより，使用料金を支払わない利用者への水道や電気の供給を停止することができます。管理組合は，水道事業者や電気事業者と同じ論理で，使用料を払われなかったから供給を停止することができるでしょうか。

　この点，管理組合は，電気や水道の供給事業者ではありません。水道事業者や電気事業者から供給されたそれらの料金を立て替え払いし，これを求償するにすぎません。

　したがって，管理組合が水道法や電気の供給約款に基づいて供給停止を行うことはできません。

(2)　管理規約に基づく供給停止の可否

　では，管理規約において供給停止措置を規定していた場合，これにより供給停止をすることができるのでしょうか。

　管理規約にそのような定めがあったとしても，直ちにその効力を裁判所が認めることは期待できません。というのは，電気や水道という日常生活に不可欠のサービスを止めることは，当該区分所有者の生存可能性すら脅かすおそれがある重大な行為であるからです。また，強行法規と解されている区分所有法58条が，厳格な手続を経なくては専有部分の使用を禁止できないとしている法の趣旨からも，許されないと考えられます。

(3)　自力救済の禁止

　では，自力救済として供給停止措置は，認められるのでしょうか。

　比較的古い裁判例（東京高判昭和50年11月26日判タ336号249頁）には，マンションの区分所有者に対して，管理費の遅滞その他種々のトラブルを解決するまでは水道や電気を開通させないと管理会社が通告したことにつき，不法行為とはいえないと判示したものもありました。

　しかしながら，料金の滞納も重大な違反行為ですが，生命身体に関わる供給停止措置はより深刻な結果を生じます。

多くの裁判例は，結論としては供給停止を違法としています。

　東京地判平成2年1月30日（判時1370号83頁）では，給湯停止前に，当該区分所有者から金額の積算根拠等について疑問が呈されていた冷暖房の供給停止を条件として，それまでの管理費及び不払いの最大の原因となっていた冷暖房費の滞納分の支払を求める交渉をすべきであったのに管理組合がこれを怠ったことや，管理組合の事務処理上のミスから入居後1年を経て当該区分所有者に冷暖房費の請求がなされたことが管理組合に対する不信感を抱かせる原因になったことが推認できるとして，管理組合の給湯停止が権利濫用に当たるとして違法と判断しました。

　東京地判平成21年5月28日（ウエストロー）は，供給停止措置を自力救済であるとし，自力救済が認められる場合として，「法律に定める手続によったのでは，権利に対する違法な侵害に対抗して現状を維持することが不可能又は著しく困難であると認められる緊急やむを得ない特別の事情が存する場合においては，その必要の限度を超えない範囲内で例外的に許される」とする最高裁判例（最判昭和40年12月7日民集19巻9号2101頁）を引用した上で，他の方法がないというためには，単に判決等の債務名義を取って金銭執行をしたが不奏功に終わっただけでは足りないとして，供給停止を違法と判断しました。

⑷　供給停止が適法と判断される場合

　前掲東京地判平成21年5月28日は，緊急やむを得ない特別の事情が存する場合において，その必要の限度を超えない範囲内であれば，供給停止を認めているように読めます。しかし，生命身体の危険に直結するライフラインである水道や電気の供給停止は最大限謙抑的であるべきと考えます。

　また，前掲東京地判平成21年5月28日は，管理組合と当該区分所有者の間で，電気料金等を支払わなければその供給を止めるという個別具体的な合意があるのかを検討しています。この点から，管理規約に加えて，当該区分所有者との間で個別具体的に供給停止措置を容認する合意を取り付けておくことが考えられます。しかし，問題が顕在化する前に取り付けた合意の効力がどの程度効力を持つかは疑義が生じ得るところです。

第3　管理費等の滞納による共同利益背反行為

なお，問題が顕在化した後に個別具体的な合意を取り付けることは事実上不可能であると思われます。

3　競売請求等

供給停止が違法であるとしたら，管理組合としてはどのような対抗策があるでしょうか。

もちろん，通常の滞納管理費等の回収と同じく催告し，場合によっては判決を取得し民事執行法上の強制競売や区分所有法7条所定の先取特権に基づく担保権実行の申立てなどを検討することとなります。

しかし，そのような対症療法では，そもそも払うお金がなく今後も支払の見込みがない区分所有者については問題が解決できません。競売についても，既に抵当権者がいて無剰余である場合には取り消されてしまうため，実効性がありません。

そこで，水道料金や電気料金の滞納を理由として区分所有法59条に基づく競売請求を検討することになります。この競売請求による場合は，いわゆる無剰余取消制度の適用がないものと解されています。

類似の裁判例（東京地判平成27年7月8日ウエストロー）は，水道料金と管理費等の滞納額が合計400万円超の事例で，総負債額が6000万円超であって差押えや抵当権が既に存在し，対象専有部分の売却価格が1千数百万円程度と見込まれました。この場合，強制競売の申立てをしても無剰余取消しを受けることが確実であるとして，被告の管理費等及び水道料等の長期にわたる多額の滞納により，「区分所有者の共同生活上の障害が著しく，他の方法によってはその障害を除去して共用部分の利用の確保その他の区分所有者の共同生活の維持を図ることが困難」（法59条1項）な状態が生じているとして競売請求を認めました。

29 管理費滞納者の氏名公表の可否

　管理費の支払を拒絶している区分所有者がいる場合，管理費の支払を促すことを目的として，当該区分所有者の氏名をマンション内に掲示するなどして公表しても問題は生じないでしょうか。また，集会や理事会において当該区分所有者の氏名を公表したり，議事録に記載してもよいのでしょうか。

　滞納者の氏名の公表は，当該区分所有者の社会的評価を低下させるものとして，名誉毀損による不法行為が成立する可能性があるので，慎重に判断する必要があります。

　例えば，滞納が長期間にわたる場合には，集会の決議等，公表に至るまでの事前の適正な手続を経た上で，管理費の支払を促す目的の下，滞納者の氏名や滞納事実及び滞納期間等の必要最低限度の情報について，マンション内の住民しか閲覧できない方法などの一定の配慮をした上での公表であれば，名誉毀損による不法行為は成立しないと考えられます。

　集会での公表や議事録への記載も，訴訟提起の承認を得る場合には，名誉棄損には当たらないと考えられます。理事会での公表は，特定少数という理事会の性質上，名誉棄損には当たりにくいと考えられますが，議事録はマンション内の多数人が閲覧することがあるため，氏名の記載を控えるのがよいでしょう。

解　説

1　問題の所在

　管理費等の収入は，マンションの適正な維持・管理のために欠かせないものです。また，管理費等の滞納自体が真実であれば，その公表自体は誹謗・中傷とまではいえないでしょう。さらに，管理組合としては，管理費収入の状況を各組合員に適宜報告する義務もあるため，情報開示の必要性

第3　管理費等の滞納による共同利益背反行為

も考えられるところです。

それにもかかわらず，滞納者の氏名を公表することで名誉毀損（不法行為）が成立し，管理組合が損害賠償責任などを負うのでしょうか。

2　名誉毀損行為について

(1)　名誉の定義

名誉毀損における名誉とは，人の品性，徳行，名声，信用等の人格的価値について社会から受ける客観的評価をいい，人が自身の人格的価値について有する主観的評価である名誉感情はこれに含まれません（最大判昭和61年6月11日民集40巻4号872頁）。

なお，法人も社会的存在としての評価を有する以上，名誉毀損の成立要件を満たす場合には，法人にも無形の損害が発生するものとして，民法710条を根拠に，損害賠償を求めることができます（最判昭和39年1月28日民集18巻1号136頁）。

(2)　要　件

名誉毀損による損害賠償責任は，①被告が原告の社会的評価を低下させる事実を流布したこと，②それにより原告の社会的評価が低下したこと，③被告の故意・過失，④損害の発生・額の各要件を満たす必要があります（松尾剛行『最新判例にみるインターネット上の名誉毀損の理論と実務』24〜26頁（勁草書房，2016））。

一方，上記①から④までの要件を満たしたとしても，⑤公共の利益に関する事実に関するもので，⑥専ら，公益を図る目的であり，かつ，⑦摘示された事実が真実であるとの証明がなされたか，又は，その事実を真実と信じるについて相当の理由がある場合には，違法性が阻却されますので，不法行為は成立しません（最判昭和41年6月23日民集20巻5号1118頁）。

滞納者の氏名の公表が，個人的な私怨ではなく，マンションの適正な管理を目的としたものと認められる場合には，⑤及び⑥の要件については，比較的肯定されやすいと考えられます。⑦の要件については，滞納状況の立証は特に問題にならないでしょう。

(3) 効　果

　　名誉毀損行為が行われた場合，その被害者は，不法行為に基づく損害賠償請求（民法710条），又は名誉回復のための処分（同法723条）を求めることができます。

　　それに加えて，判例上は，「人格権としての名誉権に基づき，加害者に対し，現に行われている侵害行為を排除し，又は将来生ずべき侵害を予防するため，侵害行為の差止めを求めることができる」ものとされています（前掲最大判昭和61年6月11日）。

③ 参考裁判例

(1)　裁判例の傾向

　　滞納者である区分所有者の氏名や，滞納の事実及び滞納期間等の公表は，名誉毀損に当たるのでしょうか。

　　裁判例によると，公表に至るまでの経緯，その文言，内容，公表の状況，動機，目的，公表する際に執られた手続が考慮されています。滞納が長期間にわたる区分所有者に関するものについては，不法行為の成立を否定される傾向があります。

(2)　東京地判平成26年7月16日（ウエストロー）

　　本裁判例は，原告管理組合法人から滞納管理費等の支払を請求された被告が，6か月以上の滞納者としてその実名を公表されたことを理由に，原告に対し，不法行為に基づく損害賠償請求の反訴を提起した事案です。

　　本裁判例は，「長期間にわたって管理費等の支払を怠っているものであり，……管理費等の自発的な支払を事実上促す措置として，長期滞納者の部屋番号と名称を館内に掲示することが違法とまではいうことはできず，原告が被告Y2社の社名等を掲示したことは，」不法行為を構成するものではないと判示して，同請求を棄却しています。

(3)　東京地判平成11年12月24日（判時1712号159頁）

　　本裁判例は，団地管理組合の代表者である被告が，役員会決定を経た上で，滞納期間が9年から23年に及ぶ複数の区分所有者の所有する別荘の区番，氏名及び滞納期間を一覧表にして，別荘地の道路沿いに立看板

の設置により公表した事案です。

　集会に当たる総会において，管理費の納入に関して長期滞納者が存在し，組員の公平性の確保の点から，氏名公表も含め，徹底的に責任追及すべきとの緊急動議が提案され，その扱いについては，役員会に一任することが可決されました。そして，役員会において，納入に応じない組員に対しては，氏名公表まで行うことが決定され，最終的に被告が氏名公表を行うに至りました。

　本裁判例は，「本件立看板の設置に至るまでの経緯，その文言，内容，設置状況，設置の動機，目的，設置する際に採られた手続等に照らすと，本件立看板の設置行為は，管理費未納会員に対する措置としてやや穏当さを欠くきらいがないではないが，本件別荘地の管理のために必要な管理費の支払を長期間怠る原告らに対し，会則を適用してサービスの提供を中止する旨伝え，ひいては管理費の支払を促す正当な管理行為の範囲を著しく逸脱したものとはいえず……不法行為にはならない」と判示しました。

　もっとも，本裁判例によると，団地管理組合の代表者として行った公表が不法行為に当たる場合には，団地管理組合としてのみならず，理事個人としての不法行為責任が認められ得ると判断されていますので，この点，注意が必要です。したがって，公表の必要性に関しては，慎重に判断するべきでしょう。

(4)　東京地判平成22年4月21日（ウエストロー）

　管理費を滞納している区分所有者が，その事実（本事案では，滞納管理費の他にも名誉毀損の成立が問題になった記載が複数存在しました。）を文書で公表されたとして，管理組合の理事等に対して，不法行為に基づき損害賠償請求した事案です。

　本裁判例は，管理費を滞納している事実の公表につき，「原告が本件マンションの管理費等を滞納していることを指摘するものであるから，……原告の社会的評価を低下させるものと認めるのが相当である。」と，判断しています。

　もっとも，理事は，原告被告間の紛争により集会が紛糾したため，こ

れまでの事実経過を明らかにするために，本件文書を作成し，組合員に対して配布したことを捉えて，「公共の利害に関する事実に係り，かつ，その目的が専ら公益を図ることにあったものと認めるのが相当である。」と判断しています。また，「管理費及び修繕積立金を滞納していることは，いずれも真実であると認められる。」と真実性の要件も認めています。

このように，本裁判例は，社会的評価の低下を認めつつも，一方で違法性阻却を認め，結論としては損害賠償責任を否定しています。

4 滞納者氏名などの公表の必要性

上記のいずれの裁判例においても，滞納者の氏名公表による名誉毀損が成立しないと判断されていますが，公表による督促の効果については，別途吟味する必要があります。

例えば，不払いの理由が，失業・病気等による経済的困窮である場合や，所有者が行方不明である等の場合には，公表による督促の効果は，あまりないと考えられるからです。

管理組合としては，滞納者の氏名公表の必要性を吟味するに当たっては，裁判例で触れられているような要素，すなわち，公表に至るまでの経緯（滞納の状況や督促状況），その文言，内容，設置状況，設置の動機，目的及び設置する際に採られた手続といった要素を加味する必要があります。

5 集会での公表，議事録への記載

集会での公表や，議事録への記載も，名誉毀損による不法行為が成立するのでしょうか。

集会議事録は，組合員又は利害関係人から閲覧請求があった場合に，正当な理由がない限り，開示されますし（法42条5項，33条2項，71条2号，標準管理規約49条3項（管理組合において電磁的方法が利用可能な場合は，49条5項）），集会後に集会議事録の写しを各区分所有者に郵送するという取扱いが広く行われています。したがって，集会での公表及び議事録への記載に関しても，マンション内において掲示した場合と同様，滞納者の名誉

毀損の問題が生じます。

では，どのように考えたらよいでしょうか。

この点，集会における公表の目的（決議内容）によって結論が変わるところだと考えられます。

まず，公表の目的が，滞納者に対する訴訟提起のため集会決議を行う前提としての議案内容の提示である場合（法57条2項など），被告となる滞納者を特定するために氏名又は部屋番号を公表するという必要性は，認められるでしょう。すなわち，区分所有法自体が集会の決議を要求しており，当該決議においては，当然，氏名等の公表が予定されているからです。この場合には，訴訟提起の被告を特定する必要性から，議事録への記載も当然認められるものと考えられます。なお，念のため，議案や議事録の配布に当たっては，氏名部分を黒塗りする等の配慮を行うことも多くあります。

他方で，公表の目的が，上記のように区分所有法上，決議の前提として公表が当然に予定されているもの以外である場合，例えば，管理費等の滞納状況を集会において報告する目的の場合には，滞納者の氏名まで公表する必要性は認められにくいといえます。この場合には，滞納者が特定され得る情報の公表は避け，あくまで，管理組合の運営のために必要な収入が確保されているのか，といった概括的な報告にとどめておくべきでしょう。この場合，議事録への記載に関しても，議事録の記載内容は，議事の経過や要領及びその結果であり（法42条1項），発言内容等は要約で足りるとされていることからも，氏名等の議事録への記載は控えたほうがよいでしょう。

6 理事会での公表

理事会は，特定少数の理事によって構成されますので，公然性が認められにくいものといえます。したがって，集会とは異なり，名誉毀損による不法行為が成立する可能性は，低いといえるでしょう。

もっとも，理事会の議事録を住民に配布する組合も存在します。その場合には，例えば，氏名・部屋番号等の個人の特定が可能になる記載を黒塗りした上で配布する等の一定の配慮が必要になります。

30 口頭弁論終結後の区分所有権の譲受人に対する競売申立て

管理費等の支払を拒絶している区分所有者に対する区分所有法59条に基づく競売請求認容判決の言渡し後その確定前に，当該区分所有者がその持分の一部を第三者に譲渡しました。管理組合は，上記認容判決に基づき，当該第三者に対しても，競売申立てをすることができますか。

管理組合は，認容判決に基づき，譲受人に対し，競売申立てをすることができません。

──── 解　説 ────

1 問題の所在

一般に，区分所有者が管理費等の支払を拒絶している場合には，管理組合は，当該区分所有権及び敷地権を強制競売することにより，管理費等の回収を図ることができます。

しかし，例えば，金融機関からの借入金のために抵当権が設定され，しかも，当該区分所有権及び敷地権の評価額が抵当権の被担保債権である借入金残高を下回る，いわゆるオーバーローンとなっている場合には，管理組合は，強制競売により管理費等の回収をすることができません。強制競売を申し立てたとしても，無剰余取消しがされてしまうからです（民事執行法63条2項）。

当該区分所有者が，当該区分所有権及び敷地権に，第三者のために根抵当権を設定している場合にも，同様の問題が起こり得ます。すなわち，根抵当権は，一度極度額を設定して登記してしまえば，その極度額の範囲内において根抵当権が優先しますので，当該区分所有者が管理組合の競売申立ての動きを察知してから，根抵当権の極度額いっぱいの借入れを受け，オーバーローン状態を作り上げ，管理組合による強制執行を妨害すること

第3 管理費等の滞納による共同利益背反行為

ができてしまいます。この場合も，管理組合は，強制競売により管理費等の回収をすることができません。

そこで，管理組合は，管理費等の滞納が共同利益背反行為に該当するとして，区分所有法59条に基づく競売請求訴訟を提起し，その認容判決をもって競売を申し立て，当該区分所有者を排除することになります。

ところが，区分所有法59条に基づく競売請求訴訟における口頭弁論終結後認容判決が確定する前に，当該区分所有者が当該区分所有権及び敷地利用権を第三者に譲渡した場合，管理組合は，当該第三者に対し，上記認容判決に基づき，強制競売を申し立てることができるのでしょうか。一般に口頭弁論終結後の権利義務の承継人には判決の承継効が認められ，当該承継人に対して判決の効力を主張できる一方，当該区分所有者が当該区分所有権等を譲渡したことにより，管理組合としては，当該区分所有者を排除するという競売請求の目的を達成したとも思われることから，競売申立ての可否が問題となります。

2 当該第三者に対する競売請求が必要となる事情

管理費等の滞納が共同利益背反行為として区分所有法59条による競売請求が認められる理由は，当該区分所有者による管理費の滞納それ自体が共同の利益に反するからです。そのため，一般に，区分所有者が交代すれば，当該区分所有者（旧区分所有者）による滞納自体がなくなりますし，滞納管理費の支払義務は，新所有者に承継されますので（法8条），共同利益背反の状態が解消されます。したがって，管理組合があえて競売請求を行う必要はなくなると思えます。

ところが，敗訴した当該区分所有者が，オーバーローン状態であることを利用し，担保権がついたまま，タダ同然で当該区分所有権及び敷地利用権を無資力の第三者や関係者に譲渡し，管理組合による競売申立てを妨害するということがあり得ます。この場合，管理組合が当該第三者から，従前の滞納管理費や譲渡後に発生する管理費等を回収することは困難です。管理組合としては，再び，当該第三者（新所有者）に対し，区分所有法59条に基づく競売請求訴訟を提起する必要が生じかねませんし，仮に訴訟を

30　口頭弁論終結後の区分所有権の譲受人に対する競売申立て

提起したとしても，同様の執行妨害が繰り返される可能性もあります。

　そのため，管理組合としては，口頭弁論終結後に第三者に当該区分所有権及び敷地利用権が譲渡された場合であっても，当該第三者に対し競売申立てを行い，敗訴した当該区分所有者及びその関係者をマンションから排除したいという現実的必要があります（もっとも，こうした関係者が落札する可能性を排除できるわけではありません。）。

③　参考判例

　この点について，管理組合法人の副理事長である区分所有者Xが，管理費等を滞納した区分所有者Aに対し，所定の手続を経た上で，区分所有法59条１項に基づく競売請求訴訟を提起し，認容判決を得たが，その判決言渡し後確定前に，AがYに対し，当該区分所有権の持分５分の４を譲渡し，その後Xが，Yに対し，当該認容判決に基づき競売申立てを行った事案において，最高裁は，「（区分所有法59条１項）に基づく訴訟の口頭弁論終結後に被告であった区分所有者がその区分所有権及び敷地利用権を譲渡した場合に，その譲受人に対し同訴訟の判決に基づいて競売を申し立てることはできない」と判示しました（最決平成23年10月11日判時2136号36頁）。

　その理由について，最高裁は，区分所有法59条１項の競売の請求は，「特定の区分所有者が，区分所有者の共同の利益に反する行為をし，又はその行為をするおそれがあることを原因として認められるものであるから」と判示しました。

　区分所有法59条１項に基づく競売請求は，特定の区分所有者による共同利益背反の状態を原因として認められるものであり，同訴訟における審理の対象は，当該区分所有者のこうした属性です。そうしますと，同訴訟の事実審口頭弁論終結後に被告が区分所有権及び敷地利用権を譲渡した場合には，その譲受人が上記のような属性を有しているとは当然にはいえない以上，被告に対する判決の効力が譲受人に及ぶと解することができないといえます（上記最高裁決定の補足意見）。

第3　管理費等の滞納による共同利益背反行為

4　残された問題

(1)　訴訟引受

　　ところで，前掲最決平成23年10月11日を前提にすると，例えば，管理
費等の滞納を理由に区分所有法59条１項に基づく競売請求訴訟を提起し
た後，その審理係属中（口頭弁論終結前）に，被告である区分所有者が
当該区分所有権及び敷地利用権を第三者に譲渡した場合，原告である管
理組合は，当該譲受人に対し，訴訟引受（民事訴訟法50条１項）を申し
立てることができるのでしょうか。

　　競売請求訴訟が特定の区分所有者の属性を原因として認められる訴訟
であり，訴え提起について慎重な手続が定められている（法59条２項，
58条２項・３項）ことからすれば，譲受人についても，改めて，訴え提
起について慎重な手続を要求すべきようにも思われます。

　　しかし，競売手続請求訴訟が継続しているか否かは，譲受人が僅かな
調査をすれば容易に判明する事実ですから，訴訟を引き受けたとしても
不測の損害を被るおそれはありません。また，譲受人が共同利益背反状
態を解消すれば，競売請求棄却判決を得ることができます。さらに，原
告が従前の訴訟経過を利用することができ，訴訟経済に資することにな
りますし，訴訟係属中に被告が区分所有権及び敷地利用権を第三者に譲
渡することにより競売請求を妨げるという濫用的な妨害行為を抑止する
ことができます。

　　こうした見地から，競売請求訴訟提起後に，被告が当該区分所有権及
び敷地利用権を譲渡した場合には，原告は，譲受人に対し訴訟引受を申
し立てることができるとされます（前掲最高裁決定の補足意見）。

(2)　迷惑行為である共同利益背反行為の場合

　　また，例えば，迷惑行為である共同利益背反行為を原因とする競売請
求訴訟の口頭弁論終結後に，被告である区分所有者が関係者に譲渡し共
同利益背反行為を継続している場合においても，前掲最高裁決定の射程
が及び当該関係者に対し，同訴訟の認容判決に基づき競売申立てをする
ことができないのでしょうか。

　　前掲最高裁決定が，判決に基づく競売申立ての可否について，当該判

決を区分所有法59条1項に基づく訴訟の判決とし，管理費等の滞納の場合に限定していないことからすれば，管理費等の滞納の場合のみならず，広く共同利益背反行為全般に前掲最高裁決定の射程が及ぶものと思われます。迷惑行為等の共同利益背反行為の場合であっても，特定の区分所有者の属性が審理対象となっていることに変わりがないからです。

　もっとも，関係者に譲渡し共同利益背反行為を繰り返す，いわゆる執行妨害事例についていかに対処するのかは，前掲最高裁決定に例外が認められるかも含め，今後の課題といえます。

第3　管理費等の滞納による共同利益背反行為

31　競売請求権を保全するための処分禁止の仮処分の可否

　管理費等の支払を拒絶している区分所有者がいる場合，これが共同利益背反行為に該当することを理由に，当該専有部分を対象に競売請求権を保全するための処分禁止の仮処分を申し立てることはできるでしょうか。

　共同利益背反を理由とする競売請求権を保全するために処分禁止の仮処分を申し立てることはできません。

解　説

1　問題の所在

　一般に，区分所有者が管理費等の支払を拒絶している場合，管理組合は，当該区分所有権及び敷地権を強制競売することにより，管理費等の回収を図ることができます。

　しかし，区分所有者がいわゆるオーバーローンとなっている場合には，管理組合は，強制競売により管理費等の回収をすることができません。

　当該区分所有者が，当該区分所有権及び敷地権に，第三者のために根抵当権を設定している場合にも，極度額いっぱいの借入れを受けるなどの執行妨害をされると，管理組合は，強制競売により管理費等の回収をすることができません（詳細は，Q30をご参照ください。）。

　そこで，管理組合は，管理費等の滞納が共同利益背反行為に該当するとして，区分所有法59条に基づく競売請求訴訟を提起し，その認容判決をもって競売を申し立て，当該区分所有者を排除することになります。

　ところが，区分所有法59条に基づく競売請求訴訟を提起する前に，当該区分所有者が当該区分所有権及び敷地利用権を第三者に譲渡してしまうことがあります。すなわち，区分所有法は，共同利益背反行為による競売請求訴訟の提起について慎重な手続を定め，管理組合の集会において区分所

有者及び議決権の各4分の3以上の多数による決議が求められ（法59条2項，58条2項），その決議をするためには，あらかじめ，当該区分所有者に対し，弁明する機会を与えなければなりません（法59条2項，58条3項）。そのため，管理組合の動きを察知した当該区分所有者が，競売請求訴訟を妨害するため，同訴訟提起前に，無資力の第三者や関係者に対し，当該区分所有権及び敷地利用権を譲渡してしまうことがあり得ます。

　そこで，管理組合は，訴訟提起前に，訴訟当事者を当該区分所有者に恒定するため，当該区分所有権及び敷地利用権の処分禁止の仮処分を申し立てることができないかが問題となります。この仮処分が認められれば，処分禁止の登記によって，仮処分の登記後に当該権利を取得した者は仮処分債権者に対抗することができないという，当事者恒定効が生じます（民事保全法58条1項）。

2 仮処分の意義

　いわゆる係争物に関する仮処分は，係争物の現状の変更により債権者が権利を実行することができなくなるおそれがあるとき，又は，権利を実行するのに著しい困難を生ずるおそれがあるときに認められます（民事保全法23条1項）。民事保全法は，不動産の登記請求権を保全するための処分禁止の仮処分を定めています（同法53条，58条）。管轄裁判所は，本案の管轄裁判所又は係争物の所在地を管轄する地方裁判所であり（同法12条1項），処分禁止の仮処分が認められると，処分禁止の登記をする方法により仮処分が執行されます（同法53条1項）。

　この仮処分は，処分禁止の登記によって当事者恒定効を生じさせ，仮処分の登記後に当該権利を取得した者は，仮処分債権者に対抗することができません（民事保全法58条1項）。

　もし，区分所有法59条に基づく競売請求権を保全するために当該区分所有権及び敷地利用権に対する処分禁止の仮処分が認められれば，管理組合は，この仮処分登記後に当該区分所有権及び敷地利用権を取得した第三者に対し，仮処分命令を対抗することができ，共同利益背反行為をする区分所有者に対する認容判決をもって，第三者たる譲受人に対し，競売申立て

第3　管理費等の滞納による共同利益背反行為

ができることになりそうです。

3　参考判例

　しかし，最高裁は，管理組合の管理者である債権者が，管理費及び修繕積立金を滞納し続けている同管理組合の組合員である債務者に対し，区分所有法59条1項に基づく債務者の区分所有権及び敷地利用権の競売請求権を保全するため，当該区分所有権等を目的とする処分禁止の仮処分を申し立てた事案において，「建物の区分所有等に関する法律59条1項に規定する競売を請求する権利を被保全権利として，民事保全法53条又は55条に規定する方法により仮処分の執行を行う処分禁止の仮処分を申立てることはできない」と判示しました（最決平成28年3月18日民集70巻3号937頁）。

　その理由について，最高裁は，区分所有法59条1項に基づく競売請求権は，民事保全法53条又は同法55条に規定する各請求権であるとはいえないとした上で，さらに，「（区分所有法59条1項に基づく競売請求権は，）特定の区分所有者が，区分所有者の共同の利益に反する行為をし，又はその行為をするおそれがあることを原因として，区分所有者の共同生活の維持を図るため，他の区分所有者等において，当該行為に係る区分所有者の区分所有権等を競売により強制的に処分させ，もって当該区分所有者を区分所有関係から排除しようとする趣旨のものである。このことからしても，当該区分所有者が任意にその区分所有権等を処分することは，上記趣旨に反するものとはいえず，これを禁止することは相当でない。」と判示しました。

　本最高裁決定は，区分所有法59条1項に基づく訴訟の口頭弁論終結後の区分所有権及び敷地利用権の譲受人に対し，同訴訟の判決に基づいて競売を申し立てることの可否について，これをできないとした最決平成23年10月11日（判時2136号36頁）を踏まえたものであり，決定理由もこれに沿ったものであると解されます（なお，この判例についてはQ30をご参照ください。）。

4　残された問題

　ところで，前掲最決平成28年3月18日を前提にすると，上記のように，

182

管理組合において，共同利益背反による区分所有法59条1項に基づく競売訴訟提起の動きがあることを察知した当該区分所有者が，同訴訟提起前に，無資力の第三者や関係者に対し，当該区分所有権及び敷地利用権を譲渡してしまうことがあり得ます。こうした濫用事例において，管理組合がどのように対処していくべきかが問題となります。

　本最高裁決定は，区分所有法59条1項に基づく競売請求権を被保全債権とする処分禁止の仮処分の可否について，濫用的事例への対処法を何ら示唆していません。

　共同利益背反行為をする区分所有者が関係者に譲渡し共同利益背反行為を繰り返す，いわゆる執行妨害事例についていかに対処するのかは，本最高裁決定に例外が認められるかも含め，今後の課題といえます。

第 4 その他の共同利益背反行為

32 集会決議に従わない行為①（一括受電の拒否）

Q 区分所有者が集会決議に従わず，電気供給契約の切替えに応じない場合，競売申立てができますか。また，管理組合に生じた損害を請求することができますか。

A 集会決議が適切に要件を充足し，切替手続について管理組合が事前事後の説明会などで十分に説明したにもかかわらず，当該区分所有者が唯一の障害であり，切替反対に合理的な理由がない等の場合は，共同利益背反を理由とする競売申立て及び損害賠償請求が認められます。

―――― 解　説 ――――

1　問題の所在

　電気について，キュービクルなどの受電設備で管理組合が一括して供給を受けて各区分所有者に配分する方式を，一括受電方式といいます。一括受電方式にすることで電気料金が安くなる場合には，初期の設備投資費用は掛かるものの，長い目で見れば一括受電方式に変更するメリットが生じることもあるでしょう。

　一方，受電方式の変更は，各戸単位でできることではなく，マンション全戸が同じ方式を採ることを契約で求められることが多いため，受電方式の変更について集会決議を経たとしても，一戸でも集会決議に従わず契約変更手続を拒否すれば，一括受電方式への変更ができない場合があります。

　合理的な理由なく集会決議に従わず一括受電方式への変更に協力しない

区分所有者に対して，管理組合が競売請求や損害賠償請求ができるのかが問題となります。

2 　管理組合の対応

(1)　事前説明

　元々は各戸別の受電契約であったところ，一括受電方式に変更する場合，マンションの区分所有者全員が合意の上で，別の電気供給事業者との一括受電契約を管理組合が締結する必要があります。その上で，各区分所有者が新たな電気供給事業者との受電契約を締結することも必要とされる場合があります。また，対応する受電設備等を設置する工事を伴うことが通常です。

　このように，一括受電方式への変更には各区分所有者の協力が不可欠となります。したがって，受電方式の変更を推進する理事会は，全住民への十分な事前説明を行う必要があります。また，工事に関する議案を集会において議決した後も，必要な手続などについて再度の住民説明会を行うとよいでしょう。

(2)　共用部分の変更

　一括受電方式への変更は，多くの場合，キュービクルの新設や各戸への電気供給のためのトランスの設置，各戸の室内分電盤までの配線工事など，共用部分である電気設備の工事を伴います。これは共用部分の変更（法17条）に当たると考えられるため，管理組合の集会において工事を決議する際には，特別決議（同条1項）を要します。

3 　競売請求等

　さて，管理組合が上記のような手続を執ったにもかかわらず，区分所有者の一人がこれに反対し，一括受電方式に合意しない場合，一括受電方式への変更ができず，各戸別の受電方式のままにならざるを得ません。このような区分所有者に対し，管理組合としては，どのような対抗策があるでしょうか。

　例えば，特定の区分所有者が電気工事自体を妨害する場合には，特定の

185

行為の停止請求（法57条1項）や使用禁止請求（法58条1項）を行うことが考えられます。

しかし，当該区分所有者があくまで一括受電への同意をしない事例においては，上記の方法では同意そのものを得ることはできませんので，問題が解決できません。

そこで，一括受電方式への変更に協力しないことを理由として，区分所有法59条1項に基づく競売請求を検討することになります。

4 参考裁判例

横浜地判平成22年11月29日（判タ1379号132頁）は，一括受電方式への協力を拒んだ区分所有者が原因となり，一括受電方式への切替えができなくなったため，管理組合が競売請求及び損害賠償請求訴訟を提起した事案です。

本裁判例は，一括受電方式へ切替えができない唯一最大の理由が当該区分所有者の反対であること，反対する合理的理由がないことから，当該区分所有者の反対が区分所有法6条1項に定める「建物の保存に有害な行為その他建物の管理又は使用に関し区分所有者の共同の利益に反する行為」に当たるとされ，これにより工事が中断されたことが「共同生活上の障害は著しい」と判示しました。

そして，既に指摘したように，行為の停止請求（法57条1項）や使用禁止請求（法58条1項）によっては解決できないことから，「他の方法によってその障害を除去することが困難」な場合に該当すると判示しました。

その結果，競売請求の要件が満たされたとして，その請求を認容しました。

さらに，拒否の理由が正当でないことから，当該区分所有者の非協力的態度が不法行為であると判断し，追加工事代金や共用部分電気料金の工事ができていたならば受けられたはずの減額分，及び弁護士費用について，損害賠償請求を認容しました。

32 集会決議に従わない行為①（一括受電の拒否）

5 関連する問題

(1) 説明会や集会への出席と意見表明

　前掲横浜地判平成22年11月29日では，一括受電方式へ反対した当該区分所有者は，事前の説明会にも，電気工事の議案を議決した集会にも，決議後に行われた説明会にも欠席しました。仮に，事前・事後の説明会にも集会に反対して意見を述べるなどした場合にはどうなるでしょうか。

　この点，同裁判例は，当該区分所有者の一括受電方式への変更に反対する理由が合理的ではないと指摘しています。

　したがって，説明会や集会に出席し意見を述べていたとしても，そのことだけでは足りず，反対理由に合理性が認められなければ，競売請求を否定する理由にはなりません。

(2) 従前からの態度と補充性への影響

　前掲横浜地判平成22年11月29日では，一括受電方式に反対した当該区分所有者は，受電方式でトラブルになる以前から，管理組合とのトラブルが複数回ありました。ケーブルテレビの導入工事に反対したり（当該区分所有者の区画のみテレビ端子を交換できなかった。），全戸で行った雑排水管改修工事及び浴室防水工事の際にも，工事の際に風呂釜が壊れた場合の責任であるとか，工事中に在宅できないなどの不合理な理由で工事を拒みました。当該区分所有者の非協力によって雑排水管改修工事及び浴室防水工事ができなかった件では，管理組合が訴訟を提起し，その訴訟の和解において工事及び今後のマンション運営への協力を約束しておきながら，当該区分所有者はその後も非協力的態度を取り続け，本件の一括受電への非協力へとつながっていました。

　仮にこのような非協力的態度を取り続けたという事実がなく，一括受電方式への反対以外には協力的な区分所有者であった場合はどうでしょうか。

　この場合，競売請求における補充性の判断に影響を与える可能性があります。すなわち，当該区分所有者に説明を尽くし，管理組合として行える手段を全て行って初めて認められるという性質からすると（補充性の要件。Ｑ6をご参照ください。），一度きりの非協力的態度では競売請求

187

第4　その他の共同利益背反行為

まで認められないという考えも成り立ち得ます。

　しかし，一括受電は，全員による契約手続が必要である以上，一人でも手続を拒否すれば実現できないため，反対者を排除する必要性は存在します。したがって，一括受電への切替えが明らかに区分所有者全員にとってメリットがあるのに，反対する理由を合理的に説明できなければ，補充性が認められ，競売請求が肯定される余地があります。

(3)　複数の反対者

　前掲横浜地判平成22年11月29日では，反対者が当該区分所有者ただ一人でした。もし，反対者が複数いる場合はどうでしょうか。

　一括受電への切替えは，集会決議という多数決により行われるのであり，反対者が複数いることだけをもって，多数決による結論が否定されることはありません。もっとも，共同利益背反との関係では，反対者の人数と全体の区分所有者数との比較もその判断要素になると考えます。集会決議での票数，事前説明会での行動など総合的な判断によって決することになると考えます。

33 集会決議に従わない行為②（共用部分の修繕拒否）

33 集会決議に従わない行為②（共用部分の修繕拒否）

集会決議に基づく大規模修繕工事のためにバルコニーに立ち入る必要があるのですが，当該区分所有者がこれを拒否しています。どのように対応すればよいでしょうか。

大規模修繕工事のためにバルコニーに立ち入ることを妨害する行為は，共同の利益に反する行為に該当し，区分所有法57条1項に基づき，その妨害行為の差止めを請求することができます。

解　説

1　問題の所在

　バルコニーは一般的に共用部分とされ，当該区分所有者に対し専用使用権が設定されていることが多くあります。そのため，管理組合が大規模修繕工事のためにバルコニーに立ち入る場合には，当該区分所有者の承諾を得て立ち入るのが原則です。ところが，当該区分所有者がこれを拒否してしまうと，管理組合又は管理組合から請け負った工事業者はバルコニーに立ち入ることができません。後にその部分だけを別途工事するとなると余計な工事費が掛かる等，管理組合に損害が生じます。そこで，管理組合としては，当該区分所有者の承諾なく，バルコニーに立ち入ることができないかが問題となります。

　すなわち，区分所有法57条1項は，共同の利益に反する行為をした場合又はその行為をするおそれがある場合に，他の区分所有者全員又は管理組合法人は，違反者に対し，区分所有者の共同の利益のため，行為を停止し，その行為の結果を除去し，又はその行為を予防するため必要な措置を執ることを請求することができると定めています。

　そこで，大規模修繕工事の実施を拒否する行為が区分所有者の共同の利

第4　その他の共同利益背反行為

益に反する行為に該当するとして，工事の妨害の差止めを請求できないか
が問題となります。

2 　参考裁判例

　本設問に類似した事案に関する裁判例として，東京地判平成26年8月29
日（ウエストロー）があります。この事案は，マンション内の排水管・汚
水管の更新工事を実施するため，当該専有部分における排水管・汚水管
（共用部分）の更新工事を実施しようとしたところ，当該区分所有者がこ
れを拒否したため，管理組合法人が，当該区分所有者に対し，区分所有法
57条1項に基づき，工事の実施を妨害することの差止めを求めた事案であ
り，当該区分所有者が工事の実施を拒否する行為が区分所有者の共同の利
益に反する行為に当たるかが争点となりました。

　本裁判例は，区分所有法6条1項の「区分所有者の共同の利益に反する
行為」に当たるか否かは，当該行為の必要性の程度，これによって他の区
分所有者が被る不利益の態様，程度等を比較考量して決すべきであるとし，
その上で，工事の実施を受け入れることは受忍限度の範囲内にあり，漏水
事故による不利益を被る可能性が高く工事を実施する必要性が大きいこと
に照らし，当該区分所有者が工事の実施を拒否する行為が区分所有者の共
同の利益に反する行為に当たると判示しました。

　さらに，本裁判例は，当該区分所有者が，訴訟提起前から一貫して工事
は必要がなく工事に協力する義務はないとして工事のための専有部分の使
用を頑なに拒否する態度を示していたことを認定し，区分所有者の共同の
利益に反する行為をするおそれがあると判示しました。

　そして，本裁判例は，工事妨害行為の差止めを命じました。

3 　工事妨害行為の差止め

　本設問においても，大規模修繕工事を実施する必要性が高いことや，バ
ルコニーの一部においてこれを実施できない場合における漏水の可能性や
別途行う工事費の負担等を比較考量すれば，当該区分所有者の受忍限度の
範囲内にあり，共同の利益に反する行為に該当するとして，区分所有法57

190

条1項による工事妨害行為の差止めが認められることになります。

4 専有部分の使用の承諾

　ところで，本設問のように大規模修繕工事においてバルコニーの改修を行う場合には仮設足場を組むことも多いため，当該バルコニーの専用使用者から当該専有部分を使用させてもらう必要性は高くないと思われますが，前掲東京地判平成26年8月29日の事案では，排水管・汚水管が当該専有部分の天井裏に通されていたため，その更新工事のためには，当該専有部分を使用させてもらうことが不可欠な事案でした。そこで，排水管・汚水管の更新工事を行うためには，当該区分所有者による妨害行為を差し止めるだけでは足りず，別途，当該専有部分を使用することの承諾も必要であると考えられます。

　この点について，同裁判例は，区分所有法6条2項に基づき，同更新工事を実施するに当たっての当該専有部分の使用承諾請求を認容しました。

　なお，区分所有法6条2項は，使用承諾請求の主体を「区分所有者」としています。同裁判例における使用承諾請求は「管理組合法人」によってなされていましたが，請求主体の適法性については，訴訟において争点になっておらず，同裁判例においても判示されていません。

5 判決に従わない場合の対処法

　それでは，判決により，バルコニーへの立入りを妨害してはならないと命じられたにもかかわらず，これを妨害した場合，管理組合としては，当該区分所有者による妨害を排除するため，判決内容の実現方法について検討しなければなりません。どのように対処すればよいのでしょうか。

　バルコニーへの立入りを妨害してはならないという不作為を目的とする債務についての強制執行は，間接強制の方法，すなわち，執行裁判所が，債務者である当該区分所有者に対し，相当と認める一定の期間内に履行しないときは直ちに，債務の履行を確保するために相当と認める一定の額の金銭を債権者である管理組合に支払うべき旨を命ずる方法により行うことができます（民事執行法172条1項）。具体的には，執行裁判所が決定をもっ

第4　その他の共同利益背反行為

て，一定の日数以内に当該不作為の債務を履行しないときは，債務者が債権者に対し，期限の翌日から履行済みまで一日当たり一定金額の割合の金員を支払うことを命ずることになります。

　執行裁判所は，上記の決定をする場合には，申立ての相手方を審尋しなければなりません（民事執行法172条3項）。相手方に対しこの審尋の通知が届いた時点で，相手方が債務の履行に自主的に応じることもあります。

　当該区分所有者が，こうした間接強制の方法によっても妨害をやめなかったり，又は，その後も共同利益背反行為を繰り返す場合には，管理組合としては，改めて，共同利益背反行為による競売請求（法59条1項）を検討することになるでしょう。

34 名誉毀損

ある区分所有者が，理事である特定の個人を誹謗・中傷する内容の文書を，マンション各戸に配布しています。また，それだけにとどまらず，管理組合の取引先に対しても妨害行為をしています。

このような場合，共同利益背反行為に当たるとして，**各迷惑行為の停止を求めることは可能でしょうか。**

原則として，名誉毀損は，管理組合の問題ではなく，区分所有者間の問題であり，マンションの管理に関する問題とまではいえないので，これが直ちに共同利益背反行為ということにはなりません。

もっとも，特定の個人を誹謗・中傷する内容にとどまらず，管理組合の業務の遂行や運営に支障が生ずるなどしてマンションの正常な管理又は使用が阻害されると認められる場合には，当該各迷惑行為が共同利益背反行為に当たるものとして，管理組合は，その停止を求めることができます。

―― 解　説 ――

1 問題の所在

区分所有者が，特定の区分所有者に対して，誹謗・中傷を行った場合，区分所有法6条1項の共同利益背反行為に当たるのでしょうか。区分所有法6条1項は，建物の保存に有害な行為その他建物の管理又は使用に関し区分所有者の共同の利益に反する行為をしてはならないと定めていますが，誹謗・中傷行為それ自体は，「建物の管理又は使用に」関する事項とは，直接関係がないように思えるため，問題になります。

第4　その他の共同利益背反行為

2　個人間における名誉毀損の成立要件

(1)　要　件

　区分所有者間の関係では，名誉毀損による損害賠償責任等が発生するためには，①被告が原告の社会的評価を低下させる事実を流布したこと，②それにより原告の社会的評価が低下したこと，③被告の故意・過失，（④損害の発生・額〔損害賠償請求の場合〕）の各要件を満たす必要があります（松尾剛行『最新判例にみるインターネット上の名誉毀損の理論と実務』24〜26頁（勁草書房，2016））（名誉毀損の要件については，Q29もご参照ください。）。

　もっとも，このように個人間において名誉毀損による損害賠償責任が発生したとしても，それが直ちにマンションの他の区分所有者との関係で共同利益背反行為になるとは限りません。

(2)　事実の摘示か意見の表明か

　なお，個人間における，名誉毀損の成立が問題になるケースでは，上記①の要件をめぐって，摘示の対象が事実なのか意見なのか，その区別が問題にされることが少なくありません。

　一般論としては，事実よりも意見の表明のほうが，表現の自由の保障（憲法21条1項）との関係で，保護の必要性が高いといえます。したがって，一概には言えないものの，意見の表明の場合には，社会的評価の低下を伴わないものとして，名誉毀損の成立が否定される傾向にあります。

　例えば，ある区分所有者が，「悪意に満ちた独断と偏見により全部『うそ』です」と記載した文書をマンションの住民に配布した事案において，裁判所は「説明内容が真実に反するとの被告の立場からの評価として記載されたものと認められ，原告X2の社会的評価を低下させる事実を摘示するものとはいえない」として，社会的評価の低下を否定しています（東京地判平成24年7月18日ウエストロー）。

　特に，マンション管理の運営をめぐって対立関係にある当事者間でのやり取りの場合には，それが健全な議論であるといえる限り，名誉毀損の成立は，やや消極的に考えざるを得ません。

194

34 名誉毀損

③ 共同利益背反行為との関係

(1) 最判平成24年1月17日（判時2142号26頁）

　　本判例は，マンションの区分所有者によって，①管理組合の役員らを誹謗・中傷する文書が配布され，②マンションの防音工事等を受注した業者の業務を妨害され，また，③理事長に暴行がなされた事案において，被上告人を除く他の区分所有者の全員のために本件訴訟を提起する者として集会の決議により指定された区分所有者が，名誉毀損文書の配布行為，本件マンション管理組合の取引先等に対する業務妨害行為，本件マンション関係者に対する暴行及び嫌がらせ行為の停止を求めた事案です。

　　第一審（横浜地判平成22年2月25日ウエストロー），控訴審（東京高判平成22年7月28日ウエストロー）ともに，被告の各行為は，「建物の管理又は使用」に直接関係するものではないという理由により，その請求を棄却しました。

　　しかし，本判例では，以下のとおり，一定の閾値を越える場合には，共同利益背反行為に当たると判断し，東京高等裁判所に差し戻しました。すなわち，本判例は，「単なる特定の個人に対するひぼう中傷等の域を超えるもので，それにより管理組合の業務の遂行や運営に支障が生ずるなどしてマンションの正常な管理又は使用が阻害される場合には，法6条1項所定の『区分所有者の共同の利益に反する行為』に当たるとみる余地があるというべきである。」と判示しています。

(2) 東京高判平成24年3月28日（(1)の差戻審。ウエストロー）

　　前掲最判平成24年1月17日の差戻審である本裁判例では，概要，以下①〜⑥の事実を認定した上で，単なる特定の個人に対する誹謗・中傷等の域を超えるもので，それにより管理組合の業務の遂行や運営に支障が生ずるなどしてマンションの正常な管理又は使用が阻害される場合に当たるとして，原告の請求を認容しました。

　　① 被告は，他の区分所有者を誹謗・中傷する内容の書面を本件マンションの各戸に配布していた

　　② 本件マンション付近の電柱数箇所に，原告が，修繕積立金を恣意的に運用したかのような旨を記載した書面を貼り付けた

195

第4 その他の共同利益背反行為

③ 被告は，本件マンションから工事を受注した株式会社に対して，
理事会を誹謗・中傷する書面を大量にファックスしただけでなく，
「防水工事を辞退しろ。」などと電話で述べ，その業務を妨害した

④ 被告は，本件マンション集会室のコピー機を私用のために無断で
使おうとしたところ，これを発見した元理事長から注意されたこと
に腹を立て，同人に対し暴行を加え，警察署で事情聴取及び厳重注
意を受けた

⑤ 被告は，理事長が変更されると，その変更後の理事長に電話をか
け，ファックスを送付し，同人宅の玄関を，大声を上げながら激し
く叩くなどした。この変更後の理事長は，それが原因で，精神的に
深いダメージを受け，理事長を辞任するに至った

⑥ 一連の被告の行為の結果，役員に選任されただけで日常生活が脅
かされ，極端な場合には，身体に危険が及ぶおそれがあることが共
通の認識となっており，本件マンションにおいては，役員就任を忌
避する傾向が生じる，厳しい状況に陥った

4 まとめ

以上のとおり，区分所有者の行為が，特定の個人を誹謗・中傷する内容
の文書の配布にとどまらず，管理組合の業務の遂行や運営に支障を与える
ものである結果，マンションの正常な管理又は使用が阻害されると認めら
れる場合には，共同利益背反行為に当たるものとして，その停止を求める
ことができます。

巻末資料

- 建物の区分所有等に関する法律（昭和37年法律第69号）
- マンション標準管理規約（単棟型）

建物の区分所有等に関する法律

建物の区分所有等に関する法律（昭和37年法律第69号）

（最終改正：平成23年6月24日法律第74号）

第1章　建物の区分所有
第1節　総則
（建物の区分所有）

第1条　一棟の建物に構造上区分された数個の部分で独立して住居，店舗，事務所又は倉庫その他建物としての用途に供することができるものがあるときは，その各部分は，この法律の定めるところにより，それぞれ所有権の目的とすることができる。

（定義）

第2条　この法律において「区分所有権」とは，前条に規定する建物の部分（第4条第2項の規定により共用部分とされたものを除く。）を目的とする所有権をいう。

2　この法律において「区分所有者」とは，区分所有権を有する者をいう。

3　この法律において「専有部分」とは，区分所有権の目的たる建物の部分をいう。

4　この法律において「共用部分」とは，専有部分以外の建物の部分，専有部分に属しない建物の附属物及び第四条第二項の規定により共用部分とされた附属の建物をいう。

5　この法律において「建物の敷地」とは，建物が所在する土地及び第5条第1項の規定により建物の敷地とされた土地をいう。

6　この法律において「敷地利用権」とは，専有部分を所有するための建物の敷地に関する権利をいう。

（区分所有者の団体）

第3条　区分所有者は，全員で，建物並びにその敷地及び附属施設の管理を行うための団体を構成し，この法律の定めるところにより，集会を開き，規約を定め，及び管理者を置くことができる。一部の区分所有者のみの共用に供されるべきことが明らかな共用部分（以下「一部共用部分」という。）をそれらの区分所有者が管理するときも，同様とする。

（共用部分）

第4条　数個の専有部分に通ずる廊下又は階段室その他構造上区分所有者の全員又はその一部の共用に供されるべき建物の部分は，区分所有権の目的とならないものとする。

2　第1条に規定する建物の部分及び附属の建物は，規約により共用部分とすることができる。この場合には，その旨の登記をしなければ，これをもつて第三者に対抗することができない。

（規約による建物の敷地）

第5条　区分所有者が建物及び建物が所在する土地と一体として管理又は使用をする庭，通路その他の土地は，規約により建物の敷地とすることができる。

2　建物が所在する土地が建物の一部の滅失により建物が所在する土地以外の土地となつたときは，その土地は，前項の規定により規約で建物の敷地と定められたものとみなす。建物が所在する土地の一部が分割により建物が所在する土地以外の土地となつたときも，同様とする。

（区分所有者の権利義務等）

第6条　区分所有者は，建物の保存に有害な行為その他建物の管理又は使用に関し区分所有者の共同の利益に反する行為をしてはならない。

2　区分所有者は，その専有部分又は共用部分を保存し，又は改良するため必要な範囲内において，他の区分所有者

199

の専有部分又は自己の所有に属しない共用部分の使用を請求することができる。この場合において，他の区分所有者が損害を受けたときは，その償金を支払わなければならない。

3　第1項の規定は，区分所有者以外の専有部分の占有者（以下「占有者」という。）に準用する。

（先取特権）

第7条　区分所有者は，共用部分，建物の敷地若しくは共用部分以外の建物の附属施設につき他の区分所有者に対して有する債権又は規約若しくは集会の決議に基づき他の区分所有者に対して有する債権について，債務者の区分所有権（共用部分に関する権利及び敷地利用権を含む。）及び建物に備え付けた動産の上に先取特権を有する。管理者又は管理組合法人がその職務又は業務を行うにつき区分所有者に対して有する債権についても，同様とする。

2　前項の先取特権は，優先権の順位及び効力については，共益費用の先取特権とみなす。

3　民法（明治29年法律第89号）第319条の規定は，第1項の先取特権に準用する。

（特定承継人の責任）

第8条　前条第1項に規定する債権は，債務者たる区分所有者の特定承継人に対しても行うことができる。

（建物の設置又は保存の瑕疵（かし）に関する推定）

第9条　建物の設置又は保存に瑕疵（かし）があることにより他人に損害を生じたときは，その瑕疵（かし）は，共用部分の設置又は保存にあるものと推定する。

（区分所有権売渡請求権）

第10条　敷地利用権を有しない区分所有者があるときは，その専有部分の収去を請求する権利を有する者は，その区分所有者に対し，区分所有権を時価

で売り渡すべきことを請求することができる。

第2節　共用部分等

（共用部分の共有関係）

第11条　共用部分は，区分所有者全員の共有に属する。ただし，一部共用部分は，これを共用すべき区分所有者の共有に属する。

2　前項の規定は，規約で別段の定めをすることを妨げない。ただし，第27条第1項の場合を除いて，区分所有者以外の者を共用部分の所有者と定めることはできない。

3　民法第177条の規定は，共用部分には適用しない。

第12条　共用部分が区分所有者の全員又はその一部の共有に属する場合には，その共用部分の共有については，次条から第19条までに定めるところによる。

（共用部分の使用）

第13条　各共有者は，共用部分をその用方に従つて使用することができる。

（共用部分の持分の割合）

第14条　各共有者の持分は，その有する専有部分の床面積の割合による。

2　前項の場合において，一部共用部分（附属の建物であるものを除く。）で床面積を有するものがあるときは，その一部共用部分の床面積は，これを共用すべき各区分所有者の専有部分の床面積の割合により配分して，それぞれその区分所有者の専有部分の床面積に算入するものとする。

3　前二項の床面積は，壁その他の区画の内側線で囲まれた部分の水平投影面積による。

4　前三項の規定は，規約で別段の定めをすることを妨げない。

（共用部分の持分の処分）

第15条　共有者の持分は，その有する専有部分の処分に従う。

2　共有者は，この法律に別段の定めが

建物の区分所有等に関する法律

ある場合を除いて，その有する専有部分と分離して持分を処分することができない。

（一部共用部分の管理）

第16条　一部共用部分の管理のうち，区分所有者全員の利害に関係するもの又は第31条第2項の規約に定めがあるものは区分所有者全員で，その他のものはこれを共用すべき区分所有者のみで行う。

（共用部分の変更）

第17条　共用部分の変更（その形状又は効用の著しい変更を伴わないものを除く。）は，区分所有者及び議決権の各4分の3以上の多数による集会の決議で決する。ただし，この区分所有者の定数は，規約でその過半数まで減ずることができる。

2　前項の場合において，共用部分の変更が専有部分の使用に特別の影響を及ぼすべきときは，その専有部分の所有者の承諾を得なければならない。

（共用部分の管理）

第18条　共用部分の管理に関する事項は，前条の場合を除いて，集会の決議で決する。ただし，保存行為は，各共有者がすることができる。

2　前項の規定は，規約で別段の定めをすることを妨げない。

3　前条第2項の規定は，第1項本文の場合に準用する。

4　共用部分につき損害保険契約をすることは，共用部分の管理に関する事項とみなす。

（共用部分の負担及び利益収取）

第19条　各共有者は，規約に別段の定めがない限りその持分に応じて，共用部分の負担に任じ，共用部分から生ずる利益を収取する。

（管理所有者の権限）

第20条　第11条第2項の規定により規約で共用部分の所有者と定められた区分所有者は，区分所有者全員（一部共

用部分については，これを共用すべき区分所有者）のためにその共用部分を管理する義務を負う。この場合には，それらの区分所有者に対し，相当な管理費用を請求することができる。

2　前項の共用部分の所有者は，第17条第1項に規定する共用部分の変更をすることができない。

（共用部分に関する規定の準用）

第21条　建物の敷地又は共用部分以外の附属施設（これらに関する権利を含む。）が区分所有者の共有に属する場合には，第17条から第19条までの規定は，その敷地又は附属施設に準用する。

第3節　敷地利用権

（分離処分の禁止）

第22条　敷地利用権が数人で有する所有権その他の権利である場合には，区分所有者は，その有する専有部分とその専有部分に係る敷地利用権とを分離して処分することができない。ただし，規約に別段の定めがあるときは，この限りでない。

2　前項本文の場合において，区分所有者が数個の専有部分を所有するときは，各専有部分に係る敷地利用権の割合は，第14条第1項から第3項までに定める割合による。ただし，規約でこの割合と異なる割合が定められているときは，その割合による。

3　前二項の規定は，建物の専有部分の全部を所有する者の敷地利用権が単独で有する所有権その他の権利である場合に準用する。

（分離処分の無効の主張の制限）

第23条　前条第1項本文（同条第3項において準用する場合を含む。）の規定に違反する専有部分又は敷地利用権の処分については，その無効を善意の相手方に主張することができない。ただし，不動産登記法（平成16年法律第123号）の定めるところにより分離し

巻末資料

て処分することができない専有部分及
び敷地利用権であることを登記した後
に，その処分がされたときは，この限
りでない。
（民法第255条の適用除外）
第24条　第22条第1項本文の場合には，
民法第255条（同法第264条において準
用する場合を含む。）の規定は，敷地
利用権には適用しない。

第4節　管理者
（選任及び解任）
第25条　区分所有者は，規約に別段の定
めがない限り集会の決議によつて，管
理者を選任し，又は解任することがで
きる。
2　管理者に不正な行為その他その職務
を行うに適しない事情があるときは，
各区分所有者は，その解任を裁判所に
請求することができる。
（権限）
第26条　管理者は，共用部分並びに第21
条に規定する場合における当該建物の
敷地及び附属施設（次項及び第47条第
6項において「共用部分等」という。）
を保存し，集会の決議を実行し，並び
に規約で定めた行為をする権利を有し，
義務を負う。
2　管理者は，その職務に関し，区分所
有者を代理する。第18条第4項（第21
条において準用する場合を含む。）の
規定による損害保険契約に基づく保険
金額並びに共用部分等について生じた
損害賠償金及び不当利得による返還金
の請求及び受領についても，同様とす
る。
3　管理者の代理権に加えた制限は，善
意の第三者に対抗することができない。
4　管理者は，規約又は集会の決議によ
り，その職務（第二項後段に規定する
事項を含む。）に関し，区分所有者の
ために，原告又は被告となることがで
きる。

5　管理者は，前項の規約により原告又
は被告となつたときは，遅滞なく，区
分所有者にその旨を通知しなければな
らない。この場合には，第35条第2項
から第4項までの規定を準用する。
（管理所有）
第27条　管理者は，規約に特別の定めが
あるときは，共用部分を所有すること
ができる。
2　第6条第2項及び第20条の規定は，
前項の場合に準用する。
（委任の規定の準用）
第28条　この法律及び規約に定めるも
ののほか，管理者の権利義務は，委任
に関する規定に従う。
（区分所有者の責任等）
第29条　管理者がその職務の範囲内に
おいて第三者との間にした行為につき
区分所有者がその責めに任ずべき割合
は，第14条に定める割合と同一の割合
とする。ただし，規約で建物並びにそ
の敷地及び附属施設の管理に要する経
費につき負担の割合が定められている
ときは，その割合による。
2　前項の行為により第三者が区分所有
者に対して有する債権は，その特定承
継人に対しても行うことができる。

第5節　規約及び集会
（規約事項）
第30条　建物又はその敷地若しくは附
属施設の管理又は使用に関する区分所
有者相互間の事項は，この法律に定め
るもののほか，規約で定めることがで
きる。
2　一部共用部分に関する事項で区分所
有者全員の利害に関係しないものは，
区分所有者全員の規約に定めがある場
合を除いて，これを共用すべき区分所
有者の規約で定めることができる。
3　前二項に規定する規約は，専有部分
若しくは共用部分又は建物の敷地若し
くは附属施設（建物の敷地又は附属施

設に関する権利を含む。）につき，こ
れらの形状，面積，位置関係，使用目
的及び利用状況並びに区分所有者が支
払つた対価その他の事情を総合的に考
慮して，区分所有者間の利害の衡平が
図られるように定めなければならない。
4　第1項及び第2項の場合には，区分
所有者以外の者の権利を害することが
できない。
5　規約は，書面又は電磁的記録（電子
的方式，磁気的方式その他人の知覚に
よつては認識することができない方式
で作られる記録であつて，電子計算機
による情報処理の用に供されるものと
して法務省令で定めるものをいう。以
下同じ。）により，これを作成しなけ
ればならない。
（規約の設定，変更及び廃止）
第31条　規約の設定，変更又は廃止は，
区分所有者及び議決権の各4分の3以
上の多数による集会の決議によつてす
る。この場合において，規約の設定，
変更又は廃止が一部の区分所有者の権
利に特別の影響を及ぼすべきときは，
その承諾を得なければならない。
2　前条第2項に規定する事項について
の区分所有者全員の規約の設定，変更
又は廃止は，当該一部共用部分を共用
すべき区分所有者の4分の1を超える
者又はその議決権の4分の1を超える
議決権を有する者が反対したときは，
することができない。
（公正証書による規約の設定）
第32条　最初に建物の専有部分の全部
を所有する者は，公正証書により，第
4条第2項，第5条第1項並びに第22
条第1項ただし書及び第2項ただし書
（これらの規定を同条第3項において
準用する場合を含む。）の規約を設定
することができる。
（規約の保管及び閲覧）
第33条　規約は，管理者が保管しなけれ
ばならない。ただし，管理者がないと

きは，建物を使用している区分所有者
又はその代理人で規約又は集会の決議
で定めるものが保管しなければならな
い。
2　前項の規定により規約を保管する者
は，利害関係人の請求があつたときは，
正当な理由がある場合を除いて，規約
の閲覧（規約が電磁的記録で作成され
ているときは，当該電磁的記録に記録
された情報の内容を法務省令で定める
方法により表示したものの当該規約の
保管場所における閲覧）を拒んではな
らない。
3　規約の保管場所は，建物内の見やす
い場所に掲示しなければならない。
（集会の招集）
第34条　集会は，管理者が招集する。
2　管理者は，少なくとも毎年1回集会
を招集しなければならない。
3　区分所有者の5分の1以上で議決権
の5分の1以上を有するものは，管理
者に対し，会議の目的たる事項を示し
て，集会の招集を請求することができ
る。ただし，この定数は，規約で減ず
ることができる。
4　前項の規定による請求がされた場合
において，2週間以内にその請求の日
から4週間以内の日を会日とする集会
の招集の通知が発せられなかつたとき
は，その請求をした区分所有者は，集
会を招集することができる。
5　管理者がないときは，区分所有者の
5分の1以上で議決権の5分の1以上
を有するものは，集会を招集すること
ができる。ただし，この定数は，規約
で減ずることができる。
（招集の通知）
第35条　集会の招集の通知は，会日より
少なくとも1週間前に，会議の目的た
る事項を示して，各区分所有者に発し
なければならない。ただし，この期間
は，規約で伸縮することができる。
2　専有部分が数人の共有に属するとき

巻末資料

は，前項の通知は，第40条の規定により定められた議決権を行使すべき者（その者がないときは，共有者の一人）にすれば足りる。

3　第1項の通知は，区分所有者が管理者に対して通知を受けるべき場所を通知したときはその場所に，これを通知しなかつたときは区分所有者の所有する専有部分が所在する場所にあててすれば足りる。この場合には，同項の通知は，通常それが到達すべき時に到達したものとみなす。

4　建物内に住所を有する区分所有者又は前項の通知を受けるべき場所を通知しない区分所有者に対する第1項の通知は，規約に特別の定めがあるときは，建物内の見やすい場所に掲示してすることができる。この場合には，同項の通知は，その掲示をした時に到達したものとみなす。

5　第1項の通知をする場合において，会議の目的たる事項が第17条第1項，第31条第1項，第61条第5項，第62条第1項，第68条第1項又は第69条第7項に規定する決議事項であるときは，その議案の要領をも通知しなければならない。

（招集手続の省略）

第36条　集会は，区分所有者全員の同意があるときは，招集の手続を経ないで開くことができる。

（決議事項の制限）

第37条　集会においては，第35条の規定によりあらかじめ通知した事項についてのみ，決議をすることができる。

2　前項の規定は，この法律に集会の決議につき特別の定数が定められている事項を除いて，規約で別段の定めをすることを妨げない。

3　前二項の規定は，前条の規定による集会には適用しない。

（議決権）

第38条　各区分所有者の議決権は，規約に別段の定めがない限り，第14条に定める割合による。

（議事）

第39条　集会の議事は，この法律又は規約に別段の定めがない限り，区分所有者及び議決権の各過半数で決する。

2　議決権は，書面で，又は代理人によつて行使することができる。

3　区分所有者は，規約又は集会の決議により，前項の規定による書面による決議権の行使に代えて，電磁的方法（電子情報処理組織を使用する方法その他の情報通信の技術を利用する方法であつて法務省令で定めるものをいう。以下同じ。）によつて決議権を行使することができる。

（議決権行使者の指定）

第40条　専有部分が数人の共有に属するときは，共有者は，議決権を行使すべき者一人を定めなければならない。

（議長）

第41条　集会においては，規約に別段の定めがある場合及び別段の決議をした場合を除いて，管理者又は集会を招集した区分所有者の一人が議長となる。

（議事録）

第42条　集会の議事については，議長は，書面又は電磁的記録により，議事録を作成しなければならない。

2　議事録には，議事の経過の要領及びその結果を記載し，又は記録しなければならない。

3　前項の場合において，議事録が書面で作成されているときは，議長及び集会に出席した区分所有者の二人がこれに署名押印しなければならない。

4　第2項の場合において，議事録が電磁的記録で作成されているときは，当該電磁的記録に記録された情報については，議長及び集会に出席した区分所有者の二人が行う法務省令で定める署名押印に代わる措置を執らなければならない。

建物の区分所有等に関する法律

5　第33条の規定は，議事録について準用する。

（事務の報告）

第43条　管理者は，集会において，毎年１回一定の時期に，その事務に関する報告をしなければならない。

（占有者の意見陳述権）

第44条　区分所有者の承諾を得て専有部分を占有する者が，会議の目的たる事項につき利害関係を有する場合には，集会に出席して意見を述べることができる。

2　前項に規定する場合には，集会を招集する者は，第35条の規定により招集の通知を発した後遅滞なく，集会の日時，場所及び会議の目的たる事項を建物内の見やすい場所に掲示しなければならない。

（書面又は電磁的方法による決議）

第45条　この法律又は規約により集会において決議をすべき場合において，区分所有者全員の承諾があるときは，書面又は電磁的方法による決議をすることができる。ただし，電磁的方法による決議に係る区分所有者の承諾については，法務省令で定めるところによらなければならない。

2　この法律又は規約により集会において決議すべきものとされた事項については，区分所有者全員の書面又は電磁的方法による合意があつたときは，書面又は電磁的方法による決議があつたものとみなす。

3　この法律又は規約により集会において決議すべきものとされた事項についての書面又は電磁的方法による決議は，集会の決議と同一の効力を有する。

4　第33条の規定は，書面又は電磁的方法による決議に係る書面並びに第１項及び第２項の電磁的方法が行われる場合に当該電磁的方法により作成される電磁的記録について準用する。

5　集会に関する規定は，書面又は電磁的方法による決議について準用する。

（規約及び集会の決議の効力）

第46条　規約及び集会の決議は，区分所有者の特定承継人に対しても，その効力を生ずる。

2　占有者は，建物又はその敷地若しくは附属施設の使用方法につき，区分所有者が規約又は集会の決議に基づいて負う義務と同一の義務を負う。

第６節　管理組合法人

（成立等）

第47条　第３条に規定する団体は，区分所有者及び議決権の各４分の３以上の多数による集会の決議で法人となる旨並びにその名称及び事務所を定め，かつ，その主たる事務所の所在地において登記をすることによつて法人となる。

2　前項の規定による法人は，管理組合法人と称する。

3　この法律に規定するもののほか，管理組合法人の登記に関して必要な事項は，政令で定める。

4　管理組合法人に関して登記すべき事項は，登記した後でなければ，第三者に対抗することができない。

5　管理組合法人の成立前の集会の決議，規約及び管理者の職務の範囲内の行為は，管理組合法人につき効力を生ずる。

6　管理組合法人は，その事務に関し，区分所有者を代理する。第18条第４項（第21条において準用する場合を含む。）の規定による損害保険契約に基づく保険金額並びに共用部分等について生じた損害賠償金及び不当利得による返還金の請求及び受領についても，同様とする。

7　管理組合法人の代理権に加えた制限は，善意の第三者に対抗することができない。

8　管理組合法人は，規約又は集会の決議により，その事務（第６項後段に規定する事項を含む。）に関し，区分所

巻末資料

有者のために，原告又は被告となることができる。

9　管理組合法人は，前項の規約により原告又は被告となつたときは，遅滞なく，区分所有者にその旨を通知しなければならない。この場合においては，第35条第2項から第4項までの規定を準用する。

10　一般社団法人及び一般財団法人に関する法律（平成18年法律第48号）第4条及び第78条の規定は管理組合法人に，破産法（平成16年法律第75号）第16条第2項の規定は存立中の管理組合法人に準用する。

11　第4節及び第33条第1項ただし書（第42条第5項及び第45条第4項において準用する場合を含む。）の規定は，管理組合法人には，適用しない。

12　管理組合法人について，第33条第1項本文（第42条第5項及び第45条第4項において準用する場合を含む。以下この項において同じ。）の規定を適用する場合には第33条第1項本文中「管理者が」とあるのは「理事が管理組合法人の事務所において」と，第34条第1項から第3項まで及び第5項，第35条第3項，第41条並びに第43条の規定を適用する場合にはこれらの規定中「管理者」とあるのは「理事」とする。

13　管理組合法人は，法人税法（昭和40年法律第34号）その他法人税に関する法令の規定の適用については，同法第2条第6号に規定する公益法人等とみなす。この場合において，同法第37条の規定を適用する場合には同条第4項中「公益法人等（」とあるのは「公益法人等（管理組合法人並びに」と，同法第66条の規定を適用する場合には同条第1項及び第2項中「普通法人」とあるのは「普通法人（管理組合法人を含む。）」と，同条第3項中「公益法人等（」とあるのは「公益法人等（管理組合法人及び」とする。

14　管理組合法人は，消費税法（昭和63年法律第108号）その他消費税に関する法令の規定の適用については，同法別表第三に掲げる法人とみなす。

（名称）

第48条　管理組合法人は，その名称中に管理組合法人という文字を用いなければならない。

2　管理組合法人でないものは，その名称中に管理組合法人という文字を用いてはならない。

（財産目録及び区分所有者名簿）

第48条の2　管理組合法人は，設立の時及び毎年1月から3月までの間に財産目録を作成し，常にこれをその主たる事務所に備え置かなければならない。ただし，特に事業年度を設けるものは，設立の時及び毎事業年度の終了の時に財産目録を作成しなければならない。

2　管理組合法人は，区分所有者名簿を備え置き，区分所有者の変更があるごとに必要な変更を加えなければならない。

（理事）

第49条　管理組合法人には，理事を置かなければならない。

2　理事が数人ある場合において，規約に別段の定めがないときは，管理組合法人の事務は，理事の過半数で決する。

3　理事は，管理組合法人を代表する。

4　理事が数人あるときは，各自管理組合法人を代表する。

5　前項の規定は，規約若しくは集会の決議によつて，管理組合法人を代表すべき理事を定め，若しくは数人の理事が共同して管理組合法人を代表すべきことを定め，又は規約の定めに基づき理事の互選によつて管理組合法人を代表すべき理事を定めることを妨げない。

6　理事の任期は，2年とする。ただし，規約で3年以内において別段の期間を定めたときは，その期間とする。

7　理事が欠けた場合又は規約で定めた

理事の員数が欠けた場合には，任期の満了又は辞任により退任した理事は，新たに選任された理事（第49条の4第1項の仮理事を含む。）が就任するまで，なおその職務を行う。

8　第25条の規定は，理事に準用する。

（理事の代理権）

第49条の2　理事の代理権に加えた制限は，善意の第三者に対抗することができない。

（理事の代理行為の委任）

第49条の3　理事は，規約又は集会の決議によつて禁止されていないときに限り，特定の行為の代理を他人に委任することができる。

（仮理事）

第49条の4　理事が欠けた場合において，事務が遅滞することにより損害を生ずるおそれがあるときは，裁判所は，利害関係人又は検察官の請求により，仮理事を選任しなければならない。

2　仮理事の選任に関する事件は，管理組合法人の主たる事務所の所在地を管轄する地方裁判所の管轄に属する。

（監事）

第50条　管理組合法人には，監事を置かなければならない。

2　監事は，理事又は管理組合法人の使用人と兼ねてはならない。

3　監事の職務は，次のとおりとする。

一　管理組合法人の財産の状況を監査すること。

二　理事の業務の執行の状況を監査すること。

三　財産の状況又は業務の執行について，法令若しくは規約に違反し，又は著しく不当な事項があると認めるときは，集会に報告をすること。

四　前号の報告をするため必要があるときは，集会を招集すること。

4　第25条，第49条第6項及び第7項並びに前条の規定は，監事に準用する。

（監事の代表権）

第51条　管理組合法人と理事との利益が相反する事項については，監事が管理組合法人を代表する。

（事務の執行）

第52条　管理組合法人の事務は，この法律に定めるもののほか，すべて集会の決議によつて行う。ただし，この法律に集会の決議につき特別の定数が定められている事項及び第57条第2項に規定する事項を除いて，規約で，理事その他の役員が決するものとすることができる。

2　前項の規定にかかわらず，保存行為は，理事が決することができる。

（区分所有者の責任）

第53条　管理組合法人の財産をもつてその債務を完済することができないときは，区分所有者は，第14条に定める割合と同一の割合で，その債務の弁済の責めに任ずる。ただし，第29条第1項ただし書に規定する負担の割合が定められているときは，その割合による。

2　管理組合法人の財産に対する強制執行がその効を奏しなかつたときも，前項と同様とする。

3　前項の規定は，区分所有者が管理組合法人に資力があり，かつ，執行が容易であることを証明したときは，適用しない。

（特定承継人の責任）

第54条　区分所有者の特定承継人は，その承継前に生じた管理組合法人の債務についても，その区分所有者が前条の規定により負う責任と同一の責任を負う。

（解散）

第55条　管理組合法人は，次の事由によつて解散する。

一　建物（一部共用部分を共用すべき区分所有者で構成する管理組合法人にあつては，その共用部分）の全部の滅失

巻末資料

二　建物に専有部分がなくなつたこと。
三　集会の決議
2　前項第3号の決議は，区分所有者及び議決権の各4分の3以上の多数でする。
（清算中の管理組合法人の能力）
第55条の2　解散した管理組合法人は，清算の目的の範囲内において，その清算の結了に至るまではなお存続するものとみなす。
（清算人）
第55条の3　管理組合法人が解散したときは，破産手続開始の決定による解散の場合を除き，理事がその清算人となる。ただし，規約に別段の定めがあるとき，又は集会において理事以外の者を選任したときは，この限りでない。
（裁判所による清算人の選任）
第55条の4　前条の規定により清算人となる者がないとき，又は清算人が欠けたため損害を生ずるおそれがあるときは，裁判所は，利害関係人若しくは検察官の請求により又は職権で，清算人を選任することができる。
（清算人の解任）
第55条の5　重要な事由があるときは，裁判所は，利害関係人若しくは検察官の請求により又は職権で，清算人を解任することができる。
（清算人の職務及び権限）
第55条の6　清算人の職務は，次のとおりとする。
一　現務の結了
二　債権の取立て及び債務の弁済
三　残余財産の引渡し
2　清算人は，前項各号に掲げる職務を行うために必要な一切の行為をすることができる。
（債権の申出の催告等）
第55条の7　清算人は，その就職の日から2月以内に，少なくとも3回の公告をもつて，債権者に対し，一定の期間内にその債権の申出をすべき旨の催告

をしなければならない。この場合において，その期間は，2月を下ることができない。
2　前項の公告には，債権者がその期間内に申出をしないときは清算から除斥されるべき旨を付記しなければならない。ただし，清算人は，知れている債権者を除斥することができない。
3　清算人は，知れている債権者には，各別にその申出の催告をしなければならない。
4　第1項の公告は，官報に掲載してする。
（期間経過後の債権の申出）
第55条の8　前条第1項の期間の経過後に申出をした債権者は，管理組合法人の債務が完済された後まだ権利の帰属すべき者に引き渡されていない財産に対してのみ，請求をすることができる。
（清算中の管理組合法人についての破産手続の開始）
第55条の9　清算中に管理組合法人の財産がその債務を完済するのに足りないことが明らかになつたときは，清算人は，直ちに破産手続開始の申立てをし，その旨を公告しなければならない。
2　清算人は，清算中の管理組合法人が破産手続開始の決定を受けた場合において，破産管財人にその事務を引き継いだときは，その任務を終了したものとする。
3　前項に規定する場合において，清算中の管理組合法人が既に債権者に支払い，又は権利の帰属すべき者に引き渡したものがあるときは，破産管財人は，これを取り戻すことができる。
4　第1項の規定による公告は，官報に掲載してする。
（残余財産の帰属）
第56条　解散した管理組合法人の財産は，規約に別段の定めがある場合を除いて，第14条に定める割合と同一の割

合で各区分所有者に帰属する。

（裁判所による監督）

第56条の2　管理組合法人の解散及び清算は，裁判所の監督に属する。

2　裁判所は，職権で，いつでも前項の監督に必要な検査をすることができる。

（解散及び清算の監督等に関する事件の管轄）

第56条の3　管理組合法人の解散及び清算の監督並びに清算人に関する事件は，その主たる事務所の所在地を管轄する地方裁判所の管轄に属する。

（不服申立ての制限）

第56条の4　清算人の選任の裁判に対しては，不服を申し立てることができない。

（裁判所の選任する清算人の報酬）

第56条の5　裁判所は，第55条の4の規定により清算人を選任した場合には，管理組合法人が当該清算人に対して支払う報酬の額を定めることができる。この場合においては，裁判所は，当該清算人及び監事の陳述を聴かなければならない。

第56条の6　削除（平成23年法律53号）

（検査役の選任）

第56条の7　裁判所は，管理組合法人の解散及び清算の監督に必要な調査をさせるため，検査役を選任することができる。

2　第56条の4及び第56五十六条の五の規定は，前項の規定により裁判所が検査役を選任した場合について準用する。この場合において，同条中「清算人及び監事」とあるのは，「管理組合法人及び検査役」と読み替えるものとする。

第7節　義務違反者に対する措置

（共同の利益に反する行為の停止等の請求）

第57条　区分所有者が第6条第1項に規定する行為をした場合又はその行為をするおそれがある場合には，他の区分所有者の全員又は管理組合法人は，区分所有者の共同の利益のため，その行為を停止し，その行為の結果を除去し，又はその行為を予防するため必要な措置を執ることを請求することができる。

2　前項の規定に基づき訴訟を提起するには，集会の決議によらなければならない。

3　管理者又は集会において指定された区分所有者は，集会の決議により，第1項の他の区分所有者の全員のために，前項に規定する訴訟を提起することができる。

4　前3項の規定は，占有者が第6条第3項において準用する同条第1項に規定する行為をした場合及びその行為をするおそれがある場合に準用する。

（使用禁止の請求）

第58条　前条第1項に規定する場合において，第6条第1項に規定する行為による区分所有者の共同生活上の障害が著しく，前条第1項に規定する請求によつてはその障害を除去して共用部分の利用の確保その他の区分所有者の共同生活の維持を図ることが困難であるときは，他の区分所有者の全員又は管理組合法人は，集会の決議に基づき，訴えをもつて，相当の期間の当該行為に係る区分所有者による専有部分の使用の禁止を請求することができる。

2　前項の決議は，区分所有者及び議決権の各4分の3以上の多数でする。

3　第1項の決議をするには，あらかじめ，当該区分所有者に対し，弁明する機会を与えなければならない。

4　前条第3項の規定は，第1項の訴えの提起に準用する。

（区分所有権の競売の請求）

第59条　第57条第1項に規定する場合において，第6条第1項に規定する行為による区分所有者の共同生活上の障害が著しく，他の方法によつてはその

巻末資料

障害を除去して共用部分の利用の確保
その他の区分所有者の共同生活の維持
を図ることが困難であるときは，他の
区分所有者の全員又は管理組合法人は，
集会の決議に基づき，訴えをもつて，
当該行為に係る区分所有者の区分所有
権及び敷地利用権の競売を請求するこ
とができる。

2 第57条第3項の規定は前項の訴えの
提起に，前条第2項及び第3項の規定
は前項の決議に準用する。

3 第1項の規定による判決に基づく競
売の申立ては，その判決が確定した日
から6月を経過したときは，すること
ができない。

4 前項の競売においては，競売を申し
立てられた区分所有者又はその者の計
算において買い受けようとする者は，
買受けの申出をすることができない。

（占有者に対する引渡し請求）

第60条 第57条第4項に規定する場合
において，第6条第3項において準用
する同条第1項に規定する行為による
区分所有者の共同生活上の障害が著し
く，他の方法によつてはその障害を除
去して共用部分の利用の確保その他の
区分所有者の共同生活の維持を図るこ
とが困難であるときは，区分所有者の
全員又は管理組合法人は，集会の決議
に基づき，訴えをもつて，当該行為に
係る占有者が占有する専有部分の使用
又は収益を目的とする契約の解除及び
その専有部分の引渡しを請求すること
ができる。

2 第57条第3項の規定は前項の訴えの
提起に，第59条第2項及び第3項の規
定は前項の決議に準用する。

3 第1項の規定による判決に基づき専
有部分の引渡しを受けた者は，遅滞な
く，その専有部分を占有する権原を有
する者にこれを引き渡さなければなら
ない。

第8節 復旧及び建替え

（建物の一部が滅失した場合の復旧等）

第61条 建物の価格の2分の1以下に
相当する部分が滅失したときは，各区
分所有者は，滅失した共用部分及び自
己の専有部分を復旧することができる。
ただし，共用部分については，復旧の
工事に着手するまでに第3項，次条第
1項又は第70条第1項の決議があつた
ときは，この限りでない。

2 前項の規定により共用部分を復旧し
た者は，他の区分所有者に対し，復旧
に要した金額を第14条に定める割合に
応じて償還すべきことを請求すること
ができる。

3 第1項本文に規定する場合には，集
会において，滅失した共用部分を復旧
する旨の決議をすることができる。

4 前三項の規定は，規約で別段の定め
をすることを妨げない。

5 第1項本文に規定する場合を除いて，
建物の一部が滅失したときは，集会に
おいて，区分所有者及び議決権の各4
分の3以上の多数で，滅失した共用部
分を復旧する旨の決議をすることがで
きる。

6 前項の決議をした集会の議事録には，
その決議についての各区分所有者の賛
否をも記載し，又は記録しなければな
らない。

7 第5項の決議があつた場合において，
その決議の日から2週間を経過したと
きは，次項の場合を除き，その決議に
賛成した区分所有者（その承継人を含
む。以下この条において「決議賛成
者」という。）以外の区分所有者は，
決議賛成者の全部又は一部に対し，建
物及びその敷地に関する権利を時価で
買い取るべきことを請求することがで
きる。この場合において，その請求を
受けた決議賛成者は，その請求の日か
ら2月以内に，他の決議賛成者の全部
又は一部に対し，決議賛成者以外の区

210

分所有者を除いて算定した第14条に定
める割合に応じて当該建物及びその敷
地に関する権利を時価で買い取るべき
ことを請求することができる。

8　第5項の決議の日から2週間以内に，
決議賛成者がその全員の合意により建
物及びその敷地に関する権利を買い取
ることができる者を指定し，かつ，そ
の指定された者（以下この条において
「買取指定者」という。）がその旨を決
議賛成者以外の区分所有者に対して書
面で通知したときは，その通知を受け
た区分所有者は，買取指定者に対して
のみ，前項前段に規定する請求をする
ことができる。

9　買取指定者が第7項前段に規定する
請求に基づく売買の代金に係る債務の
全部又は一部の弁済をしないときは，
決議賛成者（買取指定者となつたもの
を除く。以下この項及び第13項におい
て同じ。）は，連帯してその債務の全
部又は一部の弁済の責めに任ずる。た
だし，決議賛成者が買取指定者に資力
があり，かつ，執行が容易であること
を証明したときは，この限りでない。

10　第5項の集会を招集した者（買取指
定者の指定がされているときは，当該
買取指定者）は，決議賛成者以外の区
分所有者に対し，4月以上の期間を定
めて，第7項前段に規定する請求をす
るか否かを確答すべき旨を書面で催告
することができる。

11　前項に規定する催告を受けた区分所
有者は，前項の規定により定められた
期間を経過したときは，第七項前段に
規定する請求をすることができない。

12　第5項に規定する場合において，建
物の一部が滅失した日から6月以内に
同項，次条第1項又は第70条第1項の
決議がないときは，各区分所有者は，
他の区分所有者に対し，建物及びその
敷地に関する権利を時価で買い取るべ
きことを請求することができる。

13　第2項，第7項，第8項及び前項の
場合には，裁判所は，償還若しくは買
取りの請求を受けた区分所有者，買取
りの請求を受けた買取指定者又は第9
項本文に規定する債務について履行の
請求を受けた決議賛成者の請求により，
償還金又は代金の支払につき相当の期
限を許与することができる。

（建替え決議）
第62条　集会においては，区分所有者及
び議決権の各5分の4以上の多数で，
建物を取り壊し，かつ，当該建物の敷
地若しくはその一部の土地又は当該建
物の敷地の全部若しくは一部を含む土
地に新たに建物を建築する旨の決議
（以下「建替え決議」という。）をする
ことができる。

2　建替え決議においては，次の事項を
定めなければならない。

一　新たに建築する建物（以下この項
において「再建建物」という。）の
設計の概要

二　建物の取壊し及び再建建物の建築
に要する費用の概算額

三　前号に規定する費用の分担に関す
る事項

四　再建建物の区分所有権の帰属に関
する事項

3　前項第3号及び第4号の事項は，各
区分所有者の衡平を害しないように定
めなければならない。

4　第1項に規定する決議事項を会議の
目的とする集会を招集するときは，第
35条第1項の通知は，同項の規定にか
かわらず，当該集会の会日より少なく
とも2月前に発しなければならない。
ただし，この期間は，規約で伸長する
ことができる。

5　前項に規定する場合において，第35
条第2項の通知をするときは，同条第
5項に規定する議案の要領のほか，次
の事項をも通知しなければならない。

一　建替えを必要とする理由

二　建物の建替えをしないとした場合における当該建物の効用の維持又は回復（建物が通常有すべき効用の確保を含む。）をするのに要する費用の額及びその内訳

三　建物の修繕に関する計画が定められているときは，当該計画の内容

四　建物につき修繕積立金として積み立てられている金額

6　第4項の集会を招集した者は，当該集会の会日より少なくとも1月前までに，当該招集の際に通知すべき事項について区分所有者に対し説明を行うための説明会を開催しなければならない。

7　第35条第1項から第4項まで及び第36条の規定は，前項の説明会の開催について準用する。この場合において，第35条第1項ただし書中「伸縮する」とあるのは，「伸長する」と読み替えるものとする。

8　前条第6項の規定は，建替え決議をした集会の議事録について準用する。

（区分所有権等の売渡し請求等）

第63条　建替え決議があつたときは，集会を招集した者は，遅滞なく，建替え決議に賛成しなかつた区分所有者（その承継人を含む。）に対し，建替え決議の内容により建替えに参加するか否かを回答すべき旨を書面で催告しなければならない。

2　前項に規定する区分所有者は，同項の規定による催告を受けた日から2月以内に回答しなければならない。

3　前項の期間内に回答しなかつた第1項に規定する区分所有者は，建替えに参加しない旨を回答したものとみなす。

4　第2項の期間が経過したときは，建替え決議に賛成した各区分所有者若しくは建替え決議の内容により建替えに参加する旨を回答した各区分所有者（これらの者の承継人を含む。）又はこれらの者の全員の合意により区分所有権及び敷地利用権を買い受けることが

できる者として指定された者（以下「買受指定者」という。）は，同項の期間の満了の日から2月以内に，建替えに参加しない旨を回答した区分所有者（その承継人を含む。）に対し，区分所有権及び敷地利用権を時価で売り渡すべきことを請求することができる。建替え決議があつた後にこの区分所有者から敷地利用権のみを取得した者（その承継人を含む。）の敷地利用権についても，同様とする。

5　前項の規定による請求があつた場合において，建替えに参加しない旨を回答した区分所有者が建物の明渡しによりその生活上著しい困難を生ずるおそれがあり，かつ，建替え決議の遂行に甚だしい影響を及ぼさないものと認めるべき顕著な事由があるときは，裁判所は，その者の請求により，代金の支払又は提供の日から1年を超えない範囲内において，建物の明渡しにつき相当の期限を許与することができる。

6　建替え決議の日から2年以内に建物の取壊しの工事に着手しない場合には，第4項の規定により区分所有権又は敷地利用権を売り渡した者は，この期間の満了の日から6月以内に，買主が支払つた代金に相当する金銭をその区分所有権又は敷地利用権を現在有する者に提供して，これらの権利を売り渡すべきことを請求することができる。ただし，建物の取壊しの工事に着手しなかつたことにつき正当な理由があるときは，この限りでない。

7　前項本文の規定は，同項ただし書に規定する場合において，建物の取壊しの工事の着手を妨げる理由がなくなつた日から6月以内にその着手をしないときに準用する。この場合において，同項本文中「この期間の満了の日から6月以内に」とあるのは，「建物の取壊しの工事の着手を妨げる理由がなくなつたことを知つた日から6月又はそ

の理由がなくなつた日から２年のいずれか早い時期までに」と読み替えるものとする。

（建替えに関する合意）

第64条　建替え決議に賛成した各区分所有者，建替え決議の内容により建替えに参加する旨を回答した各区分所有者及び区分所有権又は敷地利用権を買い受けた各買受指定者（これらの者の承継人を含む。）は，建替え決議の内容により建替えを行う旨の合意をしたものとみなす。

第２章　団地

（団地建物所有者の団体）

第65条　一団地内に数棟の建物があつて，その団地内の土地又は附属施設（これらに関する権利を含む。）がそれらの建物の所有者（専有部分のある建物にあつては，区分所有者）の共有に属する場合には，それらの所有者（以下「団地建物所有者」という。）は，全員で，その団地内の土地，附属施設及び専有部分のある建物の管理を行うための団体を構成し，この法律の定めるところにより，集会を開き，規約を定め，及び管理者を置くことができる。

（建物の区分所有に関する規定の準用）

第66条　第７条，第８条，第17条から第19条まで，第25条，第26条，第28条，第29条，第30条第１項及び第３項から第５項まで，第31条第１項並びに第33条から第56条の７までの規定は，前条の場合について準用する。この場合において，これらの規定（第55条第１項第１号を除く。）中「区分所有者」とあるのは「第65条に規定する団地建物所有者」と，「管理組合法人」とあるのは「団地管理組合法人」と，第７条第１項中「共用部分，建物の敷地若しくは共用部分以外の建物の附属施設」とあるのは「第65条に規定する場合における当該土地若しくは附属施設（以

下「土地等」という。）」と，「区分所有権」とあるのは「土地等に関する権利，建物又は区分所有権」と，第17条，第18条第１項及び第４項並びに第19条中「共用部分」とあり，第26条第１項中「共用部分並びに第21条に規定する場合における当該建物の敷地及び附属施設」とあり，並びに第29条第１項中「建物並びにその敷地及び附属施設」とあるのは「土地等並びに第68条の規定による規約により管理すべきものと定められた同条第１項第１号に掲げる土地及び附属施設並びに同項第２号に掲げる建物の共用部分」と，第17条第２項，第35条第２項及び第３項，第40条並びに第44条第１項中「専有部分」とあるのは「建物又は専有部分」と，第29条第１項，第38条，第53条第１項及び第56条中「第14条に定める」とあるのは「土地等（これらに関する権利を含む。）の持分の」と，第30条第１項及び第46条第２項中「建物又はその敷地若しくは附属施設」とあるのは「土地等又は第68条第１項各号に掲げる物」と，第30条第３項中「専有部分若しくは共用部分又は建物の敷地若しくは附属施設（建物の敷地又は附属施設に関する権利を含む。）」とあるのは「建物若しくは専有部分若しくは土地等（土地等に関する権利を含む。）又は第68条の規定による規約により管理すべきものと定められた同条第１項第１号に掲げる土地若しくは附属施設（これらに関する権利を含む。）若しくは同項第２号に掲げる建物の共用部分」と，第33条第３項，第35条第４項及び第44条第２項中「建物内」とあるのは「団地内」と，第35条第５項中「第61条第５項，第62条第１項，第68条第１項又は第69条第７項」とあるのは「第69条第１項又は第70条第１項」と，第46条第２項中「占有者」とあるのは「建物又は専有部分を占有する者

巻末資料

で第65条に規定する団地建物所有者で
ないもの」と，第47条第1項中「第3
条」とあるのは「第65条」と，第55条
第1項第1号中「建物（一部共用部分
を共用すべき区分所有者で構成する管
理組合法人にあつては，その共用部
分）」とあるのは「土地等（これらに
関する権利を含む。）」と，同項第2号
中「建物に専有部分が」とあるのは
「土地等（これらに関する権利を含む。）
が第65条に規定する団地建物所有者の
共有で」と読み替えるものとする。
（団地共用部分）
第67条　一団地内の附属施設たる建物
（第1条に規定する建物の部分を含む。）
は，前条において準用する第30条第1
項の規約により団地共用部分とするこ
とができる。この場合においては，そ
の旨の登記をしなければ，これをもつ
て第三者に対抗することができない。
2　一団地内の数棟の建物の全部を所有
する者は，公正証書により，前項の規
約を設定することができる。
3　第11条第1項本文及び第3項並びに
第13条から第15条までの規定は，団地
共用部分に準用する。この場合におい
て，第11条第1項本文中「区分所有
者」とあるのは「第65条に規定する団
地建物所有者」と，第14条第1項及び
第15条中「専有部分」とあるのは「建
物又は専有部分」と読み替えるものと
する。
（規約の設定の特例）
第68条　次の物につき第66条において
準用する第30条第1項の規約を定める
には，第1号に掲げる土地又は附属施
設にあつては当該土地の全部又は附属
施設の全部につきそれぞれ共有者の4
分の3以上でその持分の4分の3以上
を有するものの同意，第2号に掲げる
建物にあつてはその全部につきそれぞ
れ第34条の規定による集会における区
分所有者及び議決権の各4分の3以上

の多数による決議があることを要する。
一　一団地内の土地又は附属施設（こ
れらに関する権利を含む。）が当該
団地内の一部の建物の所有者（専有
部分のある建物にあつては，区分所
有者）の共有に属する場合における
当該土地又は附属施設（専有部分の
ある建物以外の建物の所有者のみの
共有に属するものを除く。）
二　当該団地内の専有部分のある建物
2　第31条第2項の規定は，前項第二号
に掲げる建物の一部共用部分に関する
事項で区分所有者全員の利害に関係し
ないものについての同項の集会の決議
に準用する。
（団地内の建物の建替え承認決議）
第69条　一団地内にある数棟の建物（以
下この条及び次条において「団地内建
物」という。）の全部又は一部が専有
部分のある建物であり，かつ，その団
地内の特定の建物（以下この条におい
て「特定建物」という。）の所在する
土地（これに関する権利を含む。）が
当該団地内建物の第65条に規定する団
地建物所有者（以下この条において単
に「団地建物所有者」という。）の共
有に属する場合においては，次の各号
に掲げる区分に応じてそれぞれ当該各
号に定める要件に該当する場合であつ
て当該土地（これに関する権利を含
む。）の共有者である当該団地内建物
の団地建物所有者で構成される同条に
規定する団体又は団地管理組合法人の
集会において議決権の四分の三以上の
多数による承認の決議（以下「建替え
承認決議」という。）を得たときは，
当該特定建物の団地建物所有者は，当
該特定建物を取り壊し，かつ，当該土
地又はこれと一体として管理若しくは
使用をする団地内の土地（当該団地内
建物の団地建物所有者の共有に属する
ものに限る。）に新たに建物を建築す
ることができる。

建物の区分所有等に関する法律

　一　当該特定建物が専有部分のある建物である場合　その建替え決議又はその区分所有者の全員の同意があること。

　二　当該特定建物が専有部分のある建物以外の建物である場合　その所有者の同意があること。

2　前項の集会における各団地建物所有者の議決権は，第66条において準用する第38条の規定にかかわらず，第66条において準用する第30条第1項の規約に別段の定めがある場合であつても，当該特定建物の所在する土地（これに関する権利を含む。）の持分の割合によるものとする。

3　第1項各号に定める要件に該当する場合における当該特定建物の団地建物所有者は，建替え承認決議においては，いずれもこれに賛成する旨の議決権の行使をしたものとみなす。ただし，同項第1号に規定する場合において，当該特定建物の区分所有者が団地内建物のうち当該特定建物以外の建物の敷地利用権に基づいて有する議決権の行使については，この限りでない。

4　第1項の集会を招集するときは，第66条において準用する第35条第1項の通知は，同項の規定にかかわらず，当該集会の会日より少なくとも2月前に，同条第5項に規定する議案の要領のほか，新たに建築する建物の設計の概要（当該建物の当該団地内における位置を含む。）をも示して発しなければならない。ただし，この期間は，第66条において準用する第30条第1項の規約で伸長することができる。

5　第1項の場合において，建替え承認決議に係る建替えが当該特定建物以外の建物（以下この項において「当該他の建物」という。）の建替えに特別の影響を及ぼすべきときは，次の各号に掲げる区分に応じてそれぞれ当該各号に定める者が当該建替え承認決議に賛成しているときに限り，当該特定建物の建替えをすることができる。

　一　当該他の建物が専有部分のある建物である場合　第一項の集会において当該他の建物の区分所有者全員の議決権の4分の3以上の議決権を有する区分所有者

　二　当該他の建物が専有部分のある建物以外の建物である場合　当該他の建物の所有者

6　第1項の場合において，当該特定建物が二以上あるときは，当該二以上の特定建物の団地建物所有者は，各特定建物の団地建物所有者の合意により，当該二以上の特定建物の建替えについて一括して建替え承認決議に付することができる。

7　前項の場合において，当該特定建物が専有部分のある建物であるときは，当該特定建物の建替えを会議の目的とする第62条第1項の集会において，当該特定建物の区分所有者及び議決権の各5分の4以上の多数で，当該二以上の特定建物の建替えについて一括して建替え承認決議に付する旨の決議をすることができる。この場合において，その決議があつたときは，当該特定建物の団地建物所有者（区分所有者に限る。）の前項に規定する合意があつたものとみなす。

（団地内の建物の一括建替え決議）
第70条　団地内建物の全部が専有部分のある建物であり，かつ，当該団地内建物の敷地（団地内建物が所在する土地及び第5条第1項の規定により団地内建物の敷地とされた土地をいい，これに関する権利を含む。以下この項及び次項において同じ。）が当該団地内建物の区分所有者の共有に属する場合において，当該団地内建物について第68条第1項（第1号を除く。）の規定により第66条において準用する第30条第1項の規約が定められているときは，

215

巻末資料

第62条第1項の規定にかかわらず，当
該団地内建物の敷地の共有者である当
該団地内建物の区分所有者で構成され
る第65条に規定する団体又は団地管理
組合法人の集会において，当該団地内
建物の区分所有者及び議決権の各5分
の4以上の多数で，当該団地内建物に
つき一括して，その全部を取り壊し，
かつ，当該団地内建物の敷地（これに
関する権利を除く。以下この項におい
て同じ。）若しくはその一部の土地又
は当該団地内建物の敷地の全部若しく
は一部を含む土地（第3項第1号にお
いてこれらの土地を「再建団地内敷
地」という。）に新たに建物を建築す
る旨の決議（以下この条において「一
括建替え決議」という。）をすること
ができる。ただし，当該集会において，
当該各団地内建物ごとに，それぞれそ
の区分所有者の3分の2以上の者であ
つて第38条に規定する議決権の合計の
3分の2以上の議決権を有するものが
その一括建替え決議に賛成した場合で
なければならない。

2　前条第2項の規定は，前項本文の各
区分所有者の議決権について準用する。
この場合において，前条第2項中「当
該特定建物の所在する土地（これに関
する権利を含む。）」とあるのは，「当
該団地内建物の敷地」と読み替えるも
のとする。

3　団地内建物の一括建替え決議におい
ては，次の事項を定めなければならな
い。

　一　再建団地内敷地の一体的な利用に
ついての計画の概要

　二　新たに建築する建物（以下この項
において「再建団地内建物」とい
う。）の設計の概要

　三　団地内建物の全部の取壊し及び再
建団地内建物の建築に要する費用の
概算額

　四　前号に規定する費用の分担に関す

る事項

　五　再建団地内建物の区分所有権の帰
属に関する事項

4　第62条第3項から第8項まで，第63
条及び第64条の規定は，団地内建物の
一括建替え決議について準用する。こ
の場合において，第62条第3項中「前
項第3号及び第4号」とあるのは「第
70条第3項第4号及び第5号」と，同
条第4項中「第1項に規定する」とあ
るのは「第70条第1項に規定する」と，
「第35条第1項」とあるのは「第66条
において準用する第35条第1項」と，
「規約」とあるのは「第66条において
準用する第30条第1項の規約」と，同
条第5項中「第35条第1項」とあるの
は「第66条において準用する第35条第
1項」と，同条第7項中「第35条第1
項から第4項まで及び第36条」とある
のは「第66条において準用する第35条
第1項から第4項まで及び第36条」と，
「第35条第1項ただし書」とあるのは
「第66条において準用する第35条第1
項ただし書」と，同条第8項中「前条
第6項」とあるのは「第61条第6項」
と読み替えるものとする。

第3章　罰則

第71条　次の各号のいずれかに該当す
る場合には，その行為をした管理者，
理事，規約を保管する者，議長又は清
算人は，20円以下の過料に処する。

　一　第33条第1項本文（第42条第5項
及び第45条第4項（これらの規定を
第66条において準用する場合を含
む。）並びに第66条において準用す
る場合を含む。以下この号において
同じ。）又は第47条第12項（第66条
において準用する場合を含む。）に
おいて読み替えて適用される第33条
第1項本文の規定に違反して，規約，
議事録又は第45条第4項（第66条に
おいて準用する場合を含む。）の書

216

建物の区分所有等に関する法律

面若しくは電磁的記録の保管をしな
かつたとき。

二 第33条第2項（第42条第5項及び
第45条第4項（これらの規定を第66
条において準用する場合を含む。）
並びに第66条において準用する場合
を含む。）の規定に違反して，正当
な理由がないのに，前号に規定する
書類又は電磁的記録に記録された情
報の内容を法務省令で定める方法に
より表示したものの閲覧を拒んだと
き。

三 第42条第1項から第4項まで（こ
れらの規定を第66条において準用す
る場合を含む。）の規定に違反して，
議事録を作成せず，又は議事録に記
載し，若しくは記録すべき事項を記
載せず，若しくは記録せず，若しく
は虚偽の記載若しくは記録をしたと
き。

四 第43条（第47条第12項（第66条に
おいて準用する場合を含む。）にお
いて読み替えて適用される場合及び
第66条において準用する場合を含
む。）の規定に違反して，報告をせ
ず，又は虚偽の報告をしたとき。

五 第47条第3項（第66条において準

用する場合を含む。）の規定に基づ
く政令に定める登記を怠つたとき。

六 第48条の2第1項（第66条におい
て準用する場合を含む。）の規定に
違反して，財産目録を作成せず，又
は財産目録に不正の記載若しくは記
録をしたとき。

七 理事若しくは監事が欠けた場合又
は規約で定めたその員数が欠けた場
合において，その選任手続を怠つた
とき。

八 第55条の7第1項又は第55条の9
第1項（これらの規定を第66条にお
いて準用する場合を含む。）の規定
による公告を怠り，又は不正の公告
をしたとき。

九 第55条の9第1項（第66条におい
て準用する場合を含む。）の規定に
よる破産手続開始の申立てを怠つた
とき。

十 第56条の2第2項（第66条におい
て準用する場合を含む。）の規定に
よる検査を妨げたとき。

第72条 第48条第2項（第66条において
準用する場合を含む。）の規定に違反
した者は，10万円以下の過料に処する。

217

巻末資料

マンション標準管理規約（単棟型）

（最終改正　平成29年8月29日　国住マ第33号）

○○マンション管理規約

第1章　総則

（目的）

第1条　この規約は、○○マンションの管理又は使用に関する事項等について定めることにより、区分所有者の共同の利益を増進し、良好な住環境を確保することを目的とする。

（定義）

第2条　この規約において、次に掲げる用語の意義は、それぞれ当該各号に定めるところによる。

一　区分所有権　建物の区分所有等に関する法律（昭和37年法律第69号。以下「区分所有法」という。）第2条第1項の区分所有権をいう。

二　区分所有者　区分所有法第2条第2項の区分所有者をいう。

三　占有者　区分所有法第6条第3項の占有者をいう。

四　専有部分　区分所有法第2条第3項の専有部分をいう。

五　共用部分　区分所有法第2条第4項の共用部分をいう。

六　敷地　区分所有法第2条第5項の建物の敷地をいう。

七　共用部分等　共用部分及び附属施設をいう。

八　専用使用権　敷地及び共用部分等の一部について、特定の区分所有者が排他的に使用できる権利をいう。

九　専用使用部分　専用使用権の対象となっている敷地及び共用部分等の部分をいう。

（規約及び総会の決議の遵守義務）

第3条　区分所有者は、円滑な共同生活を維持するため、この規約及び総会の決議を誠実に遵守しなければならない。

2　区分所有者は、同居する者に対してこの規約及び総会の決議を遵守させなければならない。

（対象物件の範囲）

第4条　この規約の対象となる物件の範囲は、別表第1に記載された敷地、建物及び附属施設（以下「対象物件」という。）とする。

（規約及び総会の決議の効力）

第5条　この規約及び総会の決議は、区分所有者の包括承継人及び特定承継人に対しても、その効力を有する。

2　占有者は、対象物件の使用方法につき、区分所有者がこの規約及び総会の決議に基づいて負う義務と同一の義務を負う。

（管理組合）

第6条　区分所有者は、区分所有法第3条に定める建物並びにその敷地及び附属施設の管理を行うための団体として、第1条に定める目的を達成するため、区分所有者全員をもって○○マンション管理組合（以下「管理組合」という。）を構成する。

2　管理組合は、事務所を○○内に置く。

3　管理組合の業務、組織等については、第6章に定めるところによる。

第2章　専有部分等の範囲

（専有部分の範囲）

第7条　対象物件のうち区分所有権の対象となる専有部分は、住戸番号を付した住戸とする。

2　前項の専有部分を他から区分する構造物の帰属については、次のとおりとする。

一　天井、床及び壁は、躯体部分を除

マンション標準管理規約（単棟型）

く部分を専有部分とする。
　二　玄関扉は，錠及び内部塗装部分を専有部分とする。
　三　窓枠及び窓ガラスは，専有部分に含まれないものとする。
3　第1項又は前項の専有部分の専用に供される設備のうち共用部分内にある部分以外のものは，専有部分とする。
（共用部分の範囲）
第8条　対象物件のうち共用部分の範囲は，別表第2に掲げるとおりとする。

第3章　敷地及び共用部分等の共有

（共有）
第9条　対象物件のうち敷地及び共用部分等は，区分所有者の共有とする。
（共有持分）
第10条　各区分所有者の共有持分は，別表第3に掲げるとおりとする。
（分割請求及び単独処分の禁止）
第11条　区分所有者は，敷地又は共用部分等の分割を請求することはできない。
2　区分所有者は，専有部分と敷地及び共用部分等の共有持分とを分離して譲渡，抵当権の設定等の処分をしてはならない。

第4章　用法

〔※住宅宿泊事業に使用することを可能とする場合，禁止する場合に応じて，次のように規定〕

⎡ア⎤　住宅宿泊事業を可能とする場合

（専有部分の用途）
第12条　区分所有者は，その専有部分を専ら住宅として使用するものとし，他の用途に供してはならない。
2　区分所有者は，その専有部分を住宅宿泊事業法第3条第1項の届出を行って営む同法第2条第3項の住宅宿泊事業に使用することができる。

⎡イ⎤　住宅宿泊事業を禁止する場合

（専有部分の用途）
第12条　区分所有者は，その専有部分を専ら住宅として使用するものとし，他の用途に供してはならない。
2　区分所有者は，その専有部分を住宅宿泊事業法第3条第1項の届出を行って営む同法第2条第3項の住宅宿泊事業に使用してはならない。

（敷地及び共用部分等の用法）
第13条　区分所有者は，敷地及び共用部分等をそれぞれの通常の用法に従って使用しなければならない。
（バルコニー等の専用使用権）
第14条　区分所有者は，別表第4に掲げるバルコニー，玄関扉，窓枠，窓ガラス，一階に面する庭及び屋上テラス（以下この条，第21条第1項及び別表第4において「バルコニー等」という。）について，同表に掲げるとおり，専用使用権を有することを承認する。
2　一階に面する庭について専用使用権を有している者は，別に定めるところにより，管理組合に専用使用料を納入しなければならない。
3　区分所有者から専有部分の貸与を受けた者は，その区分所有者が専用使用権を有しているバルコニー等を使用することができる。
（駐車場の使用）
第15条　管理組合は，別添の図に示す駐車場について，特定の区分所有者に駐車場使用契約により使用させることができる。
2　前項により駐車場を使用している者は，別に定めるところにより，管理組合に駐車場使用料を納入しなければならない。
3　区分所有者がその所有する専有部分を，他の区分所有者又は第三者に譲渡又は貸与したときは，その区分所有者

巻末資料

の駐車場使用契約は効力を失う。

（敷地及び共用部分等の第三者の使用）

第16条　管理組合は，次に掲げる敷地及
び共用部分等の一部を，それぞれ当該
各号に掲げる者に使用させることがで
きる。

一　管理事務室，管理用倉庫，機械室
その他対象物件の管理の執行上必要
な施設　管理事務（マンションの管
理の適正化の推進に関する法律（平
成12年法律第149号。以下「適正化
法」という。）第2条第六号の「管
理事務」をいう。）を受託し，又は
請け負った者

二　電気室　対象物件に電気を供給す
る設備を維持し，及び運用する事業
者

三　ガスガバナー　当該設備を維持し，
及び運用する事業者

2　前項に掲げるもののほか，管理組合
は，総会の決議を経て，敷地及び共用
部分等（駐車場及び専用使用部分を除
く。）の一部について，第三者に使用
させることができる。

（専有部分の修繕等）

第17条　区分所有者は，その専有部分に
ついて，修繕，模様替え又は建物に定
着する物件の取付け若しくは取替え
（以下「修繕等」という。）であって共
用部分又は他の専有部分に影響を与え
るおそれのあるものを行おうとすると
きは，あらかじめ，理事長（第35条に
定める理事長をいう。以下同じ。）に
その旨を申請し，書面による承認を受
けなければならない。

2　前項の場合において，区分所有者は，
設計図，仕様書及び工程表を添付した
申請書を理事長に提出しなければなら
ない。

3　理事長は，第1項の規定による申請
について，理事会（第51条に定める理
事会をいう。以下同じ。）の決議によ
り，その承認又は不承認を決定しなけ

ればならない。

4　第1項の承認があったときは，区分
所有者は，承認の範囲内において，専
有部分の修繕等に係る共用部分の工事
を行うことができる。

5　理事長又はその指定を受けた者は，
本条の施行に必要な範囲内において，
修繕等の箇所に立ち入り，必要な調査
を行うことができる。この場合におい
て，区分所有者は，正当な理由がなけ
ればこれを拒否してはならない。

6　第1項の承認を受けた修繕等の工事
後に，当該工事により共用部分又は他
の専有部分に影響が生じた場合は，当
該工事を発注した区分所有者の責任と
負担により必要な措置をとらなければ
ならない。

7　区分所有者は，第1項の承認を要し
ない修繕等のうち，工事業者の立入り，
工事の資機材の搬入，工事の騒音，振
動，臭気等工事の実施中における共用
部分又は他の専有部分への影響につい
て管理組合が事前に把握する必要があ
るものを行おうとするときは，あらか
じめ，理事長にその旨を届け出なけれ
ばならない。

（使用細則）

第18条　対象物件の使用については，別
に使用細則を定めるものとする。

（専有部分の貸与）

第19条　区分所有者は，その専有部分を
第三者に貸与する場合には，この規約
及び使用細則に定める事項をその第三
者に遵守させなければならない。

2　前項の場合において，区分所有者は，
その貸与に係る契約にこの規約及び使
用細則に定める事項を遵守する旨の条
項を定めるとともに，契約の相手方に
この規約及び使用細則に定める事項を
遵守する旨の誓約書を管理組合に提出
させなければならない。

220

マンション標準管理規約（単棟型）

〔※専有部分の貸与に関し，暴力団員
への貸与を禁止する旨の規約の規定を
定める場合〕

（暴力団員の排除）
第19条の２　区分所有者は，その専有
　部分を第三者に貸与する場合には，
　前条に定めるもののほか，次に掲げ
　る内容を含む条項をその貸与に係る
　契約に定めなければならない。
　一　契約の相手方が暴力団員（暴力
　　団員による不当な行為の防止等に
　　関する法律（平成３年法律第77
　　号）第２条第六号に規定する暴力
　　団員をいう。以下同じ。）ではな
　　いこと及び契約後において暴力団
　　員にならないことを確約すること。
　二　契約の相手方が暴力団員である
　　ことが判明した場合には，何らの
　　催告を要せずして，区分所有者は
　　当該契約を解約することができる
　　こと。
　三　区分所有者が前号の解約権を行
　　使しないときは，管理組合は，区
　　分所有者に代理して解約権を行使
　　することができること。
２　前項の場合において，区分所有者
　は，前項第三号による解約権の代理
　行使を管理組合に認める旨の書面を
　提出するとともに，契約の相手方に
　暴力団員ではないこと及び契約後に
　おいて暴力団員にならないことを確
　約する旨の誓約書を管理組合に提出
　させなければならない。

第５章　管理
　第１節　総則
（区分所有者の責務）
第20条　区分所有者は，対象物件につい
　て，その価値及び機能の維持増進を図
　るため，常に適正な管理を行うよう努

めなければならない。
（敷地及び共用部分等の管理）
第21条　敷地及び共用部分等の管理に
　ついては，管理組合がその責任と負担
　においてこれを行うものとする。ただ
　し，バルコニー等の保存行為（区分所
　有法第18条第１項ただし書の「保存行
　為」をいう。以下同じ。）のうち，通
　常の使用に伴うものについては，専用
　使用権を有する者がその責任と負担に
　おいてこれを行わなければならない。
２　専有部分である設備のうち共用部分
　と構造上一体となった部分の管理を共
　用部分の管理と一体として行う必要が
　あるときは，管理組合がこれを行うこ
　とができる。
３　区分所有者は，第１項ただし書の場
　合又はあらかじめ理事長に申請して書
　面による承認を受けた場合を除き，敷
　地及び共用部分等の保存行為を行うこ
　とができない。ただし，専有部分の使
　用に支障が生じている場合に，当該専
　有部分を所有する区分所有者が行う保
　存行為の実施が，緊急を要するもので
　あるときは，この限りでない。
４　前項の申請及び承認の手続について
　は，第17条第２項，第３項，第５項及
　び第６項の規定を準用する。ただし，
　同条第５項中「修繕等」とあるのは
　「保存行為」と，同条第６項中「第１
　項の承認を受けた修繕等の工事後に，
　当該工事」とあるのは「第21条第３項
　の承認を受けた保存行為後に，当該保
　存行為」と読み替えるものとする。
５　第３項の規定に違反して保存行為を
　行った場合には，当該保存行為に要し
　た費用は，当該保存行為を行った区分
　所有者が負担する。
６　理事長は，災害等の緊急時において
　は，総会又は理事会の決議によらずに，
　敷地及び共用部分等の必要な保存行為
　を行うことができる。

巻末資料

（窓ガラス等の改良）

第22条　共用部分のうち各住戸に附属する窓枠，窓ガラス，玄関扉その他の開口部に係る改良工事であって，防犯，防音又は断熱等の住宅の性能の向上等に資するものについては，管理組合がその責任と負担において，計画修繕としてこれを実施するものとする。

2　区分所有者は，管理組合が前項の工事を速やかに実施できない場合には，あらかじめ理事長に申請して書面による承認を受けることにより，当該工事を当該区分所有者の責任と負担において実施することができる。

3　前項の申請及び承認の手続については，第17条第2項，第3項，第5項及び第6項の規定を準用する。ただし，同条第5項中「修繕等」とあるのは「第22条第2項の工事」と，同条第6項中「第1項の承認を受けた修繕等の工事」とあるのは「第22条第2項の承認を受けた工事」と読み替えるものとする。

（必要箇所への立入り）

第23条　前2条により管理を行う者は，管理を行うために必要な範囲内において，他の者が管理する専有部分又は専用使用部分への立入りを請求することができる。

2　前項により立入りを請求された者は，正当な理由がなければこれを拒否してはならない。

3　前項の場合において，正当な理由なく立入りを拒否した者は，その結果生じた損害を賠償しなければならない。

4　前3項の規定にかかわらず，理事長は，災害，事故等が発生した場合であって，緊急に立ち入らないと共用部分等又は他の専有部分に対して物理的に又は機能上重大な影響を与えるおそれがあるときは，専有部分又は専用使用部分に自ら立ち入り，又は委任した者に立ち入らせることができる。

5　立入りをした者は，速やかに立入りをした箇所を原状に復さなければならない。

（損害保険）

第24条　区分所有者は，共用部分等に関し，管理組合が火災保険，地震保険その他の損害保険の契約を締結することを承認する。

2　理事長は，前項の契約に基づく保険金額の請求及び受領について，区分所有者を代理する。

第2節　費用の負担

（管理費等）

第25条　区分所有者は，敷地及び共用部分等の管理に要する経費に充てるため，次の費用（以下「管理費等」という。）を管理組合に納入しなければならない。

一　管理費

二　修繕積立金

2　管理費等の額については，各区分所有者の共用部分の共有持分に応じて算出するものとする。

（承継人に対する債権の行使）

第26条　管理組合が管理費等について有する債権は，区分所有者の特定承継人に対しても行うことができる。

（管理費）

第27条　管理費は，次の各号に掲げる通常の管理に要する経費に充当する。

一　管理員人件費

二　公租公課

三　共用設備の保守維持費及び運転費

四　備品費，通信費その他の事務費

五　共用部分等に係る火災保険料，地震保険料その他の損害保険料

六　経常的な補修費

七　清掃費，消毒費及びごみ処理費

八　委託業務費

九　専門的知識を有する者の活用に要する費用

十　管理組合の運営に要する費用

十一　その他第32条に定める業務に要

マンション標準管理規約（単棟型）

する費用（次条に規定する経費を除く。）

（修繕積立金）

第28条　管理組合は，各区分所有者が納入する修繕積立金を積み立てるものとし，積み立てた修繕積立金は，次の各号に掲げる特別の管理に要する経費に充当する場合に限って取り崩すことができる。

　一　一定年数の経過ごとに計画的に行う修繕

　二　不測の事故その他特別の事由により必要となる修繕

　三　敷地及び共用部分等の変更

　四　建物の建替え及びマンション敷地売却（以下「建替え等」という。）に係る合意形成に必要となる事項の調査

　五　その他敷地及び共用部分等の管理に関し，区分所有者全体の利益のために特別に必要となる管理

2　前項にかかわらず，区分所有法第62条第1項の建替え決議（以下「建替え決議」という。）又は建替えに関する区分所有者全員の合意の後であっても，マンションの建替え等の円滑化に関する法律（平成14年法律第78号。以下「円滑化法」という。）第9条のマンション建替組合の設立の認可又は円滑化法第45条のマンション建替事業の認可までの間において，建物の建替えに係る計画又は設計等に必要がある場合には，その経費に充当するため，管理組合は，修繕積立金から管理組合の消滅時に建替え不参加者に帰属する修繕積立金相当額を除いた金額を限度として，修繕積立金を取り崩すことができる。

3　第1項にかかわらず，円滑化法第108条第1項のマンション敷地売却決議（以下「マンション敷地売却決議」という。）の後であっても，円滑化法第120条のマンション敷地売却組合の

設立の認可までの間において，マンション敷地売却に係る計画等に必要がある場合には，その経費に充当するため，管理組合は，修繕積立金から管理組合の消滅時にマンション敷地売却不参加者に帰属する修繕積立金相当額を除いた金額を限度として，修繕積立金を取り崩すことができる。

4　管理組合は，第1項各号の経費に充てるため借入れをしたときは，修繕積立金をもってその償還に充てることができる。

5　修繕積立金については，管理費とは区分して経理しなければならない。

（使用料）

第29条　駐車場使用料その他の敷地及び共用部分等に係る使用料（以下「使用料」という。）は，それらの管理に要する費用に充てるほか，修繕積立金として積み立てる。

第6章　管理組合

第1節　組合員

（組合員の資格）

第30条　組合員の資格は，区分所有者となったときに取得し，区分所有者でなくなったときに喪失する。

（届出義務）

第31条　新たに組合員の資格を取得し又は喪失した者は，直ちにその旨を書面により管理組合に届け出なければならない。

第2節　管理組合の業務

（業務）

第32条　管理組合は，建物並びにその敷地及び附属施設の管理のため，次の各号に掲げる業務を行う。

　一　管理組合が管理する敷地及び共用部分等（以下本条及び第48条において「組合管理部分」という。）の保安，保全，保守，清掃，消毒及びごみ処理

223

巻末資料

二　組合管理部分の修繕
三　長期修繕計画の作成又は変更に関する業務及び長期修繕計画書の管理
四　建替え等に係る合意形成に必要となる事項の調査に関する業務
五　適正化法第103条第1項に定める，宅地建物取引業者から交付を受けた設計図書の管理
六　修繕等の履歴情報の整理及び管理等
七　共用部分等に係る火災保険，地震保険その他の損害保険に関する業務
八　区分所有者が管理する専用使用部分について管理組合が行うことが適当であると認められる管理行為
九　敷地及び共用部分等の変更及び運営
十　修繕積立金の運用
十一　官公署，町内会等との渉外業務
十二　マンション及び周辺の風紀，秩序及び安全の維持，防災並びに居住環境の維持及び向上に関する業務
十三　広報及び連絡業務
十四　管理組合の消滅時における残余財産の清算
十五　その他建物並びにその敷地及び附属施設の管理に関する業務

（業務の委託等）
第33条　管理組合は，前条に定める業務の全部又は一部を，マンション管理業者（適正化法第2条第八号の「マンション管理業者」をいう。）等第三者に委託し，又は請け負わせて執行することができる。

（専門的知識を有する者の活用）
第34条　管理組合は，マンション管理士（適正化法第2条第五号の「マンション管理士」をいう。）その他マンション管理に関する各分野の専門的知識を有する者に対し，管理組合の運営その他マンションの管理に関し，相談したり，助言，指導その他の援助を求めたりすることができる。

第3節　役員

（役員）
第35条　管理組合に次の役員を置く。
一　理事長
二　副理事長　○名
三　会計担当理事　○名
四　理事（理事長，副理事長，会計担当理事を含む。以下同じ。）○名
五　監事　○名
2　理事及び監事は，組合員のうちから，総会で選任する。
3　理事長，副理事長及び会計担当理事は，理事のうちから，理事会で選任する。

外部専門家を役員として選任できることとする場合

2　理事及び監事は，総会で選任する。
3　理事長，副理事長及び会計担当理事は，理事のうちから，理事会で選任する。
4　組合員以外の者から理事又は監事を選任する場合の選任方法については細則で定める。

（役員の任期）
第36条　役員の任期は○年とする。ただし，再任を妨げない。
2　補欠の役員の任期は，前任者の残任期間とする。
3　任期の満了又は辞任によって退任する役員は，後任の役員が就任するまでの間引き続きその職務を行う。
4　役員が組合員でなくなった場合には，その役員はその地位を失う。

外部専門家を役員として選任できることとする場合

4　選任（再任を除く。）の時に組合員であった役員が組合員でなくなった場合には，その役員はその地位を

224

マンション標準管理規約（単棟型）

失う。

（役員の欠格条項）

第36条の2　次の各号のいずれかに該当する者は，役員となることができない。

一　成年被後見人若しくは被保佐人又は破産者で復権を得ないもの

二　禁錮以上の刑に処せられ，その執行を終わり，又はその執行を受けることがなくなった日から5年を経過しない者

三　暴力団員等（暴力団員又は暴力団員でなくなった日から5年を経過しない者をいう。）

（役員の誠実義務等）

第37条　役員は，法令，規約及び使用細則その他細則（以下「使用細則等」という。）並びに総会及び理事会の決議に従い，組合員のため，誠実にその職務を遂行するものとする。

2　役員は，別に定めるところにより，役員としての活動に応ずる必要経費の支払と報酬を受けることができる。

（利益相反取引の防止）

第37条の2　役員は，次に掲げる場合には，理事会において，当該取引につき重要な事実を開示し，その承認を受けなければならない。

一　役員が自己又は第三者のために管理組合と取引をしようとするとき。

二　管理組合が役員以外の者との間において管理組合と当該役員との利益が相反する取引をしようとするとき。

（理事長）

第38条　理事長は，管理組合を代表し，その業務を統括するほか，次の各号に掲げる業務を遂行する。

一　規約，使用細則等又は総会若しくは理事会の決議により，理事長の職務として定められた事項

二　理事会の承認を得て，職員を採用

し，又は解雇すること。

2　理事長は，区分所有法に定める管理者とする。

3　理事長は，通常総会において，組合員に対し，前会計年度における管理組合の業務の執行に関する報告をしなければならない。

4　理事長は，○か月に1回以上，職務の執行の状況を理事会に報告しなければならない。

5　理事長は，理事会の承認を受けて，他の理事に，その職務の一部を委任することができる。

6　管理組合と理事長との利益が相反する事項については，理事長は，代表権を有しない。この場合においては，監事又は理事長以外の理事が管理組合を代表する。

（副理事長）

第39条　副理事長は，理事長を補佐し，理事長に事故があるときは，その職務を代理し，理事長が欠けたときは，その職務を行う。

（理事）

第40条　理事は，理事会を構成し，理事会の定めるところに従い，管理組合の業務を担当する。

2　理事は，管理組合に著しい損害を及ぼすおそれのある事実があることを発見したときは，直ちに，当該事実を監事に報告しなければならない。

3　会計担当理事は，管理費等の収納，保管，運用，支出等の会計業務を行う。

（監事）

第41条　監事は，管理組合の業務の執行及び財産の状況を監査し，その結果を総会に報告しなければならない。

2　監事は，いつでも，理事及び第38条第1項第二号に規定する職員に対して業務の報告を求め，又は業務及び財産の状況の調査をすることができる。

3　監事は，管理組合の業務の執行及び財産の状況について不正があると認め

225

巻末資料

るときは，臨時総会を招集することが
できる。
4　監事は，理事会に出席し，必要があ
ると認めるときは，意見を述べなけれ
ばならない。
5　監事は，理事が不正の行為をし，若
しくは当該行為をするおそれがあると
認めるとき，又は法令，規約，使用細
則等，総会の決議若しくは理事会の決
議に違反する事実若しくは著しく不当
な事実があると認めるときは，遅滞な
く，その旨を理事会に報告しなければ
ならない。
6　監事は，前項に規定する場合におい
て，必要があると認めるときは，理事
長に対し，理事会の招集を請求するこ
とができる。
7　前項の規定による請求があった日か
ら5日以内に，その請求があった日か
ら2週間以内の日を理事会の日とする
理事会の招集の通知が発せられない場
合は，その請求をした監事は，理事会
を招集することができる。

第4節　総会
（総会）
第42条　管理組合の総会は，総組合員で
組織する。
2　総会は，通常総会及び臨時総会とし，
区分所有法に定める集会とする。
3　理事長は，通常総会を，毎年1回新
会計年度開始以後2か月以内に招集し
なければならない。
4　理事長は，必要と認める場合には，
理事会の決議を経て，いつでも臨時総
会を招集することができる。
5　総会の議長は，理事長が務める。
（招集手続）
第43条　総会を招集するには，少なくと
も会議を開く日の2週間前（会議の目
的が建替え決議又はマンション敷地売
却決議であるときは2か月前）までに，
会議の日時，場所及び目的を示して，

組合員に通知を発しなければならない。
2　前項の通知は，管理組合に対し組合
員が届出をしたあて先に発するものと
する。ただし，その届出のない組合員
に対しては，対象物件内の専有部分の
所在地あてに発するものとする。
3　第1項の通知は，対象物件内に居住
する組合員及び前項の届出のない組合
員に対しては，その内容を所定の掲示
場所に掲示することをもって，これに
代えることができる。
4　第1項の通知をする場合において，
会議の目的が第47条第3項第一号，第
二号若しくは第四号に掲げる事項の決
議又は建替え決議若しくはマンション
敷地売却決議であるときは，その議案
の要領をも通知しなければならない。
5　会議の目的が建替え決議であるとき
は，前項に定める議案の要領のほか，
次の事項を通知しなければならない。
一　建替えを必要とする理由
二　建物の建替えをしないとした場合
における当該建物の効用の維持及び
回復（建物が通常有すべき効用の確
保を含む。）をするのに要する費用
の額及びその内訳
三　建物の修繕に関する計画が定めら
れているときは，当該計画の内容
四　建物につき修繕積立金として積み
立てられている金額
6　会議の目的がマンション敷地売却決
議であるときは，第4項に定める議案
の要領のほか，次の事項を通知しなけ
ればならない。
一　売却を必要とする理由
二　建築物の耐震改修の促進に関する
法律（平成7年法律第123号）第2
条第2項に規定する耐震改修（以下
単に「耐震改修」という。）又はマ
ンションの建替えをしない理由
三　耐震改修に要する費用の概算額
7　建替え決議又はマンション敷地売却
決議を目的とする総会を招集する場合，

マンション標準管理規約（単棟型）

少なくとも会議を開く日の１か月前までに，当該招集の際に通知すべき事項について組合員に対し説明を行うための説明会を開催しなければならない。
8　第45条第２項の場合には，第１項の通知を発した後遅滞なく，その通知の内容を，所定の掲示場所に掲示しなければならない。
9　第１項（会議の目的が建替え決議又はマンション敷地売却決議であるときを除く。）にかかわらず，緊急を要する場合には，理事長は，理事会の承認を得て，５日間を下回らない範囲において，第１項の期間を短縮することができる。

（組合員の総会招集権）
第44条　組合員が組合員総数の５分の１以上及び第46条第１項に定める議決権総数の５分の１以上に当たる組合員の同意を得て，会議の目的を示して総会の招集を請求した場合には，理事長は，２週間以内にその請求があった日から４週間以内の日（会議の目的が建替え決議又はマンション敷地売却決議であるときは，２か月と２週間以内の日）を会日とする臨時総会の招集の通知を発しなければならない。
2　理事長が前項の通知を発しない場合には，前項の請求をした組合員は，臨時総会を招集することができる。

〔※管理組合における電磁的方法の利用状況に応じて，次のように規定〕

㋐　電磁的方法が利用可能ではない場合

3　前２項により招集された臨時総会においては，第42条第５項にかかわらず，議長は，総会に出席した組合員（書面又は代理人によって議決権を行使する者を含む。）の議決権の過半数をもって，組合員の中から選

任する。

㋑　電磁的方法が利用可能な場合

3　前２項により招集された臨時総会においては，第42条第５項にかかわらず，議長は，総会に出席した組合員（書面，電磁的方法（電子情報処理組織を使用する方法その他の情報通信の技術を利用する方法であって次項に定めるものをいう。以下同じ。）又は代理人によって議決権を行使する者を含む。）の議決権の過半数をもって，組合員の中から選任する。
4　前項の電磁的方法は，次に掲げる方法によるものとする。
一　送信者の使用に係る電子計算機と受信者の使用に係る電子計算機とを電気通信回線で接続した電子情報処理組織を使用する方法であって，当該電気通信回線を通じて情報が送信され，受信者の使用に係る電子計算機に備えられたファイルに当該情報が記録されるもの
二　磁気ディスクその他これに準ずる方法により一定の情報を確実に記録しておくことができる物をもって調製するファイルに情報を記録したもの（以下「電磁的記録」という。）を交付する方法

（出席資格）
第45条　組合員のほか，理事会が必要と認めた者は，総会に出席することができる。
2　区分所有者の承諾を得て専有部分を占有する者は，会議の目的につき利害関係を有する場合には，総会に出席して意見を述べることができる。この場合において，総会に出席して意見を述べようとする者は，あらかじめ理事長にその旨を通知しなければならない。

227

巻末資料

（議決権）

第46条　各組合員の議決権の割合は，別表第5に掲げるとおりとする。

2　住戸1戸が数人の共有に属する場合，その議決権行使については，これら共有者をあわせて一の組合員とみなす。

3　前項により一の組合員とみなされる者は，議決権を行使する者1名を選任し，その者の氏名をあらかじめ総会開会までに理事長に届け出なければならない。

4　組合員は，書面又は代理人によって議決権を行使することができる。

5　組合員が代理人により議決権を行使しようとする場合において，その代理人は，以下の各号に掲げる者でなければならない。

　一　その組合員の配偶者（婚姻の届出をしていないが事実上婚姻関係と同様の事情にある者を含む。）又は一親等の親族

　二　その組合員の住戸に同居する親族

　三　他の組合員

6　組合員又は代理人は，代理権を証する書面を理事長に提出しなければならない。

〔※管理組合における電磁的方法の利用状況に応じて，次のように規定〕

⑦　電磁的方法が利用可能ではない場合

（規定なし）

⑦　電磁的方法が利用可能な場合

7　組合員は，第4項の書面による議決権の行使に代えて，電磁的方法によって議決権を行使することができる。

（総会の会議及び議事）

第47条　総会の会議は，前条第1項に定める議決権総数の半数以上を有する組合員が出席しなければならない。

2　総会の議事は，出席組合員の議決権の過半数で決する。

3　次の各号に掲げる事項に関する総会の議事は，前項にかかわらず，組合員総数の4分の3以上及び議決権総数の4分の3以上で決する。

　一　規約の制定，変更又は廃止

　二　敷地及び共用部分等の変更（その形状又は効用の著しい変更を伴わないもの及び建築物の耐震改修の促進に関する法律第25条第2項に基づく認定を受けた建物の耐震改修を除く。）

　三　区分所有法第58条第1項，第59条第1項又は第60条第1項の訴えの提起

　四　建物の価格の2分の1を超える部分が滅失した場合の滅失した共用部分の復旧

　五　その他総会において本項の方法により決議することとした事項

4　建替え決議は，第2項にかかわらず，組合員総数の5分の4以上及び議決権総数の5分の4以上で行う。

5　マンション敷地売却決議は，第2項にかかわらず，組合員総数，議決権総数及び敷地利用権の持分の価格の各5分の4以上で行う。

〔※管理組合における電磁的方法の利用状況に応じて，次のように規定〕

⑦　電磁的方法が利用可能ではない場合

6　前5項の場合において，書面又は代理人によって議決権を行使する者は，出席組合員とみなす。

⑦　電磁的方法が利用可能な場合

6　前5項の場合において，書面，電

マンション標準管理規約（単棟型）

磁的方法又は代理人によって議決権を行使する者は，出席組合員とみなす。

7　第3項第一号において，規約の制定，変更又は廃止が一部の組合員の権利に特別の影響を及ぼすべきときは，その承諾を得なければならない。この場合において，その組合員は正当な理由がなければこれを拒否してはならない。

8　第3項第二号において，敷地及び共用部分等の変更が，専有部分又は専用使用部分の使用に特別の影響を及ぼすべきときは，その専有部分を所有する組合員又はその専用使用部分の専用使用を認められている組合員の承諾を得なければならない。この場合において，その組合員は正当な理由がなければこれを拒否してはならない。

9　第3項第三号に掲げる事項の決議を行うには，あらかじめ当該組合員又は占有者に対し，弁明する機会を与えなければならない。

10　総会においては，第43条第1項によりあらかじめ通知した事項についてのみ，決議することができる。

（議決事項）

第48条　次の各号に掲げる事項については，総会の決議を経なければならない。

一　収支決算及び事業報告

二　収支予算及び事業計画

三　管理費等及び使用料の額並びに賦課徴収方法

四　規約及び使用細則等の制定，変更又は廃止

五　長期修繕計画の作成又は変更

六　第28条第1項に定める特別の管理の実施並びにそれに充てるための資金の借入れ及び修繕積立金の取崩し

七　第28条第2項及び第3項に定める建替え等に係る計画又は設計等の経費のための修繕積立金の取崩し

八　修繕積立金の保管及び運用方法

九　第21条第2項に定める管理の実施

十　区分所有法第57条第2項及び前条第3項第三号の訴えの提起並びにこれらの訴えを提起すべき者の選任

十一　建物の一部が滅失した場合の滅失した共用部分の復旧

十二　区分所有法第62条第1項の場合の建替え及び円滑化法第108条第1項の場合のマンション敷地売却

十三　役員の選任及び解任並びに役員活動費の額及び支払方法

十四　組合管理部分に関する管理委託契約の締結

十五　その他管理組合の業務に関する重要事項

〔※管理組合における電磁的方法の利用状況に応じて，次のように規定〕

⑦　電磁的方法が利用可能ではない場合

（議事録の作成，保管等）

第49条　総会の議事については，議長は，議事録を作成しなければならない。

2　議事録には，議事の経過の要領及びその結果を記載し，議長及び議長の指名する2名の総会に出席した組合員がこれに署名押印しなければならない。

3　理事長は，議事録を保管し，組合員又は利害関係人の書面による請求があったときは，議事録の閲覧をさせなければならない。この場合において，閲覧につき，相当の日時，場所等を指定することができる。

4　理事長は，所定の掲示場所に，議事録の保管場所を掲示しなければならない。

（書面による決議）

第50条　規約により総会において決

229

議をすべき場合において，組合員全員の承諾があるときは，書面による決議をすることができる。

2　規約により総会において決議すべきものとされた事項については，組合員全員の書面による合意があったときは，書面による決議があったものとみなす。

3　規約により総会において決議すべきものとされた事項についての書面による決議は，総会の決議と同一の効力を有する。

4　前条第3項及び第4項の規定は，書面による決議に係る書面について準用する。

5　総会に関する規定は，書面による決議について準用する。

(イ)　電磁的方法が利用可能な場合

（議事録の作成，保管等）

第49条　総会の議事については，議長は，書面又は電磁的記録により，議事録を作成しなければならない。

2　議事録には，議事の経過の要領及びその結果を記載し，又は記録しなければならない。

3　前項の場合において，議事録が書面で作成されているときは，議長及び議長の指名する2名の総会に出席した組合員がこれに署名押印しなければならない。

4　第2項の場合において，議事録が電磁的記録で作成されているときは，当該電磁的記録に記録された情報については，議長及び議長の指名する2名の総会に出席した組合員が電子署名（電子署名及び認証業務に関する法律（平成12年法律第102号）第2条第1項の「電子署名」をいう。以下同じ。）をしなければならない。

5　理事長は，議事録を保管し，組合員又は利害関係人の書面又は電磁的方法による請求があったときは，議事録の閲覧（議事録が電磁的記録で作成されているときは，当該電磁的記録に記録された情報の内容を紙面又は出力装置の映像面に表示する方法により表示したものの当該議事録の保管場所における閲覧をいう。）をさせなければならない。この場合において，閲覧につき，相当の日時，場所等を指定することができる。

6　理事長は，所定の掲示場所に，議事録の保管場所を掲示しなければならない。

（書面又は電磁的方法による決議）

第50条　規約により総会において決議をすべき場合において，組合員全員の承諾があるときは，書面又は電磁的方法による決議をすることができる。ただし，電磁的方法による決議に係る組合員の承諾については，あらかじめ，組合員に対し，その用いる電磁的方法の種類及び内容を示し，書面又は電磁的方法による承諾を得なければならない。

2　前項の電磁的方法の種類及び内容は，次に掲げる事項とする。

一　第44条第4項各号に定める電磁的方法のうち，送信者が使用するもの

二　ファイルへの記録の方式

3　規約により総会において決議すべきものとされた事項については，組合員の全員の書面又は電磁的方法による合意があったときは，書面又は電磁的方法による決議があったものとみなす。

4　規約により総会において決議すべきものとされた事項についての書面又は電磁的方法による決議は，総会の決議と同一の効力を有する。

5　前条第5項及び第6項の規定は，書面又は電磁的方法による決議に係る書面並びに第1項及び第3項の電磁的方法が行われた場合に当該電磁

的方法により作成される電磁的記録について準用する。

6　総会に関する規定は，書面又は電磁的方法による決議について準用する。

第5節　理事会
（理事会）

第51条　理事会は，理事をもって構成する。

2　理事会は，次に掲げる職務を行う。
　一　規約若しくは使用細則等又は総会の決議により理事会の権限として定められた管理組合の業務執行の決定
　二　理事の職務の執行の監督
　三　理事長，副理事長及び会計担当理事の選任

3　理事会の議長は，理事長が務める。

（招集）

第52条　理事会は，理事長が招集する。

2　理事が○分の1以上の理事の同意を得て理事会の招集を請求した場合には，理事長は速やかに理事会を招集しなければならない。

3　前項の規定による請求があった日から○日以内に，その請求があった日から○日以内の日を理事会の日とする理事会の招集の通知が発せられない場合には，その請求をした理事は，理事会を招集することができる。

4　理事会の招集手続については，第43条（建替え決議又はマンション敷地売却決議を会議の目的とする場合の第1項及び第4項から第8項までを除く。）の規定を準用する。この場合において，同条中「組合員」とあるのは「理事及び監事」と，同条第9項中「理事会の承認」とあるのは「理事及び監事の全員の同意」と読み替えるものとする。ただし，理事会において別段の定めをすることができる。

マンション標準管理規約（単棟型）

（理事会の会議及び議事）

第53条　理事会の会議は，理事の半数以上が出席しなければ開くことができず，その議事は出席理事の過半数で決する。

2　次条第1項第五号に掲げる事項については，理事の過半数の承諾があるときは，書面又は電磁的方法による決議によることができる。

3　前2項の決議について特別の利害関係を有する理事は，議決に加わることができない。

〔※管理組合における電磁的方法の利用状況に応じて，次のように規定〕

（ア）**電磁的方法が利用可能ではない場合**

4　議事録については，第49条（第4項を除く。）の規定を準用する。ただし，第49条第2項中「総会に出席した組合員」とあるのは「理事会に出席した理事」と読み替えるものとする。

（イ）**電磁的方法が利用可能な場合**

4　議事録については，第49条（第6項を除く。）の規定を準用する。ただし，第49条第3項中「総会に出席した組合員」とあるのは「理事会に出席した理事」と読み替えるものとする。

（議決事項）

第54条　理事会は，この規約に別に定めるもののほか，次の各号に掲げる事項を決議する。
　一　収支決算案，事業報告案，収支予算案及び事業計画案
　二　規約及び使用細則等の制定，変更又は廃止に関する案
　三　長期修繕計画の作成又は変更に関する案

231

巻末資料

　　四　その他の総会提出議案
　　五　第17条，第21条及び第22条に定め
　　　る承認又は不承認
　　六　第58条第3項に定める承認又は不
　　　承認
　　七　第60条第4項に定める未納の管理
　　　費等及び使用料の請求に関する訴訟
　　　その他法的措置の追行
　　八　第67条に定める勧告又は指示等
　　九　総会から付託された事項
　　十　災害等により総会の開催が困難で
　　　ある場合における応急的な修繕工事
　　　の実施等
2　第48条の規定にかかわらず，理事会
　は，前項第十号の決議をした場合にお
　いては，当該決議に係る応急的な修繕
　工事の実施に充てるための資金の借入
　れ及び修繕積立金の取崩しについて決
　議することができる。
（専門委員会の設置）
第55条　理事会は，その責任と権限の範
　囲内において，専門委員会を設置し，
　特定の課題を調査又は検討させること
　ができる。
2　専門委員会は，調査又は検討した結
　果を理事会に具申する。

第7章　会計
（会計年度）
第56条　管理組合の会計年度は，毎年○
　月○日から翌年○月○日までとする。
（管理組合の収入及び支出）
第57条　管理組合の会計における収入
　は，第25条に定める管理費等及び第29
　条に定める使用料によるものとし，そ
　の支出は第27条から第29条に定めると
　ころにより諸費用に充当する。
（収支予算の作成及び変更）
第58条　理事長は，毎会計年度の収支予
　算案を通常総会に提出し，その承認を
　得なければならない。
2　収支予算を変更しようとするときは，
　理事長は，その案を臨時総会に提出し，

その承認を得なければならない。
3　理事長は，第56条に定める会計年度
　の開始後，第1項に定める承認を得る
　までの間に，以下の各号に掲げる経費
　の支出が必要となった場合には，理事
　会の承認を得てその支出を行うことが
　できる。
　　一　第27条に定める通常の管理に要す
　　　る経費のうち，経常的であり，かつ，
　　　第1項の承認を得る前に支出するこ
　　　とがやむを得ないと認められるもの
　　二　総会の承認を得て実施している長
　　　期の施工期間を要する工事に係る経
　　　費であって，第1項の承認を得る前
　　　に支出することがやむを得ないと認
　　　められるもの
4　前項の規定に基づき行った支出は，
　第1項の規定により収支予算案の承認
　を得たときは，当該収支予算案による
　支出とみなす。
5　理事会が第54条第1項第十号の決議
　をした場合には，理事長は，同条第2
　項の決議に基づき，その支出を行うこ
　とができる。
6　理事長は，第21条第6項の規定に基
　づき，敷地及び共用部分等の保存行為
　を行う場合には，そのために必要な支
　出を行うことができる。
（会計報告）
第59条　理事長は，毎会計年度の収支決
　算案を監事の会計監査を経て，通常総
　会に報告し，その承認を得なければな
　らない。

（管理費等の徴収）
第60条　管理組合は，第25条に定める管
　理費等及び第29条に定める使用料につ
　いて，組合員が各自開設する預金口座
　から口座振替の方法により第62条に定
　める口座に受け入れることとし，当月
　分は別に定める徴収日までに一括して
　徴収する。ただし，臨時に要する費用
　として特別に徴収する場合には，別に
　定めるところによる。

232

マンション標準管理規約（単棟型）

2　組合員が前項の期日までに納付すべき金額を納付しない場合には，管理組合は，その未払金額について，年利○％の遅延損害金と，違約金としての弁護士費用並びに督促及び徴収の諸費用を加算して，その組合員に対して請求することができる。

3　管理組合は，納付すべき金額を納付しない組合員に対し，督促を行うなど，必要な措置を講ずるものとする。

4　理事長は，未納の管理費等及び使用料の請求に関して，理事会の決議により，管理組合を代表して，訴訟その他法的措置を追行することができる。

5　第２項に基づき請求した遅延損害金，弁護士費用並びに督促及び徴収の諸費用に相当する収納金は，第27条に定める費用に充当する。

6　組合員は，納付した管理費等及び使用料について，その返還請求又は分割請求をすることができない。

（管理費等の過不足）

第61条　収支決算の結果，管理費に余剰を生じた場合には，その余剰は翌年度における管理費に充当する。

2　管理費等に不足を生じた場合には，管理組合は組合員に対して第25条第２項に定める管理費等の負担割合により，その都度必要な金額の負担を求めることができる。

（預金口座の開設）

第62条　管理組合は，会計業務を遂行するため，管理組合の預金口座を開設するものとする。

（借入れ）

第63条　管理組合は，第28条第１項に定める業務を行うため必要な範囲内において，借入れをすることができる。

〔※管理組合における電磁的方法の利用状況に応じて，次のように規定〕

(ア)　**電磁的方法が利用可能ではない場合**

（帳票類等の作成，保管）

第64条　理事長は，会計帳簿，什器備品台帳，組合員名簿及びその他の帳票類を作成して保管し，組合員又は利害関係人の理由を付した書面による請求があったときは，これらを閲覧させなければならない。この場合において，閲覧につき，相当の日時，場所等を指定することができる。

2　理事長は，第32条第三号の長期修繕計画書，同条第五号の設計図書及び同条第六号の修繕等の履歴情報を保管し，組合員又は利害関係人の理由を付した書面による請求があったときは，これらを閲覧させなければならない。この場合において，閲覧につき，相当の日時，場所等を指定することができる。

3　理事長は，第49条第３項（第53条第４項において準用される場合を含む。），本条第１項及び第２項並びに第72条第２項及び第４項の規定により閲覧の対象とされる管理組合の財務・管理に関する情報については，組合員又は利害関係人の理由を付した書面による請求に基づき，当該請求をした者が求める情報を記入した書面を交付することができる。この場合において，理事長は，交付の相手方にその費用を負担させることができる。

(イ)　**電磁的方法が利用可能な場合**

（帳票類等の作成，保管）

第64条　理事長は，会計帳簿，什器備品台帳，組合員名簿及びその他の帳票類を，書面又は電磁的記録により作成して保管し，組合員又は利害関係人の理由を付した書面又は電磁的方法による請求があったときは，これらを閲覧させなければならない。

233

巻末資料

この場合において，閲覧につき，相当の日時，場所等を指定することができる。

2　理事長は，第32条第三号の長期修繕計画書，同条第五号の設計図書及び同条第六号の修繕等の履歴情報を，書面又は電磁的記録により保管し，組合員又は利害関係人の理由を付した書面又は電磁的方法による請求があったときは，これらを閲覧させなければならない。この場合において，閲覧につき，相当の日時，場所等を指定することができる。

3　理事長は，第49条第5項（第53条第4項において準用される場合を含む。），本条第1項及び第2項並びに第72条第2項及び第4項の規定により閲覧の対象とされる管理組合の財務・管理に関する情報については，組合員又は利害関係人の理由を付した書面又は電磁的方法による請求に基づき，当該請求をした者が求める情報を記入した書面を交付し，又は当該書面に記載すべき事項を電磁的方法により提供することができる。この場合において，理事長は，交付の相手方にその費用を負担させることができる。

4　電磁的記録により作成された書類等の閲覧については，第49条第5項に定める議事録の閲覧に関する規定を準用する。

（消滅時の財産の清算）
第65条　管理組合が消滅する場合，その残余財産については，第10条に定める各区分所有者の共用部分の共有持分割合に応じて各区分所有者に帰属するものとする。

第8章　雑則
（義務違反者に対する措置）
第66条　区分所有者又は占有者が建物の保存に有害な行為その他建物の管理又は使用に関し区分所有者の共同の利益に反する行為をした場合又はその行為をするおそれがある場合には，区分所有法第57条から第60条までの規定に基づき必要な措置をとることができる。

（理事長の勧告及び指示等）
第67条　区分所有者若しくはその同居人又は専有部分の貸与を受けた者若しくはその同居人（以下「区分所有者等」という。）が，法令，規約又は使用細則等に違反したとき，又は対象物件内における共同生活の秩序を乱す行為を行ったときは，理事長は，理事会の決議を経てその区分所有者等に対し，その是正等のため必要な勧告又は指示若しくは警告を行うことができる。

2　区分所有者は，その同居人又はその所有する専有部分の貸与を受けた者若しくはその同居人が前項の行為を行った場合には，その是正等のため必要な措置を講じなければならない。

3　区分所有者等がこの規約若しくは使用細則等に違反したとき，又は区分所有者等若しくは区分所有者等以外の第三者が敷地及び共用部分等において不法行為を行ったときは，理事長は，理事会の決議を経て，次の措置を講ずることができる。

一　行為の差止め，排除又は原状回復のための必要な措置の請求に関し，管理組合を代表して，訴訟その他法的措置を追行すること

二　敷地及び共用部分等について生じた損害賠償金又は不当利得による返還金の請求又は受領に関し，区分所有者のために，訴訟において原告又は被告となること，その他法的措置をとること

4　前項の訴えを提起する場合，理事長は，請求の相手方に対し，違約金としての弁護士費用及び差止め等の諸費用を請求することができる。

マンション標準管理規約（単棟型）

5　前項に基づき請求した弁護士費用及び差止め等の諸費用に相当する収納金は，第27条に定める費用に充当する。
6　理事長は，第３項の規定に基づき，区分所有者のために，原告又は被告となったときは，遅滞なく，区分所有者にその旨を通知しなければならない。この場合には，第43条第２項及び第３項の規定を準用する。

（合意管轄裁判所）
第68条　この規約に関する管理組合と組合員間の訴訟については，対象物件所在地を管轄する○○地方（簡易）裁判所をもって，第一審管轄裁判所とする。
2　第48条第十号に関する訴訟についても，前項と同様とする。

（市及び近隣住民との協定の遵守）
第69条　区分所有者は，管理組合が○○市又は近隣住民と締結した協定について，これを誠実に遵守しなければならない。

（細則）
第70条　総会及び理事会の運営，会計処理，管理組合への届出事項等については，別に細則を定めることができる。

（規約外事項）
第71条　規約及び使用細則等に定めのない事項については，区分所有法その他の法令の定めるところによる。
2　規約，使用細則等又は法令のいずれにも定めのない事項については，総会の決議により定める。

〔※管理組合における電磁的方法の利用状況に応じて，次のように規定〕

（ア）　電磁的方法が利用可能ではない場合

（規約原本等）
第72条　この規約を証するため，区分所有者全員が記名押印した規約を１

通作成し，これを規約原本とする。
2　規約原本は，理事長が保管し，区分所有者又は利害関係人の書面による請求があったときは，規約原本の閲覧をさせなければならない。
3　規約が規約原本の内容から総会決議により変更されているときは，理事長は，１通の書面に，現に有効な規約の内容と，その内容が規約原本及び規約変更を決議した総会の議事録の内容と相違ないことを記載し，署名押印した上で，この書面を保管する。
4　区分所有者又は利害関係人の書面による請求があったときは，理事長は，規約原本，規約変更を決議した総会の議事録及び現に有効な規約の内容を記載した書面（以下「規約原本等」という。）並びに現に有効な第18条に基づく使用細則及び第70条に基づく細則その他の細則の内容を記載した書面（以下「使用細則等」という。）の閲覧をさせなければならない。
5　第２項及び前項の場合において，理事長は，閲覧につき，相当の日時，場所等を指定することができる。
6　理事長は，所定の掲示場所に，規約原本等及び使用細則等の保管場所を掲示しなければならない。

（イ）　電磁的方法が利用可能な場合

（規約原本等）
第72条　この規約を証するため，区分所有者全員が書面に記名押印又は電磁的記録に電子署名した規約を１通作成し，これを規約原本とする。
2　規約原本は，理事長が保管し，区分所有者又は利害関係人の書面又は電磁的方法による請求があったときは，規約原本の閲覧をさせなければならない。
3　規約が規約原本の内容から総会決

235

巻末資料

議により変更されているときは，理
事長は，１通の書面又は電磁的記録
に，現に有効な規約の内容と，その
内容が規約原本及び規約変更を決議
した総会の議事録の内容と相違ない
ことを記載又は記録し，署名押印又
は電子署名した上で，この書面又は
電磁的記録を保管する。
4 　区分所有者又は利害関係人の書面
又は電磁的方法による請求があった
ときは，理事長は，規約原本，規約
変更を決議した総会の議事録及び現
に有効な規約の内容を記載した書面
又は記録した電磁的記録（以下「規
約原本等」という。）並びに現に有
効な第18条に基づく使用細則及び第
70条に基づく細則その他の細則の内
容を記載した書面又は記録した電磁
的記録（以下「使用細則等」とい

う。）の閲覧をさせなければならな
い。
5 　第２項及び前項の場合において，
理事長は，閲覧につき，相当の日時，
場所等を指定することができる。
6 　理事長は，所定の掲示場所に，規
約原本等及び使用細則等の保管場所
を掲示しなければならない。
7 　電磁的記録により作成された規約
原本等及び使用細則等の閲覧につい
ては，第49条第５項に定める議事録
の閲覧に関する規定を準用する。

附　則
（規約の発効）
第１条　この規約は，平成○年○月○日
から効力を発する。

マンション標準管理規約（単棟型）

別表第１　対象物件の表示

物　件　名		
敷 地	所　在　地	
	面　　　積	
	権利関係	
建 物	構　造　等	造　地上　　階　地下　　階　塔屋 　　　階建共同住宅 延べ面積　　　　　　　㎡　建築面積　　　　　　㎡
	専有部分	住戸戸数　　　　　戸 延べ面積　　　　　㎡
付 属 施 設	塀，フェンス，駐車場，通路，自転車置場，ごみ集積所，排水溝，排水口，外灯 設備，植栽，掲示板，専用庭，プレイロット等建物に附属する施設	

別表第２　共用部分の範囲

1　エントランスホール，廊下，階段，エレベーターホール，エレベーター室，共用トイレ，屋上，屋根，塔屋，ポンプ室，自家用電気室，機械室，受水槽室，高置水槽室，パイプスペース，メーターボックス（給湯器ボイラー等の設備を除く。），内外壁，界壁，床スラブ，床，天井，柱，基礎部分，バルコニー等専有部分に属さない「建物の部分」

2　エレベーター設備，電気設備，給水設備，排水設備，消防・防災設備，インターネット通信設備，テレビ共同受信設備，オートロック設備，宅配ボックス，避雷設備，集合郵便受箱，各種の配線配管（給水管については，本管から各住戸メーターを含む部分，雑排水管及び汚水管については，配管継手及び立て管）等専有部分に属さない「建物の附属物」

3　管理事務室，管理用倉庫，清掃員控室，集会室，トランクルーム，倉庫及びそれらの附属物

巻末資料

別表第3　敷地及び共用部分等の共有持分割合

住戸番号　　持分割合	敷　　　地 及び 附　属　施　設	共　用　部　分
○○号室	○○○分の○○	○○○分の○○
○○号室	○○○分の○○	○○○分の○○
○○号室	○○○分の○○	○○○分の○○
○○号室	○○○分の○○	○○○分の○○
○○号室	○○○分の○○	○○○分の○○
・ ・ ・ ・ ・ ・ ・ ・ ・ ・	・ ・ ・ ・ ・ ・ ・ ・ ・ ・	・ ・ ・ ・ ・ ・ ・ ・
合　　　計	○○○分の○○○	○○○分の○○○

別表第4　バルコニー等の専用使用権

区分　　　専用使用 　　　　　部分	バルコニー	玄　関　扉 窓　　枠 窓ガラス	1階に面する庭	屋上テラス
1　位　置	各住戸に接する バルコニー	各住戸に付属す る玄関扉，窓枠， 窓ガラス	別添図のとおり	別添図のとおり
2　専用使用 権者	当該専有部分の 区分所有者	同　　左	○○号室住戸の 区分所有者	○○号室住戸の 区分所有者

マンション標準管理規約（単棟型）

別表第5　議決権割合

住戸番号	議決権割合	住戸番号	議決権割合
○○号室	○○○分の○○	○○号室	○○○分の○○
○○号室	○○○分の○○	○○号室	○○○分の○○
○○号室	○○○分の○○	○○号室	○○○分の○○
○○号室	○○○分の○○	○○号室	○○○分の○○
○○号室	○○○分の○○	○○号室	○○○分の○○
・	・	・	・
・	・	・	・
・	・	・	・
・	・	・	・
・	・	・	・
・	・	・	・
・	・	・	・
・	・	・	・
		合計	○○○分の○○○

判例索引

判 例 索 引

【昭和】

大判昭和4年3月30日民集8巻363頁 ································ 100

大判昭和15年12月14日民集19巻2325頁 ·························· 148

最判昭和30年4月19日民集9巻5号556頁 ························· 99

最判昭和39年1月28日民集18巻1号136頁 ······················ 170

最判昭和40年12月7日民集19巻9号2101頁 ····················· 167

最判昭和41年6月23日民集20巻5号1118頁 ····················· 170

東京高判昭和50年11月26日判タ336号249頁 ··················· 166

東京地判昭和53年2月1日判時911号134頁 ····················· 128

東京高判昭和53年2月27日金法875号31頁 ········· 3, 9, 37, 41, 48, 67, 77, 82, 87, 116, 131, 142

札幌地判昭和61年2月18日判時1180号3頁 ······················ 62

最大判昭和61年6月11日民集40巻4号872頁 ···················· 170

東京高判昭和61年11月17日判時1213号31頁 ···················· 24

福岡地判昭和62年5月19日判タ651号221頁 ····················· 61

最判昭和62年7月17日判時1243号28頁 ······················24, 101

名古屋地判昭和62年7月27日判時1251号122頁 ················· 62

【平成元年〜10年】

東京地判平成2年1月30日判時1370号83頁 ····················· 167

東京地決平成4年1月30日判時1415号113頁 ····················· 93

最判平成5年2月12日民集47巻2号393頁 ·······················5

東京地判平成5年9月30日判タ874号202頁 ····················· 150

東京高判平成6年8月4日判時1509号71頁 ······················ 75

横浜地判平成6年9月9日判タ859号199頁 ······················ 43

神戸地判平成6年11月28日判時1545号75頁 ····················· 61

東京地判平成7年11月21日判時1571号88頁 ···················· 143

東京地判平成8年5月13日判タ953号287頁 ····················· 23

東京地判平成8年7月5日判時1585号43頁 ······················ 77

京都地判平成10年2月13日判時1661号115頁 ···················· 65

最判平成10年3月26日別ジュリ192号196頁 ···················· 75

【平成11年〜20年】

東京地判平成11年12月24日判時1712号159頁 ·················· 171

横浜地判平成12年9月6日判時1737号90頁 ····················· 65

神戸地尼崎支判平成13年6月19日判時1781号131頁 ············· 94

東京地判平成13年10月11日（平成13年(ワ)15051号）ウエストロー ····· 78

大阪高判平成14年5月16日判タ1109号253頁 ·········· 12, 66, 81, 160

東京地判平成14年7月11日（平成13年(ワ)15258号）ウエストロー ···· 150

東京高判平成16年5月20日判タ1210号170頁 ·················30, 162

東京地判平成17年6月23日判タ1205号207頁 ················36, 49, 58

241

判例索引

東京地判平成17年9月13日判時1937号112頁 ··· 97
東京地判平成18年3月30日判時1949号55頁 ··· 42
東京地判平成18年6月27日判時1961号65頁 ··· 163
東京地判平成18年8月31日判時1256号342頁 ··· 107
東京地判平成19年4月13日（平成19年㈦1116号）ウエストロー ····························· 103
東京地判平成19年5月9日（平成17年㈦26959号）ウエストロー ··························· 150
東京地判平成19年10月4日（平成18年㈦27754号）ウエストロー ··························· 77
東京地判平成19年10月9日（平成19年㈦5614号）ウエストロー ······················ 78, 142
東京地判平成19年11月14日判タ1288号286頁 ··· 151, 163
東京高判平成19年11月28日判タ1268号322頁 ··· 129, 136
東京地判平成20年6月24日（平成18年ワ25915号）ウエストロー ··························· 131
東京地判平成20年8月29日（平成20年ワ4928号）ウエストロー ··························· 163

【平成21年～】
東京地判平成21年1月29日判タ1334号213頁 ··· 135
最判平成21年3月10日民集63巻3号385頁 ··· 148
東京地判平成21年5月28日（平成19年㈦19355号）ウエストロー ··························· 167
東京地判平成22年2月22日（平成20年㈦38372号）ウエストロー ··························· 111
横浜地判平成22年2月25日（平成21年㈦5045号）ウエストロー ··························· 195
東京地判平成22年4月21日（平成21年㈦24523号）ウエストロー ··························· 172
東京地立川支判平成22年5月13日判時2082号74頁 ······································· 79, 144
東京地判平成22年5月21日（平成20年㈦900号）ウエストロー ····························· 163
東京地判平成22年6月8日（平成20年㈦10568号）ウエストロー ··························· 117
東京高判平成22年7月28日（平成22年㈨2180号）ウエストロー ··························· 195
東京地判平成22年10月21日（平成21年㈦8723号）ウエストロー ························ 9, 39
東京地判平成22年10月28日（平成22年㈦18730号）ウエストロー ························· 104
横浜地判平成22年11月29日判タ1379号132頁 ··· 186
東京地判平成23年1月25日（平成22年㈦32169号）ウエストロー ··························· 82
東京地判平成23年7月29日（平成22年㈦47109号）ウエストロー ··························· 85
東京地判平成23年8月25日（平成22年㈦26314号）ウエストロー ··························· 122
最決平成23年10月11日判時2136号36頁 ··· 30, 177, 182
東京高判平成23年11月24日判タ1375号215頁 ··· 49, 58
東京地判平成23年12月16日（平成22年㈦38264号）ウエストロー ··························· 76
最判平成24年1月17日判時2142号26頁 ··· 195
東京地判平成24年1月25日（平成22年㈦25921号）ウエストロー ····················· 112, 124
福岡地判平成24年2月9日（平成23年㈦2294号）裁判所ウェブサイト ······················ 64
東京地判平成24年2月29日（平成22年㈦29939号）ウエストロー ··············· 14, 123, 139
東京地判平成24年3月15日判時2155号71頁 ··· 88
東京高判平成24年3月28日（平成24年㈨755号）ウエストロー ····························· 195
東京地判平成24年4月9日（平成22年㈦37939号）ウエストロー ··························· 122
東京地判平成24年7月18日（平成23年㈦17363号）ウエストロー ··························· 194
東京地判平成24年7月25日（平成22年㈦46169号）ウエストロー ··························· 71
東京地判平成24年9月18日（平成23年㈦40348号）ウエストロー ··························· 164

判例索引

宮崎地判平成24年11月12日判タ1386号344頁 ·· 100
東京地判平成25年1月23日判タ1408号375頁 ·· 62, 63
東京地判平成25年3月5日（平成24年㈠17563号）ウエストロー ····························· 113
東京地判平成25年10月15日（平成25年㈠20230号）ウエストロー ·························· 164
東京地判平成25年11月28日（平成24年㈠23178号）ウエストロー ·························· 108
東京地判平成26年1月16日（平成23年㈠18152号）ウエストロー···························· 123
東京地判平成26年1月23日（平成24年㈠23513号）ウエストロー···························· 108
東京地判平成26年3月25日（平成23年㈠36187号）ウエストロー···························· 126
東京地判平成26年3月27日（平成21年㈠43918号，平成24年㈠33657号）ウエスト
ロー ··· 127
東京地判平成26年4月14日（平成25年㈸62号）ウエストロー ······························· 149
東京地判平成26年7月16日（平成26年㈠6240号）ウエストロー ···························· 171
東京地判平成26年8月29日（平成26年㈠4040号）ウエストロー ···························· 190
東京地判平成26年10月27日（平成26年㈠14858号）ウエストロー ························· 164
東京地判平成27年2月20日（平成26年㈠17926号）ウエストロー ·························· 164
東京地判平成27年6月25日（平成21年㈠28907号）ウエストロー··························· 26
東京地判平成27年7月8日（平成27年㈠7837号）ウエストロー ····························· 168
東京地判平成27年9月18日（平成26年㈠5667号）ウエストロー ···························· 52
最決平成28年3月18日民集70巻3号937頁···27, 182
東京地判平成28年3月23日（平成26年㈠29476号）ウエストロー ·························· 87
東京地判平成28年4月21日（平成27年㈠11638号）ウエストロー ·························· 67
東京地判平成28年7月4日（平成27年㈠8348号）ウエストロー····························· 109
大阪地判平成29年1月13日（平成28年㈠715号）ウエストロー······························ 57

執筆者一覧

関口　康晴（せきぐち　やすはる）　　弁護士（関口・麻・石部法律事務所）

町田　裕紀（まちだ　ひろのり）　　弁護士（西村・町田法律事務所）

小川　敦司（おがわ　あつし）　　弁護士（川崎フォース法律事務所）

田村　裕樹（たむら　ひろき）　　弁護士（本多総合法律事務所）

川口洸太朗（かわぐち　こうたろう）　　弁護士（QUEST法律事務所）

マンションにおける共同利益背反行為への対応
―区分所有法57条・58条・59条・60条の実務

平成30年10月26日　初版発行

関	口	康	晴
町	田	裕	紀
著　者	小	川	敦	司
田	村	裕	樹
川	口	洸太朗

発行者　和　田　　　裕

発行所　日 本 加 除 出 版 株 式 会 社

本　　社　郵便番号 171-8516
　　　　　東京都豊島区南長崎 3 丁目16番 6 号
　　　　　Ｔ Ｅ Ｌ　（03）3953 - 5757（代表）
　　　　　　　　　　（03）3952 - 5759（編集）
　　　　　Ｆ Ａ Ｘ　（03）3953 - 5772
　　　　　Ｕ Ｒ Ｌ　www.kajo.co.jp

営 業 部　郵便番号 171-8516
　　　　　東京都豊島区南長崎 3 丁目16番 6 号
　　　　　Ｔ Ｅ Ｌ　（03）3953 - 5642
　　　　　Ｆ Ａ Ｘ　（03）3953 - 2061

組版　㈱郁文　／　印刷・製本　㈱倉田印刷

落丁本・乱丁本は本社でお取替えいたします。
★定価はカバー等に表示してあります。
© Y. Sekiguchi, H. Machida, A. Ogawa,
H. Tamura, K. Kawaguchi 2018
Printed in Japan
ISBN978-4-8178-4514-6

JCOPY 〈出版者著作権管理機構　委託出版物〉

　本書を無断で複写複製（電子化を含む）することは，著作権法上の例外を除き，禁じられています。複写される場合は，そのつど事前に出版者著作権管理機構（JCOPY）の許諾を得てください。
　また本書を代行業者等の第三者に依頼してスキャンやデジタル化することは，たとえ個人や家庭内での利用であっても一切認められておりません。

〈JCOPY〉　Ｈ Ｐ：http://www.jcopy.or.jp/，e-mail：info@jcopy.or.jp
　　　　　電話：03-3513-6969，ＦＡＸ：03-3513-6979

Q&A 借地借家の法律と実務 第3版

安達敏男 監修　古谷野賢一・酒井雅男・井原千恵・宅見誠 著
2017年6月刊 A5判 420頁 本体3,800円+税 978-4-8178-4390-6

- 約120年ぶりとなる民法（債権関係）の大改正に対応。原状回復義務や敷金など、借地借家関係で整備される規定についての解説も充実。
- 借地借家法の基礎から実務への応用までを、判例、図表、契約書などの書式例を交えて具体的な63のQ&Aでわかりやすく解説。

商品番号：40399
略　号：借地

建築瑕疵の法律と実務

岩島秀樹・青木清美 著
2015年10月刊 B5判 480頁 本体5,300円+税 978-4-8178-4260-2

- 建築瑕疵に関する250以上にわたる判例を、建築物の部位ごとに分析。建築分野については、法律実務家に必要な建築の基本的知識はもとより、建築物の部位ごとに不具合事象、原因、調査方法、補修方法を解説。法律分野については、瑕疵判断に関する基本的知識のほか、建築関係訴訟の要件事実、抗弁、再抗弁等を整理。

商品番号：40602
略　号：建法

Q&A 隣地・隣家に関する法律と実務
相隣・建築・私道・時効・筆界・空き家

末光祐一 著
2016年7月刊 A5判 440頁 本体4,100円+税 978-4-8178-4322-7

- 全250問で、関係する実務を網羅。先判例も多数収録。
- 相隣関係、建築基準、占有権、取得時効、筆界特定、空き家とともに、所有者の所在の把握が難しい土地・建物に関する探索、戸籍に関する知識も収録。空き家特措法対応。

商品番号：40636
略　号：隣実

お墓にまつわる法律実務
埋葬／法律／契約／管理／相続

NPO法人 遺言・相続リーガルネットワーク 編著
2016年10月刊 A5判 224頁 本体2,200円+税 978-4-8178-4344-9

- 人が亡くなったときの手続から、お墓に関する契約、祭祀承継まで、お墓にまつわる様々な問題や疑問について幅広く収録。
- 弁護士による根拠法令、通達、判例を示したお墓についての解説書。

商品番号：40648
略　号：墓法

日本加除出版
〒171-8516　東京都豊島区南長崎3丁目16番6号
TEL（03）3953-5642　FAX（03）3953-2061（営業部）
www.kajo.co.jp